U1011437

高等学校基于工作过程开发经管类系列教材

财务管理实务

Financial Management Practice

主　审　罗昌宏
主　编　周列平　刘克涛　余志斌
副主编　邓晓燕　邢　媛　娄会娟

WUHAN UNIVERSITY PRESS
武汉大学出版社

图书在版编目(CIP)数据

财务管理实务/周列平,刘克涛,余志斌主编．—武汉:武汉大学出版社,2013.2(2016.2 重印)
高等学校基于工作过程开发经管类系列教材
ISBN 978-7-307-10484-6

Ⅰ.财…　Ⅱ.①周…　②刘…　③余…　Ⅲ.财务管理—高等学校—教材　Ⅳ.F275

中国版本图书馆 CIP 数据核字(2013)第 027810 号

责任编辑:辛　凯　　　责任校对:王　建　　　版式设计:王　晨

出版发行:**武汉大学出版社**　(430072　武昌　珞珈山)
(电子邮件:cbs22@ whu. edu. cn 网址:www. wdp. com. cn)
印刷:湖北民政印刷厂
开本:787 × 1092　1/16　印张:15　字数:355 千字　插页:1　插表:4
版次:2013 年 2 月第 1 版　　2016 年 2 月第 3 次印刷
ISBN 978-7-307-10484-6/F · 1747　　定价:35.00 元

前　言

现代高等职业教育突出以就业为目标，高等职业教育强调学生动手能力的培养和职业素养的提升，定位于培养技术技能型人才。每个高等职业教育工作者都将能力本位作为高职专业人才培养的重要目标，财经类专业又特别强调专业核心技能的培养和职业道德素养的养成，无论是国家还是用人单位都希望财经类专业学生能够熟练掌握会计基本知识和基本核算方法，并能在此基础上进行财务分析和管理，也就是学会理财。学会筹资、投资、营运资金、分配资金等资金的基本管理方式方法对于一个财务工作者来说比以往任何一个时候都显得弥足珍贵。

为适应社会用人的需求，培养学生和广大读者良好的财务管理观念和能力，本书既对现代财务管理思想有简单系统的阐述，又结合生活中的典型实例，诠释了财务管理在现实中的重要意义，同时重点介绍了财务管理实务操作过程中的相关方法和技巧。

本书的开发思想是基于工作任务来驱动整个教学环节的，设置了十大学习情境，每个学习情境都列明了学习目标、知识能力、工作任务、关键词，并设计了案例导入，力求在读者学习过程中让读者带着任务、带着目标去学习。每个学习情境中的工作任务都进行了精心设计，这些工作任务的选取既是长期奉献在教学一线的专业实践指导教师的辛勤积淀，同时更是自于企业的实践专家的多年实战成果结晶。因此，本书重视工作过程和学习过程的一体化，是校企合作、基于典型工作任务开发的工学结合教材。

通过对《国家中长期教育改革和发展规划纲要》和《国家高等职业教育发展规划》等高职教育改革的最新理论成果的深入学习和理解，为更好地服务于教与学，遵循"学中做、做中学"，以实现"教学做一体化"的思想，本书配备了专门的配套习题册，提供电子课件、课程标准、题库等资源，可于出版社网站下载。

本书由罗昌宏教授主审，周列平、刘克涛、余志斌老师主编。周列平和刘克涛老师负责统稿，白崭和刘克涛老师共同完成了学习情境一，娄会娟和黄佳佳老师共同完成了学习情境二，邢媛老师编写了学习情境三，余志斌老师编写了学习情境四，邓晓燕老师完成了学习情境五和学习情境八，秦珏老师完成了学习情境六，刘娟老师完成了学习情境七，娄会娟老师完成了学习情境九，黄乔枝老师完成了学习情境十。

本书在撰写过程中，参阅了大量的书籍和读物及网络资源，访问了一些专家和学者，考察了一些中小型企事业单位，在此表示最诚挚的感谢。武汉大学罗昌宏教授为本书的顺利完成做了大量指导和审定工作，湖北省会计学会常务理事彭浪教授为本书提供了业务指导，武汉大学出版社林莉女士为本书的顺利完稿付出了辛勤劳动，在此一并表示特别谢意。教材中所引资料均在主要参考文献中注明。在此，向所有参考文献的作者、编辑出版者表示衷心感谢！

由于编者水平有限，加之时间仓促，且涉及内容较多，书中难免有错误或不当之处，敬请读者来电、来函批评指正。

编　者

2013 年 1 月

目 录

学习情境一　财务管理的概念和内容

学习目标： 1. 了解财务活动的内容，掌握财务管理的概念和特点；

2. 了解财务管理目标的不同观点，明确各种不同目标的优缺点，掌握现代企业财务管理的目标；

3. 了解财务管理的四大原则，掌握每个原则的衡量标准；

4. 了解财务管理的形成与发展，掌握财务管理的组织机构设置，熟悉财务主管与会计主管负责的内容。

知识能力： 1. 掌握管理学、经济学和财务与金融的基本理论和基本知识；

2. 熟悉我国有关财务、金融管理的方针、政策和法规；

3. 了解本课程的理论前沿和发展动态。

工作任务： 1. 财务管理的概念和内容；

2. 财务管理的目标；

3. 财务管理的原则；

4. 财务管理的环节。

关 键 词： 财务活动　财务关系　财务管理　目标　原则　环节

案例导入：

北京同仁堂(集团)有限责任公司财务管理纪实

具有335年光辉历史的中华老字号北京同仁堂，通过米多财务管理方案，实现集团管理的战略转型，支持同仁堂集团以每年20%的速度高速增长。

一、百年老字号——同仁堂集团简介

北京同仁堂创办于康熙八年(公元1669年)，经过1956年的公私合营，1966年的所有制改造，1992年的成立集团公司，到2001年形成了现在同仁堂集团有限责任公司。同仁堂集团下属的同仁堂股份有限公司，在上交所A股上市，由于运营良好，业绩优良，年年入选最具有发展前途的企业。另外，同仁堂集团在香港创业板上市的同仁堂科技发展股份有限公司，也因出色的业绩表现，入选2002年3

月推出的港交所创业板指数的股票。

北京同仁堂秉承“炮制虽繁必不敢省人工，品味虽贵必不敢减物力，修合无人见，存心有天知”的经营理念，发扬国药精粹，推出了一些品质优异的中成药品，如同仁堂乌鸡白凤丸，感冒清热颗粒，安宫牛黄丸，牛黄解毒片。

经过300多年的积累，特别是集团公司成立后的10年迅猛发展，目前，同仁堂集团资产规模已达50多亿元，并且在境内、境外开设了300多家分店。涉足的行业除中医药的生产和销售外，还有化妆品、保健食品，广告公司等。

同仁堂的战略定位就是以现代中药为核心，发展生命健康产业，成为国家驰名的现代中医药集团。目标概括来讲就是奋斗十年双加零，即到2010年集团销售额、利润增长10倍。

2004年，同仁堂的工作核心就是三抓、两突出、三破题。三抓就是抓基础管理，抓发展项目，抓经济效益。两突出就是突出同仁堂文化，突出工作落实。三破题就是如何在发展中保证经济运行质量，如何在发展中保证同仁堂形象，如何在发展中保证资源共享、整体受益。

可以看出同仁堂的战略正在发生转型，内部层次定位是小机关多实体，大集团，对集团的定位就是负责做大做强同仁堂。子公司是负责生产管理的公司，负责企业的生产和业务的发展。为配合集团公司整体战略，财务的战略就是负责非主营业务的下属企业关停并转，以及对新成立企业财务负责人的委派和管理。

二、从核算到管理——财务工作重心的转变

新管理模式下的集团财务主要工作：

集团本部的财务核算、财务工作核查——抓基础管理。集团本部财务工作的重心从本部经费的核算向集团财务的管理进行转变。如对资本运作和投融资的管理，对下面企业进行业绩考评。

集团资本运作的筹投资管理——抓发展项目。

下属单位的经营业绩考评——抓工作落实、保证经济运行质量。

集团业务变革的资源支持与服务保障——资源共享、整体受益，适应业务组织架构的调整。

集团财务管理的现实目标：

2004年，集团财务有两个中心工作：就是对子公司进行有偿使用集团资产的监督管理，如品牌和药品字号等，制定一个无形资产管理办法；还有就是确保集团投资收益的实现，重点在于对投资收益如何计算，在有复杂的投资关系的时候如何计算？如何保证及时足额上交？

三、动因——战略转型中的财务管理困惑

因为上述的工作目标要求，同仁堂的集团财务部感到了压力和困难。

首先，同仁堂的规模在快速扩张，在扩张的时候一定有财务风险。因为集团已经退出了具体的经营，即放弃了事中实时控制，而变成指导管理，那么如何事前规避集团的风险？其中之一就是信贷和担保的风险。企业在不停地运作，就需要资金，但是有些企业是刚刚成立的或者是因为企业规模的原因，不足以在银行取得信贷，就需要集团担保，担保就有风险。还有就是投资的风险，我们在投资的时候要高回报就会有高风险。另外，就是在不停地理顺集团内部的关系，理顺人员、理顺资产，其处理过程也是有风险的。而这些风险恰恰是我们财务非常关注的。

其次，由于集团不直接干预子公司经营，却要保证集团的收益。怎样保证子公司的数据是真实、准确的？因为集团的所有报表分析都是基于子公司数据真实的基础上进行的。

更为突出的矛盾就是人力资源配备的矛盾。一方面集团财务人员在缩减，现在只10个财务人员，而另一方面在追求管理质量的不断提高。面对工作越做越多，越做越好，但是人又不能增加的情况，就产生了一个需求，就是需要得到软件工具的支持，要选择适当的信息化方案。

四、行动——选择米多财务管理方案

那么北京同仁堂集团为什么选择了米多软件呢？这基于以下几个理由：

第一，方案满足现实管理的模式以及正在不断变化和完善的未来目标模式的需求。我们需要做的就是远程财务控制，能够通过网络监管子公司，而且实现快速的财务合并汇总，特别是复杂的投资关系可以正确合并，还要进行综合的业绩评价分析。

第二，方案具有快速可实现的特性，必须很快就要上线，见到应用效益。

第三，从方案实施的成本考虑最优投入产出。因为在集团子公司中，有许多单位都使用米多软件，财务人员不需要重新学很多东西，而且历史的数据和好的核算方法都可以继承下来，并进行优化改进。还有在软件的部署方面，采用网络应用，软件只是安装在集团总部，通过集团下发财务规范，集团公司就是相当于一个服务器。另外，维护成本也可以降低，因为软件都装在集团公司，如果有维护的话就不用全国各地跑，直接在公司做维护就可以了。

第四，很重要的一点，就是北京同仁堂集团和米多公司结成了一个战略合作关系，米多公司将提供适应同仁堂不断发展变化的信息化解决方案。

第五，米多提供专业到位的服务也是重要的因素。米多公司成立一个专门针对同仁堂集团的项目小组，快速反映同仁堂的应用需求，给出个性化的实施方案以及全方位的专业服务和培训。

同仁堂集团财务管理项目从2003年7月开始启动，涉及8大子公司和300多家分支机构。由米多负责整体应用方案策划，北京分公司负责具体的实施和落实，同仁堂集团和所有子公司一起启动上线。

五、结果——集团财务管理项目效益的分享

历经近3个月的项目实施，基本达到了为决策层及时？准确地提供数据的目标。

10个人的集团财务部，支持集团财务管理；

集团对下属单位财务状况的及时掌控；

保证集团财务制度的贯彻执行；

确保集团财务核算的统一和规范；

实现子公司和母公司战略一体化的传承关系，体现“独立运行、各有侧重、资源共享、共同发展”的集团管理思想。

（资料来源：中国管理会计网，http：//www.cma-china.org/）

任务一　财务管理入门

财务管理是基于企业客观存在的财务活动和财务关系而产生的。

一、企业财务管理的概念

财务管理是指企业在一定的整体目标下，关于资产的购置(投资)，资本的融通(筹资)和经营中现金流量(营运资金)，以及利润分配的管理，人们俗称“理财”。

财务是经营者的眼睛，从财务中能够反映出公司的所有情况，对财务的把握就是对企业命运的把握。随着我国经济体制改革的不断深入，企业管理以财务管理为核心，已成为企业家和经济界人士的共识。之所以说财务管理是企业管理的核心，因为它是通过价值形态对企业资金运动的一项综合性的管理，渗透和贯穿于企业一切经济活动之中。企业资金的筹集、使用和分配，都与财务管理有关；企业的生产、经营、进、销、存每一环节都离不开财务的反映和调控。企业的经济核算、财务监督，更是企业内部管理的中枢，它在企业管理中的核心地位是一种客观要求。

财务管理是组织企业财务活动和处理财务关系的一项经济管理工作，是企业管理的一个重要组成部分，随着经济的发展和改革的深化，它的作用在企业管理中显得越来越重要。所以要弄清楚财务管理的概念，必须首先研究企业财务活动和其体现的财务关系。

二、企业的财务活动

企业的经营过程，实际上是企业所占用资金在各种形态下的不断转化，并且最终达到其增值目的的过程。而资金的运转构成了企业的财务活动。所谓财务活动是指资金的筹集、运用、收回及分配等一系列行为。从整体上讲，它包括：筹资活动、投资活动、日常资金营运活动、利润分配活动。

（一）筹资活动

筹集资金是企业资金运动的起点。资金筹集是指公司从各种不同的来源，用各种不同的方式筹集其生产经营过程中所需要的资金。这些资金由于来源与方式的不同，其筹集的条件、筹集的成本和筹集的风险也不同。因此，公司财务管理中对资金筹集管理的目标就是寻找、比较和选择对公司资金筹集条件最有利、资金筹集成本最低和资金筹集风险最小的资金来源。企业取得资金以及由此而产生的一系列经济活动就构成了企业的筹资活动。在筹资过程中，一方面，企业要确定合理的筹资总规模；另一方面，要通过对筹资渠道、筹资方式或筹资工具的选择，合理确定资金结构，以降低筹资成本和风险。

通常企业可以通过两种不同渠道取得资金：一是企业权益资金，是企业通过向投资者吸收直接投资、发行普通股、发行优先股、利用留存收益等方式取得；二是企业负债资金，企业通过从银行贷款、发行债券、融资租赁、利用商业信用等方式取得。以上的筹资方式会引起资金流入企业，此为资金收入；当企业在筹资时，支付各种筹资费用，如向投资者支付股利；当向债权人支付利息以及到期偿还本金时，会引起资金流出企业，此为资金支出。这种由于资金筹资而产生的资金收支活动就是筹资活动。

(二)投资活动

企业筹集的资金只有投入使用，才能与劳动者相结合创造收益，增加企业的价值。企业对资金的运用包含两个方面的内容：将资金投资于长期资产或短期资产。企业将资金投放于长期资产，通常称为投资活动，而资金用于短期资产称为资金营运活动。企业的投资活动可以分为两类：广义的投资和狭义的投资。广义投资活动包括企业内部使用资金的过程(如购置固定资产、无形资产等)和对外投放资金的过程(如购买其他企业的股票、债券或与其他企业联营等)；狭义投资活动仅指对外投资。无论是对内投资，还是对外投资，都会有资金的流出；当企业收回投资时，如处置固定资产、转让债券等，会引起资金的流入。这种资金的投放而引发的资金的收支活动就是投资活动。

(三)资金营运活动

因企业日常经营活动而引起的各种资金收支活动就是资金营运活动。企业在日常经营活动中，会发生一系列的资金收付业务。具体表现为：企业运用资金购买原材料并组织劳动工人对其进行加工，直到加工成可供销售的商品，同时向劳动者支付劳务报酬以及支付各种期间费用。当企业资金用来偿付这些料、工、费的消耗时会引起资金的流出；当产品销售出去后，取得收入，形成资金的流入。而购买国库券、支付股利是投资行为涉及的业务，不是日常经营业务，因为这些事项即使不做也可以维持公司正常运营。

(四)利润分配活动

企业实现的利润，按照规定的比例在投资者和经营者之间进行分配，它是国民收入初次分配的一种方式，利润分配的过程与结果，是关系到所有者的合法权益能否得到保护，企业能否长期、稳定发展的重要问题。

企业的利润要按规定的程序进行分配。首先要依法纳税；其次要用来弥补亏损，提取盈余公积金、公益金；最后要向投资者分配利润。这种因实现利润并对其进行分配而引起的各种资金收支活动就是利润分配活动。

上述四项财务活动并不是彼此孤立、互不关联的，而是相互依存、相互制约的，它们共同构成了完整的企业财务活动，所以财务管理一般包括四个方面内容：筹资管理、投资管理、营运资金管理、利润分配管理。

三、企业的财务关系

企业在从事各种资金收支活动中，不可避免地会与不同的利益主体发生联系，从而形成企业的财务关系。所谓财务关系是企业在理财活动中产生的与各相关利益集团间的利益关系。可概括为以下七个方面：

（一）企业与出资者之间的财务关系

企业与投资者的财务关系是指企业的投资者向企业投入资金以及企业向投资者支付投资报酬所形成的经济关系。企业的资本金来自投资者，因此投资者就是企业的所有者。按照投资主体的不同，可以将投资者分为国家、法人、个人三种类型。企业的投资者按照合同、协议、章程的约定，履行出资义务及时形成企业资本金，获取参与生产经营、分享利润的权利。企业接受资金后，加以利用，取得利润后，按照出资比例或合同、协议、章程规定的分配比例向投资者分配利润。企业与投资者之间的财务关系体现所有权性质，反映经营权与所有权的关系。

（二）企业与债权人之间的财务关系

企业与债权人的关系是指企业向债权人借入资金，并按借款合同的规定按时支付利息和归还本金所形成的经济关系。企业向债权人借入资金形成企业的债务资金，企业按照借款协议或合同中的约定按时向债权人支付利息作为对债权人出资的回报，并到期偿还本金；债权人按照合同中的约定及时将资金借给企业成为企业的债权人，有权按合同、协议的约定取得本息的清偿。企业与债权人之间的财务关系表现为债务与债权关系。

（三）企业与债务人之间的财务关系

企业与债务人的财务关系主要是指企业将其资金以购买债券、提供借款或商业信用等形式借给其他单位所形成的经济利益关系。企业将资金借出后，有权要求债务人按约定的条件偿还本息。企业与债务人之间的财务关系表现为债权与债务的关系。

（四）企业与被投资者之间的财务关系

企业与被投资者的财务关系是指企业以购买股票或直接投资的形式向其他企业投资所形成的经济关系。企业可以将生产经营中闲置的资金购买其他企业股票，形成股权性投资。随着经济一体化的深入，企业间横向联合的开展，使企业间资金的横向流动增多。企业向其他单位投资应按约定履行出资义务，参与被投资企业的利润分配。被投资企业接受资金后须按取得的税后利润和规定的分配方案将收益在不同的投资主体间分配。企业与被投资者之间的财务关系体现为所有权性质的投资与受资的关系。

（五）企业与内部各单位、各部门之间的财务关系

企业与内部各部门之间的财务关系是指企业在实行内部责任核算中所形成的资金结算关系。一般来说，企业内部各部门、各单位与企业财务部门都要发生领款、报销、代收、代付的收支结算关系。在实行内部经济核算制度和经营责任制度的条件下，企业内部各部门、各单位都有相对独立的资金定额或独立支配的费用定额，当各部门、各单位之间相互提供产品和劳务要进行结算时，企业财务部门同内部各部门、各单位就发生资

金的结算关系。这种财务关系属于企业内部的资金结算关系，体现了企业内部各部门、各单位之间的利益关系。

(六)企业与职工之间的财务关系

企业与职工之间的财务关系是通过签订劳务合同形成的一种财务关系。企业要用营业收入，按照一定的标准向职工支付工资、奖金、津贴、养老保险金、失业保险金、医疗保险金、住房公积金等。此外，企业还可根据自身的发展需要，为职工提供培训的机会。职工按照合同约定为企业提供劳务服务，领取报酬。这种财务关系属于劳动成果上的分配关系。

(七)企业与税务机关之间的财务关系

企业与税务机关是指企业按照国家税法的规定缴纳各种税款而形成与国家税务机关之间的财务关系。税务机关以社会管理者的身份向一切企业征收税收，形成国家财政收入的重要来源。企业应按照国家税法的规定及时足额上缴各种税款，以保证国家财政收入的实现，满足社会各方面的需要，这是企业对国家应尽的义务。企业与税务机关之间的财务关系体现了依法纳税和依法征税的税收权利义务关系。

四、财务管理的发展

财务管理的发展经历了内容和职能的很大变化，西方财务管理发展至今，大约经历了以下几个阶段：

(一)萌芽时期

企业财务管理大约起源于15世纪末16世纪初。当时，西方社会正处于资本主义萌芽时期，地中海沿岸的许多商业城市出现了由公众入股的商业组织，入股的股东有商人、王公、大臣和市民等。商业股份经济的发展客观上要求企业合理预测资本需要量，有效筹集资本。但由于这时企业对资本的需要量并不是很大，筹资渠道和筹资方式比较单一，企业的筹资活动仅仅附属于商业经营管理，并没有形成独立的财务管理职业，这种情况一直持续到19世纪末20世纪初。

(二)描述及法规性阶段

这一阶段是从20世纪初到50年代。在这个时期，财务管理的主要内容是研究企业外部筹资的方法，以及和证券发行有关的法律法规问题。20世纪30年代，财务管理的重点迅速从外部筹资转移到破产清算、债务重组、资产评估、保持偿债能力以及政府对证券市场的管理上来。美国政府于1933年和1934年分别通过了“证券法”和“证券交易法”。至于如何提高资金的使用效率，如何强化企业内部控制程序等问题，仍未受到财务经理的重视。尽管如此，从20世纪50年代开始，资本预算和资金调控逐渐兴起，尤其是资本预算由于乔尔·迪安(J. Dean)的极力倡导而日益为财务界人士所接受和应用。

(三)内部决策财务管理阶段

这一时期主要是20世纪50年代中后期，货币的时间价值引起了财务经理的广泛关注。随着资本投资项目评估和筛选方法的发展，财务管理日益重视资本在企业内部的有效配置问题。计量模型逐渐应用于存货、应收账款、现金和固定资产的管理，财务管理重心开始由外部观念转向内部观念。

20 世纪 50 年代后期，财务管理经历了另一个显著的变化，对企业整体价值的重视。投资者和债权人根据公司的盈利能力、资本结构、股利政策、经营风险等来决定公司的证券价值。鉴于证券价值的高低直接影响到公司股东的利益，财务管理者在做出决策时不得不考虑决策对公司证券价值的潜在影响。因此，20 世纪 50 年代末期财务界人士非常重视资本结构和股利政策的研究。

1958—1961 年，莫迪里尼(F. Modigliani)和米勒(H. Miller)，创建了著名的 MM 定理，他们认为在有效的证券市场上，公司的资本结构和股利政策与公司证券的价值无关，也就是说，在完全有效的证券市场上，不存在最优资本结构问题。这一结论的提出在当时的财务界引起了强烈的反响，争议很大。该假说的结论现已被证明是正确的。但是，多数研究结果表明，资本市场并非高度有效，这样，在不完善的资本市场上，企业的证券价值必然受到资本结构和股利政策的影响。

(四)投资与管理财务阶段

这一阶段是从 20 世纪 60 年代至今。1965 年，夏普(WF. Sharpe)提出了“资本资产定价模型”，进一步阐明了风险与报酬的关系。这一理论的出现标志着财务理论的又一重大突破，改变了公司的资产组合和投资策略，被广泛用于公司的资本预算决策，使公司财务理论进入了投资与管理财务相结合的新时期。20 世纪 70 年代是公司财务管理发展的一个重要时期，创立了期权定价模型，套利定价理论。20 世纪 80 年代以后，跨国融资，风险管理，国际投资分析，跨国公司财务业绩评估等，成为财务管理研究的新热点。

五、财务管理的特性

企业的生产经营活动错综复杂，决定了企业管理必须包括多方面的内容，如生产管理、技术管理、人力资源管理、物流管理、战略管理和财务管理等。各项工作相互联系、紧密配合，同时又有科学分工，具有各自特征。一般来讲，现代企业财务管理具有如下基本特性：

1. 财务管理融专业管理与综合管理为一体

现代企业的管理活动，通过有效的分工和分权的方式，形成了一种系统的专业化管理模式。在此模式中，有的侧重于实物或人员的管理，而有的则主要着重于价值形式的管理。企业财务管理是以价值形式为主的专业化管理，具体地讲，财务管理是用货币形式来表现的。正因为如此，财务管理具有高度的系统性、联系性和完整性，这是其他管理形式所无法替代的。

现代企业的财务管理又是一种综合性的管理活动，它并不排斥非价值形式的管理活动，而是以企业经营活动中的各项物质条件、人力资源、经营特点和管理目的等作为其管理的基础，并通过价值形式的管理，运用财务预测、预算、控制、决策和分析及考核等方法，将其有效协调起来，形成一种专业性很强的综合管理方式。所以，我们讲企业各项管理效果的好坏，最终都会在企业财务指标和财务状况中得以充分的反映。

2. 财务管理与企业经营管理既相对独立，又协调统一

虽然讲企业财务管理是相对独立的管理活动，但它并不是孤立的，而是以企业各项经营管理活动为基础的，并与其有非常紧密的联系。企业中所有的资金运作和各项收支活动，都是企业的经营管理活动所引起的，即便是纯粹的财务运作，也是为企业一定时期的管理战略和管理目标服务的。财务管理作为一种价值管理，它包括筹资管理、投资管理、权益分配管理、成本管理等，这是一项综合性强的经济管理活动。正因为是价值管理，所以财务管理通过资金的收付及流动的价值形态，可以及时全面地反映商品物资运行状况，并可以通过价值管理形态进行商品管理。也就是说，财务管理渗透在全部经营活动之中，涉及生产、供应、销售每个环节和人、财、物各个要素，所以抓企业内部管理以财务管理为突破口，通过价值管理来协调、促进、控制企业的生产经营活动。

高水平的财务管理，应当涉及和覆盖企业经营管理的各个角落和每个方面。而企业管理的每个部门都会在资金的运用过程中，与财务管理部门发生联系，因此，企业财务管理部门应该建立有效的财务规划和考核制度，促使各个部门在企业财务规划和财务制度的制约下，合理高效地使用资金，提高资金的利用水平。

3. 财务管理需及时监控企业的经营状况和财务状况

在现代企业制度下，企业成为面向市场的独立法人实体和市场竞争主体。企业经营管理目标为经济效益最大化，这是现代企业制度要求投入资本实现保值增值所决定的。因为，企业要想生存，必须能以收抵支、到期偿债。企业要发展，必须扩大收入。收入增加意味着人、财、物相应增加，都将以资金流动的形式在企业财务上得到全面的反映，并对财务指标的完成产生重大影响。因此，财务管理必须及时对企业的经营状况和财务状况进行监控。在企业整个管理过程中，经营方针是否合理，各项决策是否正确，资金周转是否良好，盈利能力是否加强等，财务管理部门都必须进行有效的跟踪管理，并及时向企业管理当局通报有关财务指标的变化情况和预期发展，同时提出有关建设性的意见。

六、财务管理的职能

财务管理的基本职能主要有以下几个方面：

1. 有效制定和实施企业筹资决策方案

企业财务管理的核心是适时、适量和低成本地筹集并有效运用各项资金，以确保企业一定时期经营目标的实现。所以，财务管理部门必须根据企业具体经营目标的要求，通过编制企业长短期的资金预算和相应计划，来直接制定和实施企业的筹资决策方案。在制定企业筹资决策方案时，必须对各种可能的筹资方式，筹资规模和时间，筹资成本和筹资后企业资本结构的变化等多种因素，作综合的比较和分析，选择最合理的筹资方案。一般来讲，财务管理的筹资决策应做好以下几个方面的工作：

(1) 根据企业的具体经营要求，制定正确、合理的总体和部门的资金预算和计划；

(2) 建立和选择良好的筹资渠道，确保企业所需资金的及时到位；

(3) 综合考虑多元化筹资渠道和筹资方式的有效组合，尽可能降低筹资风险；

(4)要保持企业负债筹资与权益筹资，长期资本与短期资本的比例合理；

(5)在充分满足企业经营和投资所需资本的前提下，尽可能降低筹资成本；

(6)结合资产成本考虑具体的筹资方式和债务的偿还方式。

2. 合理投放和配置资金

有效地使用资金，从某种意义上讲要比筹集资金更难。因为这直接取决于企业的经营管理水平和投资项目本身的质量，而许多方面是财务管理部门无法控制的。财务管理部门所能做的是，将所筹集到的资金投放到那些最有投资价值的项目上去，这些项目可能是企业原有的经营项目的延伸和扩展，也可能是更具有价值的全新投资项目；另外，要对所投入的资金作有效的结构和比例上的配置，保持企业资本结构和企业资产结构的合理性。

企业内部投资，包括流动资产投资、固定资产投资和无形资产投资。一方面，企业内部投资发生在企业的日常生产经营过程中，要求企业确保日常资金周转的流畅，维持企业的再生产，加强管理，提高资金的利用效率；另一方面，根据企业的发展和实际需要而提出，要求企业考虑投资规模，分析投资效益，合理利用投资资金。

企业对外投资，包括以收益为目的的有价证券和以控制为目的的并购投资。前者需要企业考虑风险因素，合理进行投资组合并进行分析评价；后者要求企业选择好目标企业，科学地进行价值评估，选择合适的并购筹资方式和支付方式。

3. 控制经营成本，充分利用企业资金

企业经营成本的高低，是企业是否具有立足之本的关键。从企业发展的整体和长远来看，市场竞争的实质是企业间成本的竞争。一个成本管理混乱，费用开支庞大，成本利润率很低的企业，是不可能在激烈的市场竞争中获得成功的。企业财务管理的重要任务就是要帮助企业建立行之有效的成本管理和控制制度，制定合理的成本、费用的开支范围和定额预算标准，在整个经营过程中实施严格的成本控制，并定期进行成本考核，不断提高企业的成本管理水平。财务管理部门要对企业的各个生产和管理部门作全面和深入的调查研究，制定合理的成本定额和费用开支标准，降低耗费，节约费用，尽可能地减少各种浪费，提高企业的盈利能力。同时，财务管理部门还应对经营过程中成本控制的有关反馈信息，作及时的分析和判断，不断调整和完善各项成本控制制度，采用有效的成本管理措施，进一步降低企业的各项经营成本，提高资金的利用水平。

4. 合理分配企业收益

合理分配企业的收益，就是要将企业一定时期的经营收益，根据企业的分配政策，来确定多少收益应该分配给股东、经营者和其他相关利益者，多少收益应作为企业的留存收益，积累在企业中，以利于企业未来更好的发展。在股份制企业中，这种分配方案也称为股利政策。

在合理进行收益分配方面，财务管理部门应该积极参与并发挥其重要职能，主要是正确处理好两方面的协调关系。首先，要处理好满足各方面的短期利益与注重维持企业长远的发展实力之间的关系；其次，要处理好与企业利润分配有相关利益的各个团体和个人之间的关系。企业的收益分配政策的确定，还关系到企业的长远盈利能力，企业资本结构的合理性，企业综合资金成本的高低，企业长短期偿债能力的保持，并影响企业投资人和债权人的信心，企业未来的举债能力和企业管理层及员工的积极性和主动性。在上市公司中，还会影响企业的股票市价。因此，企业财务管理部门要十分认真和慎重地制定合理的收益分配政策，不断提高企业的综合财务实力，确保企业具有长期稳定的发展能力。

任务二　财务管理目标

财务管理目标又称理财目标，是指企业进行财务活动所要达到的根本目的，它决定着企业财务管理的基本方向。财务管理目标是一切财务活动的出发点和归宿，是评价企业理财活动是否合理的基本标准。

一、财务管理目标

根据现代企业财务管理理论和实践，财务管理目标从不同的角度有不同表述。主要有以下几种观点，其中以企业利润最大化、企业每股收益最大化、股东财富最大化、企业价值最大化等几种表述最具有代表性。

(一)利润最大化

利润代表了企业新创造的财富，利润越多则说明企业的财富增加得越多，越接近企业的目标。该观念认为利润是衡量企业经营和财务管理水平的标志，利润越大越能满足投资人对投资回报的要求。利润最大化就是财务管理的目标，主要有这样几个原因：

(1)利润是企业的新创价值，而且是已实现销售并被社会承认的价值；

(2)利润是企业最综合的财务指标，能说明企业的整体经营和财务管理水平的高低；

(3)真实的利润是社会财富的积累；

(4)利润概念是一个最容易被社会各界广泛接受的财务概念。

因此，以利润最大化作为理财目标是有一定道理的。但利润最大化目标在实践中存在以下一些缺陷：

(1)没有考虑企业利润实现的时间因素，即没有运用资金时间价值这一重要的财务概念；

(2)没有充分考虑利润实现的风险因素，不切实际地盲目追求利润最大化，往往会使企业承受很大的风险；

(3)利润作为一个绝对数指标，不能反映企业一定时期的投资收益率水平，因而无法表现资本的投入与产出的关系，更不便在不同企业之间进行财务状况比较；

(4)追求利润最大化会造成企业经营者和财务决策者的短期行为，只顾实现当前的或局部的利润最大化，而不顾企业长远和整体的发展，甚至伤害了企业长久发展的财务实力。

所以，将利润最大化作为企业财务管理目标具有一定的片面性，此目标不能作为财务管理目标的最优选择。

(二)每股收益最大化

每股收益也称每股盈余，是指企业一定时期的净利额与发行在外的普通股股数的比值，说明了投资者每股股本的盈利能力，它把企业的利润和股东投入的资本联系起来考察。用每股资本收益来概括企业的财务目标，反映了所得利润与投入资本之间的投入产出关系。

该指标主要适用于上市公司。对于非上市公司来讲，一般可采用权益资本净利率，该指标是指企业一定时期的净利额与其权益资本总额的比值，说明了企业权益资本的盈利能力。这两个财务指标都是以净利作为基础的，所以其优点与上述利润最大化基本相同，其进步之处是该指标采用相对数来反映企业的盈利能力，能清晰地揭示出投资与收益的报酬率水平，而且更便于企业的财务分析、预测和不同资本规模的企业或企业发展不同阶段之间的比较。

这种观点较利润最大化观点前进了一步，但由于每股收益或权益资本净利率仍是以利润为基础计算的，所以其他的缺陷没有克服，比如，它没有考虑资金的时间价值，没有考虑投入资本以及股东获取利润的时间性和持续性，也没有考虑风险因素。而且，它只考虑股份制企业，没有考虑非股份制企业。

(三)股东财富最大化

股东财富最大化是指通过财务上的合理经营，为股东带来最多的财富。在股份制经济条件下，股东财富是由其所拥有的股票数量和股票市场价格两个方面来决定的，在股票数量一定的前提下，当股票价格最高时，则股东财富也达到最大。与利润最大化目标相比，股东财富最大化目标有这样几个优点：

(1)股东财富最大化目标科学地考虑了风险因素，因为风险的高低会对股票价格产生重要影响；

(2)股东财富最大化在一定程度上能够克服企业在追求利润上的短期行为，因为不仅目前的利润会影响股票价格，而且预期未来的利润对企业股票价格也会产生重要影响；

(3)股东财富最大化目标比较容易量化，便于考核和奖惩。

在看到其优点的同时，也应该看到股东财富最大化存在的不足之处：

(1)它只适于上市公司，对非上市公司则很难适用；

(2)它只强调股东的利益，而对企业其他关系人的利益重视不够，因此可能会导致所有者与其他经济利益主体之间的矛盾和冲突；

(3)股票价格受多种因素影响，并非都是公司所能控制的，把不可控因素引入理财目标是不合理的。

(四)企业价值最大化

企业价值是指其能在市场实现的价值，即公司资产未来预期现金流的现值，而并非企业的账面价值总额。企业价值最大化的宗旨是把企业长期稳定发展放在首位，着重强调必须正确处理各种利益关系，最大限度地兼顾企业各利益主体的利益。企业价值，在于它能带给所有者未来报酬，包括获得股利和出售股权换取现金。

企业资产的账面价值与企业实际市场价值是不一致的。经营良好的企业，它的市场价值必然会高于其账面价值。相反，一个经营失败，甚至严重亏损的企业，它的市场价值必然会大大低于其账面价值。企业所有的经营成败与财务状况，都会综合地表现在企业的市场价值上，市场会对企业有一个最终的评价。

从财务理论上来看，价值应该是实现现金流入的现值总额。对于一般企业来讲，企业价值的确认，必须通过企业转让，变卖或正确的资产评估才能完成。但对于股份制企业来讲，特别是上市公司，从长久来看，企业股票的市场价格越大，说明这个企业的价值越大。股票的价格是真正的市场价值，是投资人对企业的评价，企业内部各种经营和财务状况的变化因素和未来发展前景，都会在企业的股票价格上得以表现。

股东就是企业的投资人，追求股东财富最大化，与追求企业价值最大化和追求股票价格最高是一致的。越来越多的专家、学者认为企业价值最大化观点优于股东财富最大化观点，其优点主要体现在：

(1)这一目标反映了对企业资产保值增值的要求。从某种意义上说，股东财富越多，企业市场价值就越大，追求股东财富最大化的结果可以促使企业资产保值或增值。

(2)这一目标考虑了资金时间价值和投资风险价值，有利于统筹安排长短期规划、合理选择投资方案、有效筹措资金、合理制定股利政策等。

(3)这一目标可以使得财务管理目标与财务管理主体相一致，即两者都是站在企业整体角度来看待问题；

(4)这一目标有利于克服管理上的片面性和短期行为，因为不仅过去和目前的利润会影响企业的价值，预期利润的多少对企业价值的影响所起的作用更大。

(5)这一目标作为财务管理的目标，不仅是财务理论研究的必然结论，而且也是企业内外部对企业经营和财务状况作出客观评价的必然选择。因为企业价值既是一个最抽象的概念，又是一个能用于企业最终评价的最实际可行的概念。

当然，用企业价值作为财务管理的目标，也存在以下一些缺陷：

(1)概念比较抽象，不易被外行人士所接受。也不像利润和每股盈余指标那样，在企业日常会计核算中经常被揭示。因此，运用一些基本的财务指标作为辅助是必要的。

(2)对于上市公司来讲，股票价格是企业价值的直接表现。但股票价格会受到特定经济环境等多种市场因素的综合影响，所以在某一时点上，股价可能并不真正反映这个企业的价值。讲股票价格是企业价值的外在表现，那是从较长一段时期来讲的。

(3)对于上市公司来讲，公司股票的上市比例及企业间相互参股，控股和间接持股等情况的存在，也会影响股票价格。因为，法人股东对股票市场的变动并不敏感，以控股为目的的股东似乎并不在意股价的变化。

(4)对于非上市公司来讲，企业价值便不能作为财务管理目标。

总体来讲，企业价值最大化观点较其他观点具有更广泛的意义。目前，企业价值最大化被认为是企业财务管理的最优目标。但是，在实际运用时，仍应该注意其存在的缺陷。

二、财务管理目标的协调

企业财务管理的最优目标被认为是企业价值最大化，但企业财务活动所涉及的不同利益主体如何进行协调是财务管理必须解决的问题。在企业财务关系中，所有者、债权人和经营者之间构成了企业最重要的财务关系。在通常情况下，他们三者的目标并不完全一致，他们之间可能发生利益冲突，不利于企业价值最大化财务管理目标的实现，因此，企业必须协调三者之间的冲突。

(一)所有者与经营者的矛盾与协调

经营者和所有者的主要矛盾在于，经营者希望在提高企业价值和股东财富的同时，能更多地增加享受成本；而所有者或股东则希望经营者以较小的享受成本带来更高的企业价值或股东财富。这就是双方在追求各自目标方面存在的矛盾。如果所有者不采取措施，则可能会造成经营者对股东目标的背离，这种背离表现在两个方面：一是道德风险。经营者为了自己的目标，不是尽最大努力去实现企业财务管理的目标；二是逆向选择。经营者为了自己的利益，不惜以损害所有者的利益为代价。为了协调这一矛盾，通常可以采用监督和激励这两种方式。

企业为防止经营者背离所有者的利益目标，应该对经营者进行监督。在经营者背离股东的目标时，可以通过解聘、接收和激励方式来约束他们。

(1)解聘。所有者对经营者予以监督，如果经营者未能使企业价值达最大，就解聘经营者。为此，经营者会因为害怕被解聘而努力实现财务管理目标。

(2)接收。如果经营者经营决策失误、经营不力，未能采取一切有效措施使企业价值提高，则该公司就可能被其他公司强行接收或吞并，相应经营者也会被解聘。为此，经营者为了避免这种接收，必须采取一切措施提高股票市价。

(3)激励。将经营者的报酬与其绩效挂钩，以便经营者自觉采取能满足企业价值最大化的措施。

(二)所有者与债权人的矛盾与协调

公司向债权人举债后，两者之间形成一种债券债务的关系。债权人把资金交给企业，其目标是到时收回本金，并获得约定的利息收入；公司借款的目的是用它扩大经营，投入有风险的生产经营项目，由于风险与收益成一种反相关系，企业往往会把资金投向风险高的项目，这样，两者的目标并不一致。所有者与债权人的矛盾主要表现在：

(1)所有者可能未经债权人同意，要求经营者投资于比债权人约定的风险高的项目，这会增大偿债的风险。

(2)所有者或股东未征得现有债权人同意，而要求经营者发行新债券或举借新债，致使旧债券或老债的价值降低。

为协调所有者与债权人的上述矛盾，可采用以下措施：

(1)限制性借债。

限制性借债是指在借款合同中加入某些限制性条款，如规定借款的用途、借款的担保条款和借款的信用条件等。

(2)收回借款或停止借款。

收回借款是指当债权人发现公司有侵蚀其债权价值的意图时，采取收回债权和不给予公司增加放款，从而保护自身的权益。

总之，企业为了能够长久生存发展，企业在谋求自身利益的同时，不仅要处理好与其他利益主体的关系，而且还要注意自己的社会责任。在一般情况下，二者是基本一致的，但也存在一定的矛盾，应制定一定的法律和规定强制企业承担社会责任。

任务三　财务管理原则

财务管理的基本原则是指用以指导财务活动、处理财务关系的行为准则。财务管理的原则主要有：依法理财原则、成本效益原则、收支平衡原则、资金合理配置原则、利益关系协调原则、分级分权管理原则、收益风险均衡原则。

一、依法理财原则

市场经济是法治经济，财务管理必须依法办事，贯彻依法理财原则。依法理财原则是指企业在理财过程中，必须遵守各项经济和财务法律、制度，把理财活动纳入法制轨道。就我国当前的财务管理环境而言，各类企业必须以《企业财务通则》和财务制度为依据，根据生产经营的特点合理组织财务活动，建立健全财务管理制度，做好财务管理基础工作；依法合理筹集资金并有效使用资金，严格执行国家规定的各项财务收支范围和标准，做好各项财务收支的计划预测、控制核算和分析考核；正确计算企业经营成果和如实反映企业财务状况，努力提高经济效益；依法计算和缴纳税金；按照规定顺序和要求分配利润，保证投资者的权益不受侵犯。企业财务活动既要做到不违法，又要学会用法律武器保护自己，依法进行财务管理。

二、成本效益原则

成本效益原则就是要对企业生产经营活动中的所费与所得进行分析比较，将花费的成本与所取得的效益进行对比，使效益大于成本，产生“净增效益”。财务管理就是要在讲求经济效益的基础上节约资金的占用和降低费用，不断增加产出，不断提高经济效益和社会效益。提高经济效益是企业财务管理的目的，而加强企业财务管理是提高经济效益的重要手段。成本效益原则贯穿于企业的全部财务活动中。企业在筹资决策中，应将所发生的资本成本与所取得的投资利润率进行比较；在投资决策中，应将与投资项目相关的现金流出与现金流入进行比较；在生产经营活动中，应将所发生的生产经营成本与其所取得的经营收入进行比较；在不同备选方案之间进行选择时，应将所放弃的备选方案预期产生的潜在收益视为所采纳方案的机会成本与所取得的收益进行比较。在具体运用成本效益原则时，应避免“沉没成本”对决策的干扰。“沉没成本”是指已经发生、不会被以后的决策改变的成本。因此，我们在制定各种财务决策时，应将其排除在外。

三、收支平衡原则

在财务管理中，贯彻的是收付实现制，而非权责发生制，客观上要求在理财过程中做到现金收入(流入)与现金支出(流出)在数量上、时间上达到动态平衡，即现金流转平衡。收支平衡原则是资金的收支在数量和时间上实现动态的协调平衡。财务管理实际上是对企业资金的管理，量入为出、收支平衡是对企业财务管理的基本要求。资金不足，会影响企业的正常生产经营，错失良机；在严重时，甚至会影响到企业的生存；资金多余，会造成闲置和浪费，给企业带来不必要的损失。收支积极平衡原则要求企业一方面要积极组织收入，确保生产经营和对内、对外投资对资金的正常合理需要，另一方面要节约成本费用，压缩不合理开支，避免盲目决策。保持企业一定时期资金总供给和总需求动态平衡和每一时点资金供需的静态平衡。要做到企业资金收支平衡，在企业内部，要增收节支，缩短生产经营周期，生产适销对路的优质产品，扩大销售收入，合理调度资金，提高资金利用率；在企业外部，要保持同资本市场的密切联系，加强企业的筹资能力。

四、资金合理配置原则

拥有一定数量的资金，是企业进行生产经营活动的必要条件，但企业资金总是有限的。资金合理配置是指企业在组织和使用资金的过程中，应当使各种资金保持合理的结构和比例关系，保证企业生产经营活动的正常进行，使资金得到充分有效运用，并从整体上取得最大的经济效益。在企业的财务管理活动中，资金的配置从筹资的角度看表现为资本结构，具体表现为负债资金和所有者权益资金的构成比例，长期负债和流动负债的构成比例，以及内部各具体项目的构成比例。企业不仅要从数量上筹集保证其正常生产经营所需的资金，而且必须使这些资金保持合理的结构比例关系。从投资或资金的使用角度看，企业的资金表现为各种形态的资产，各形态资产之间应当保持合理的结构比例关系，包括对内投资和对外投资的构成比例。在对内投资中，流动资产投资和固定资产投资的构成比例、有形资产和无形资产的构成比例、货币资产和非货币资产的构成比例等；在对外投资中，债权投资和股权投资的构成比例、长期投资和短期投资的构成比例等，以及各种资产内部的结构比例。上述这些资金构成比例的确定，都应遵循资金合理配置原则。

五、利益关系协调原则

企业是由各种利益集团组成的经济联合体。这些经济利益集团主要包括企业的所有者、经营者、债权人、债务人、国家税务机关、消费者、企业内部各部门和职工等。利益关系协调原则要求企业协调、处理好与各利益集团的关系，切实维护各方的合法权益，将按劳分配、按资分配、按知识和技能分配、按绩效分配等多种分配要素有机结合起来。只有这样，企业才能营造一个内外和谐、协调的发展环境，充分调动各有关利益集团的积极性，最终实现企业价值最大化的财务管理目标。

六、分级分权管理原则

企业财务管理是“分级分权管理”还是“集中管理”，取决于企业的规模、内部机构设置和管理模式等因素，有的可能采用“分级分权管理”比较好，有的则采用“集中管理”更符合实际。在规模较大的现代化企业中，对财务活动必须实行分级分权管理。所谓分级分权管理，就是在企业总部统一领导的前提下，合理安排各级单位和各职能部门的权责关系，充分调动各级各部门的积极性。统一领导下的分级分权管理，是民主集中制在财务管理中的具体运用。

七、收益风险均衡原则

风险是指企业经营活动的不确定性所导致财务成果的不确定性。收益与风险是一对孪生兄弟，形影相随，投资者要想取得较高的收益，就必然要冒较大的风险，如果投资者不愿承担较大的风险，就只能取得较低的收益。收益风险均衡原则是指决策者在进行财务决策时，必须对收益和风险做出科学的权衡，使所冒的风险与所取得的收益相匹配，达到趋利避害的目的。在筹资决策中，负债资本成本低，财务风险大，权益资本成本高，财务风险小。企业在确定资本结构时，应在资本成本与财务风险之间进行权衡。任何投资项目都有一定的风险，在进行投资决策时必须认真分析影响投资决策的各种可能因素，科学地进行投资项目的可行性分析，在考虑投资报酬的同时考虑投资的风险。在具体进行收益与风险的权衡时，由于不同的财务决策者对风险的态度不同，有的人偏好高风险、高收益，有的人偏好低风险、低收益，但每一个人都会要求风险和收益相对等，不会去冒没有价值的无谓风险。

任务四　财务管理环节

财务管理环节是根据财务管理工作的程序及各部分间的内在关系划分的，分为财务预测、财务决策、财务计划、财务控制、财务监督和财务分析。财务管理的各个环节相互连接，形成财务管理工作的完整过程，被称为财务管理循环。

一、财务预测

财务预测是根据财务活动的历史资料，考虑现实的要求和条件，对企业未来的财务活动和成果进行科学的预计和测算。作为整个现代企业财务管理过程的首要环节，财务预测是进行财务决策的基础，编制财务计划的前提，实施财务控制的标准，开展财务分析的根据。财务预测可视为一个系统，包括输入、处理、输出、反馈等环节。工作程序为：①明确预测对象和目的；②搜集和整理资料；③确定预测方法，利用预测模型进行测算；④确定最优值，提出最佳预测方案。财务预测的方法归纳起来可分两大类：①定性分析法，主要有意见归纳法，专家调查法等；②定量分析法。包括趋势外推法、因果关系法、直线回归法以及线性规划、非线性规划和动态规划等。

二、财务决策

财务决策是指财务人员按照财务管理目标的总体要求，利用专门方法对各种备选方案进行比较分析，并从中选出最佳方案的过程。财务决策以资源的优化配置为目标，本着成本效益原则，主要研究现代企业经营决策中的资金筹集、投放、营运、分配的时间以及方向、数量等问题，是各项经营决策的核心和综合反映。其科学性直接决定着财务预算的合理性、财务控制的有效性和财务分析的有用性。没有财务决策，其他环节的工作就失去了意义。财务决策的程序为：①确定决策目标；②提出备选方案；③选择最优的方案。财务决策方法分为定性决策方法和定量决策方法两类。

三、财务计划

财务计划，又称财务预算是指运用科学的技术手段和数量方法，对未来财务活动的内容及指标所进行的具体规划。财务计划为各项财务活动确立目标和任务，既为财务控制提供依据，又为财务分析和业绩评价提供尺度。财务预算在现代企业财务管理全过程中起着承上启下的作用，使得现代企业财务管理更有秩序。它以财务预测和财务决策为前提，又是财务控制和财务分析的基础。编制财务计划的程序为：①分析主客观条件，全面安排计划指标；②协调人力、物力、财力，落实增产节约措施；③编制计划表格，协调各项计划指标。财务计划的内容主要包括：①现金流量计划；②资本支出计划；③利润计划；④资产负债计划。

四、财务控制

财务控制是在财务管理的过程中，利用有关信息和特定手段，对企业财务活动所施加的影响或进行的调节。它是落实计划任务、保证计划时间的有效措施、实现现代企业财务管理目标的基本手段。财务控制一般有以下七种方式：①组织规划控制；②授权批准控制；③预算控制；④实物资产控制；⑤成本控制；⑥风险控制；⑦审计控制。

财务控制是在生产经营活动中，以计划任务和各项定额为依据，对资金的收入、支出、占用、耗费进行日常的计算和审核，以实现计划指标，提高经济效益。财务控制的工作程序如下：

①制定标准。制定资金和成本费用的定额、限额和预算，并按照责权利相结合的原则，将计划任务以财务指标或标准的形式分解落实到车间、科室、班组以至个人。

②执行标准。企业各级部门和各级单位按照事先制定的标准对照执行。

③确定差异。将实际与标准进行对比，确定差异的程度和性质。

④消除差异。深入分析差异形成的原因，确认造成差异的责任归属，采取切实有效的措施消除差异，以便顺利实现计划指标。

⑤考核奖惩。考核各项财务指标的执行结果，把财务指标的考核纳入各级岗位责任制，运用激励机制，实行奖惩。

五、财务监督

财务监督是运用单一或系统的财务指标对企业的生产经营活动或业务活动进行的观察、判断、建议和督促。它通常具有较明确的目的性，能督促企业各方面的活动合乎程序与合乎要求，促进企业各项活动的合法化管理行为的科学化。它是公共组织财务管理工作的重要组成部分，也是国家财政监督的基础。它对于规范公共组织的财务活动，严格财务制度及财经纪律，改善公共组织财务管理工作，保证收支预算的实现具有重要意义。

财务检查是实现财务监督的主要手段，贯穿于整个财务管理环节。财务检查的工作程序为：①审阅凭证账表，清查财产物资，揭露问题；②分清性质，明确责任；③查明原因，整顿工作。在实际工作中，财务检查的方法有多种，主要包括：①组织方法，财务检查方法根据组织检查的形式，可以分为自查，即公共组织根据财政部门、主管部门的要求，自己组织力量，对本单位财务活动进行的检查；有关部门直接深入公共组织进行检查；有关部门组织各公共组织之间联审互查。②工作方法，财务检查方法根据工作内容可分为账务检查，实物检查和现场检查三种。

六、财务分析

财务分析是在财务报告基础上，对报表数据进行进一步加工、整理、比较、分析并着重就企业财务状况是否健全，经营成果是否优良等进行解释和评价。财务分析作为现代企业财务管理全过程的最后一个环节，标志着上一个财务管理循环的完成，也意味着下一个财务管理循环的开始，是两个循环交替的转换点。

进行财务分析在于评估企业的财务状况和财务结果，检验财务计划目标的执行情况，找出财务运行中存在的问题和产生原因，并为以后的财务预测、决策和计划提供有用信息。现代财务分析是各阶层、各方面的报表使用人，如企业内部管理人员、企业所有者、债权人、业务关系人、国家有关部门等，提供多层次、全方面位的财务信息，尤其是管理者、所有者、债权人等进行各种财务决策所需的信息。

财务分析的内容基本可以分为三个部分：①财务状况分析。主要包括：资产配置状况分析、资产运用效果分析、偿债能力分析。②成本费用分析。即对成本费用支出水平和构成的分析。③财务成果分析。即对盈利能力的分析。

财务分析的工作步骤为：①收集资料，掌握信息；②指标对比，查找问题；③分析原因，明确责任；④提出措施，改进工作。

任务五　财务管理的环境

任何事物都是在一定的环境条件下存在和发展的，是一个与其环境相互作用、相互依存的系统，作为人类重要实践活动之一的财务管理活动也不例外。

在财务管理活动中，财务管理环境是指对财务主体的财务机制运行有直接影响的内外各种条件和因素。财务管理主体需要不断地对财务管理环境进行审视和评估，并根据其所处的具体财务管理环境的特点，采取与之相适应的财务管理手段和管理方法，以实现财务管理的目标。

我们把财务管理环境按其对财务主体财务机制运行的影响不同分为两大部分：外部环境和内部环境。

一、外部环境

财务管理的外部环境，又称宏观理财环境，就是指影响财务主体运行的外部条件和因素，主要包括政治环境、法律环境、经济环境、金融市场环境、科技教育环境等。外部环境对所有企业的财务都可能产生影响，但这种影响往往是间接的，并通过影响内部财务管理环境体现出来。

(一)政治环境

政治环境是指国家在一定时期的各项路线、方针、政策和整个社会的政治观念。政治环境在整个社会环境中起基础性的决定作用，它决定着国家在特定时期的经济、法律和科学教育等方面的目标导向和发展水平。从企业理财的角度来看，政治环境起一种提供保障和目标导向的作用。通过提供安定的社会环境以保障企业理财活动正常进行，通过确定经济工作的中心地位引导企业挖掘潜力，加强财务管理，提高经济效益。

(二)法律环境

市场经济的主要特征在于它是一种以法律规范和市场规则为特征的经济制度。法律为企业经营活动规定了活动空间，也为企业在相应空间内自主经营提供了法律上的保护。财务管理的法律环境是指企业和外部发生经济关系时所应遵守的各种法律、法规和规章制度。企业要顺利地从事生产经营和处理好各种经关系，必须遵守相关法律规范。影响企业财务管理活动的法律规范主要有：企业组织法律规范、税收法律规范和财务会计法律规范。

1. 企业组织法律规范

企业是市场经济的主体，企业组织必须依法成立。组建不同的企业，要依据不同的法律规范，这些法律规范既是企业的组织法又是企业的行为法。企业组织依据的主要法律有：《公司法》、《企业法》、《个人独资企业法》、《合伙企业法》和《外资企业法》。

例如，《公司法》对公司制企业的设立条件、设立程序、组织机构、组织变更及终止的条件和程序等都作了相应的规定，包括股东人数、法定资本的最低限额、资本筹集方式等。只有按法律规定的条件和程序建立的企业，才能称为公司。《公司法》还对公司生产经营的主要方面做出了规定，包括股票的发行和交易、债券的发行和转让、利润的分配等。公司组建后的各项生产经营活动都要按照《公司法》的有关规定来进行。因此，《公司法》是公司制企业财务管理最重要的强制性法律规范。

2. 税收法律规范

国家财政收入的主要来源是企业所缴纳的各种税金，任何企业都有义务上缴税收。而国家的财政状况和财政政策对于企业筹集资金和税收负担有着重要的影响。有关税收法律规范主要有三类：所得税的法律规范、流转税的法律规范、其他税的法律规范。

无论缴纳哪一种税，对企业来说都是企业的资金流出，加大企业对现金管理的压力，对财务管理有重要影响。企业财务管理人员要熟悉国家税收法规，自觉按照税收政策导向进行生产经营活动，精心安排和规划筹资、投资和利润分配。

3. 财务会计法律规范

财务会计法律规范主要有：《企业财务通则》、《企业财务制度》和《企业会计制度》，以及具体的会计准则。它们是企业从事财务活动、实施财务管理的基本规范。

除了上述法律规范，与企业财务管理有关的其他经济法律规范还有很多，包括证券法、支付结算法、合同法等。财务管理人员要在知法守法的前提下，进行财务管理活动，实现财务管理目标。

（三）经济环境

经济环境是指企业从事财务活动时所处的宏观经济状况。影响企业财务管理的宏观经济因素有：经济发展状况、通货膨胀、政府的经济政策以及竞争等。

1. 经济发展状况

经济发展总是呈现出周期性兴衰更替的变化态势，由繁荣、衰退、萧条、复苏四个阶段循环变化，经济发展的这种不规律性变化对企业理财活动有着重要影响。在经济发展处于衰退、萧条阶段时，由于整个宏观经济不景气，产销量下跌，资金周转困难，投资机会减少，紧缩成为企业的明智之举。在经济发展处于复苏到繁荣阶段时，市场需求旺盛，预期销量上升，前景乐观，企业投资急剧膨胀。正因为经济发展的不规律性是客观存在的，所以财务人员对这种波动应事先做好准备，筹措并分配足量的资金，用以调整企业的生产经营活动，参见表1-1。

表 1-1 **企业理财策略**

经济复苏期	经济繁荣期	经济衰退期	经济萧条期
1. 增加厂房设备 2. 增加存货 3. 开发新产品 4. 增加员工 5. 制定进入战略 6. 寻找适当的资金来源	1. 扩充厂房设备 2. 继续增加存货 3. 制定并实施扩张战略 4. 增加员工 5. 制定合适的筹资决策	1. 停止扩张 2. 处置不用或闲置的设备 3. 减少存货 4. 调整产品结构和资本结构 5. 适当减员增效	1. 保持市场份额 2. 减缩各种不必要的开支 3. 削减存货 4. 实施减员增效 5. 制定并实施退出战略

2. 通货膨胀

通货膨胀是指一般物价水平持续上涨，引起货币的购买力下降。通货膨胀不仅使企业的购买力下降，而且给企业财务管理活动造成很大的困难。由于通货膨胀只能由政府通过宏观调控手段才能治理，企业自身对通货膨胀无能为力，因此，企业只能采取一定的理财手段调整其筹资、投资和分配政策，使企业的预期收益得以实现。同时，财务管理人员还要充分利用金融市场的期货、期权等交易，降低通货膨胀给企业带来的损失。

3. 政府的经济政策

经济政策是指政府行使其管理职能而制定的影响经济运行的一系列方针和策略。企业作为市场的经济主体，必然受到经济政策的影响和调控，进而使企业内部的筹资、投资和分配政策受到影响。政府鼓励的行业将有较优惠的融资政策和税收政策，而对不扶持的行业将限制其投资规模和税收调节政策，这样必然影响企业的现金流入或流出量。企业的财务管理人员应对国家的经济政策进行认真研究，按照经济政策导向组织财务活动、处理财务关系，做到趋利避害。

4. 竞争

竞争机制是市场机制配置资源的主要经济杠杆之一，竞争的结果促进优胜劣汰，推动全社会资金高效力配置，从而促进经济发展。竞争能够促使企业改善产品结构和产品质量，使之满足消费者的需求；使企业加强营运管理，提高管理效率，增强市场竞争力。竞争对企业来讲既是机遇又是挑战，因此，企业要制定合理的竞争战略，在市场竞争中立于不败之地。

(四) 金融市场环境

企业从事生产经营活动一般都需要资金参与运作。而企业的资金来源除了投资者投入外，主要从金融市场筹措取得。因此，金融市场环境的变化必然会影响企业资金的筹集、投放、营运和收回。从某种意义上来讲，金融市场环境是企业财务管理最重要的外部环境。

金融市场是指市场资金流动的场所，包括实物资金和货币资金的流动。广义的金融市场交易的对象包括货币借贷、票据承兑和贴现、有价证券的买卖、黄金和外汇买卖、办理国内外保险、生产资料的交换等。狭义的金融市场一般是指有价证券市场，即股票和债券的发行和买卖市场。

金融市场交易的是特殊的金融商品，其交易的最终结果都是资金使用权的转移，因此，金融市场中取得货币资金使用权要付出一定的代价，或出让资金使用权应取得一定的报酬，这就是通过利率或收益率来计算的，这里的利率和收益率就是金融市场的价格。利率是利息与本金的百分比。资金作为一种特殊的商品，以利率为价格标准的资金融通行为实质上是资源通过利率实行再分配。金融市场利率的高低在企业资金分配以及财务决策中起着决定性作用。

对企业的财务管理人员来讲，要求其尽可能预测除出未来市场利率的发展趋势，在利率持续上升时使用长期资金；在利率持续下降时使用短期资金，以达到合理使用和搭配资金的目的。

(五)科技教育环境

科技教育环境，是一定时期内国家的科技教育发展水平和普及程度，以及整个社会生产力发展水平。科学技术在现代化大生产中的重要性早已被实践证明，教育事业对于劳动者素质和劳动技能的提高也具有重要意义。对企业理财而言，科技应用于生产过程，将可能改变企业的生产方式、工艺流程，引起企业成本结构和消耗水平等多方面的改变，进而引起企业财务管理工作重点和方式的变化。同时，计算机的普及使企业理财手段日趋现代化，这将有助于企业理财活动效率的提高和理财领域的拓宽。劳动者素质和技能的提高，将有利于降低成本消耗，提高企业管理水平，促进企业理财工作。

二、内部环境

财务管理的内部环境，又称微观理财环境，是指企业自身管理体制、经营组织形式、生产经营规模以及内部管理水平等诸多因素的结合所形成的既定空间。对所有企业来讲，其宏观环境是相同的，但每一个企业的微观环境却是千差万别的，而且这些微观因素对企业财务主体的财务机制运行有直接的影响。研究不同企业的微观理财环境其意义在于指导企业根据自身特点，分别采取不同的理财措施，以实现企业理财效果最优化。

(一)企业管理体制

企业管理体制是指国家对企业的各种管理体制和管理方式的总称。企业管理体制一般是由其所有制性质和国家的宏观经济管理体制所决定的。在企业微观理财环境中，管理体制起着决定作用，它直接决定着企业微观理财环境的优劣，以及企业理财权限的大小和理财领域的宽窄。在过去的计划经济体制下，国有企业作为政府的附属部门，几乎没有经营自主权，也无理财自主权而言。随着国家经济体制的改革，国有企业建立了现代企业制度，明确企业的法人财产权，实行政企职责分开，要求企业以其法人财产承担民事责任，使企业真正做到“自主经营、自负盈亏、自我约束、自我发展”。同时在现代企业制度下，企业理财自主权进一步扩大，企业可以自行筹资，自主投资，并可以制定自己的财务管理制度，这样企业要根据市场信息作出灵活反应，抓住机遇，避免风险，使企业在“公平竞争，优胜劣汰”的市场大潮中立于不败之地。

(二)企业经营组织形式

企业经营组织形式是指在既定的产权体制下，企业内部的权责结构和利益关系的组合方式，又称经营方式。在企业微观理财环境中，经营组织形式受制于企业管理体制。在管理体制既定的条件下，不同的经营组织形式，决定了企业内部财务管理权限分配和职责划分的不同。在现代市场经济下，企业最主要的组织形式是股份制。股东作为资产所有者，将资产交给别人经营，而不直接参与企业日常经营管理活动，只是间接进行管理，主要包括：参与企业重大经营战略问题的决策，以及对企业主要管理人员任免的表决等，这主要通过股东大会来执行。企业管理人员接受委托从事企业的日常经营管理活动，享有经营管理权，也包括日常财务决策权，并且对股东负责，保证其资产的保值和增值，这主要通过董事会来执行，董事会在行使这些权利时要受到监事会的监督。企业的这种权责结构决定了企业管理人员拥有充分的理财自主权，而且，企业的经营成果与管理人员的业绩评价直接挂钩，这就促使管理人员充分发挥其主观能动性，想方设法提高企业的经济效益。同时，在股东和监事会的监督下，企业财务管理人员杜绝各种不良理财行为。

(三)企业生产经营规模

在企业理财的微观环境中，生产经营规模是一个变量，即在企业管理体制和经营组织形式既定的条件下，生产经营规模大小的不同会对财务管理工作提出不同的要求。在大规模企业中，内部分工协作具有明显的专业化特征，而且其工艺过程的现代化水平较高，企业生产经营资金的存量、流量、流向等有多元化、复杂化的特征，这都要求企业财务管理活动贯穿于生产经营的各个环节，企业内部要制定严格的财务管理制度。而对于规模较小的企业，由于经营活动较为简单，筹资、投资活动也只在小范围内进行，这就要根据自身规模小的特点，灵活组织理财活动。

(四)企业内部管理水平

企业内部管理水平是指企业内部各项管理制度的制定及执行情况。从企业理财来看，如果企业内部有着完备健全的管理制度并能得到严格执行，就意味着企业理财有着较好的基础，有章可循，企业理财工作起点较高，容易走上规范化的轨道并带来理想的理财效果。反之，如果企业内部管理制度不健全，或管理制度得不到严格执行，则必然会给企业理财工作带来困难。

单元小结

学习情境一主要阐述的是财务管理的概念和基本内容，是学好以后各具体内容的理论基础。

(1)市场经济的发展是企业资金运动存在的客观基础，企业财务活动就是企业再生产过程中的资金活动，具体包括资金的筹集、投放、营运和分配。财务活动的运行同时引发企业与各有关利益群体间的财务关系。

(2)财务管理简称理财，是指企业在一定的整体目标下，关于资产的购置(投资)、资本的融通（筹资）和经营中现金流量（营运资金），以及利润分配的管理，有其特征和职能。

(3)财务管理目标具有代表性的表述有：企业利润最大化、企业每股收益最大化、股东财富最大化和企业价值最大化。

(4)财务管理的原则主要有：依法理财原则、成本效益原则、收支平衡原则、资金合理配置原则、利益关系协调原则、分级分权管理原则、收益风险均衡原则。

(5)财务管理环节是财务管理工作的程序，分为财务预测、财务决策、财务计划、财务控制、财务监督和财务分析。财务管理的各个环节相互连接，形成一个完整的财务管理工作。

(6)财务管理环境是指对财务主体的财务机制运行有直接影响的内外各种条件和因素。财务管理环境按其对财务主体财务机制运行的影响不同分为两大部分：外部环境和内部环境。

学习情境二 财务管理基础观念

学习目标： 1. 了解财务管理的两大重要价值观念——资金时间价值观念和风险价值观念；
2. 掌握资金时间价值的计算方法；
3. 掌握风险分析的方法。

知识能力： 1. 学习和掌握货币时间价值的概念，风险与收益的概念等陈述性知识；
2. 能用其指导“财务管理基础”的相关认知活动。

工作任务： 1. 计算单利终值和现值；
2. 计算复利终值和现值；
3. 计算普通年金终值和现值；
4. 计算预付年金终值和现值；
5. 计算递延年金终值和现值；
6. 计算永续年金现值。

关 键 词： 资金时间价值　单利　复利　年金　风险　收益

案例导入：

购置房产

周全的朋友李洋准备购买一套婚房，向周全借款20万元，答应5年后连本带利共还24万元，银行存款年利率为5%，另外，周全想买一辆私家车，对方给出的条件是现在立即付全款需付18万元，如果分期付款可在今后的5年内的年末付款4.1万元，银行年利率同样为5%。

问题：周全能答应李洋的借款吗？周全应选择哪种方式购买小汽车？

分析提示：首先，关于李洋的借款问题。如果周全将20万元存入银行，则可获得本利和=20+20×5%×5=25(万元)，可见借给李洋会损失1万元；其次，关于选择付款方式问题。现在立即付款18万元即为现值。每年末付款4.1万元，5年共付款20.5万元，即为终值。选择付款方式需要将5年共付款20.5万元折算为现值，即 4. 1×4. 3275 = 17. 75(万元)。

为了有效地组织财务管理工作，实现财务管理的目标，企业财务管理人员必须树立一些基本的财务管理理念。资金的时间价值和投资风险价值，就是现代财务管理的两个基础理念。无论是资金筹集、资金投放收益分配，都必须考虑资金时间价值和投资风险价值问题。

(资料来源：作者根据资料整理所得)

任务一　资金的时间价值

一、资金时间价值的概念

思考一下，今天的 100 元和几年后的 100 元，哪一个的价值大一些？如果我们仅仅是单纯从数字上来看，则很明显它们是一样的。但如果我们考虑一下这 100 元的增值潜力就会发现，当我将这 100 元存入银行，几年后我除了拥有 100 元的本金之外，我还拥有一笔利息，那么我们可以得到，“今天的 100 元 = 几年后的 100 元+利息”；当我用这 100 元买卖股票时，还可以获得股利和价差收益，就会得到，“今天的 100 元 = 以后的 100 元+投资收益”。我们不难发现：今天的 100 元大于以后的 100 元。上述例子中的利息、投资收益等都是这 100 元本金的增值部分，我们将此称为资金的时间价值。

资金的时间价值，是指一定量资金在不同时点上的价值量差额，也称为货币的时间价值。资金的时间价值来源于资金进入社会再生产过程后的价值增值。资金周转使用的时间越长，所获得的利润越多，实现的增值额就越大。资金时间价值的实质，是资金周转使用后的增值额。也就是说不是所有的货币都具有时间价值，只有在循环和周转中的资金，其总量才随着时间的延续按几何级数增长，使得资金具有时间价值。在通常情况下，它相当于没有风险也没有通货膨胀的情况下的社会平均利润率，是利润平均化规律发生作用的结果。

资金的时间价值对于整个企业的财务管理有着极其重要的意义，主要表现在：其一，便于不同时点上单位货币价值量的比较。不同时点上单位货币的价值不同，因此，不同时间的货币收入不宜直接进行比较，需要把它们换算到相同的时间基础上，才能进行数量比较和比率计算。其二，是正确作出财务决策的前提。资金时间价值是现代财务管理的重要价值基础。它要求合理地节约使用资金，加速资金的周转，以实现更多的资金增值。每个企业在投资某个项目时，至少要取得社会平均资金利润率，否则，不如投资其他的项目或其他的行业。因此，资金的时间价值是评价投资方案的基本标准，在财务决策时，资金时间价值是一项重要的因素。

资金时间价值的大小通常有两种表现形式，一种是绝对数形式即资金时间价值额，即资金在生产经营中带来的真实增值额；另一种是相对数形式即资金时间价值率。为便于不同数量货币资金之间时间价值大小的比较，在实务中，人们常使用相对数表示资金的时间价值。由于资金价值率经常以利率的形式表示，通常认为它与一般的市场利率相同，实际上资金时间价值率与市场利率是有区别的。市场利率除了包括时间价值因素外，还包括风险价值和通货膨胀因素。但由于资金随时间的增长过程和利息的增长过程在数学上相似，因此，在换算时，应广泛使用计算利息的各种方法。

二、资金时间价值的计算

根据资金具有时间价值的理论，可以将某一时点的资金金额折算为其他时点的金额。因此，掌握资金时间价值的计算就很重要。我们对有关的计算符号进行约定，在以后的学习过程中，某一符号所代表的含义如下：

i 为利率(The Discount Rate per Period)，通常指年利率；

I 为利息(Interest)；

t 为计息期间(A Time Period)，如 t=5，意味着第五个计息期间；

m 为 1 年中复利的次数，如 m=4，意味着按季度计息，一年计息四次；

n 为计息期数，如 n 可以是 3 年，30 个季度，也可以是 30 个月；

P 为现值(Present Value)，又称本金(Present)；

F 为终值(Future Value)，也称本利和或将来值；

A 为每期相等的现金流量(Cash Flow Each Period)，也即年金(Annuity)。

我们一般采用终值和现值两种形式。所谓终值，又称将来值，是现在一定量的资金折算到未来某一时点所对应的金额，即本利和，通常记做 F。所谓现值，又称本金，是指未来某一时点上的一定量资金折算到现在所对应的金额，即将来一定量的资金扣除了利息之后的余额，通常记做 P。现值和终值是一定量的资金在前后两个不同时点上对应的价值，其差额即为资金的时间价值。终值和现值的计算涉及利息计算方法的选择，目前有两种利息计算方法：单利计算和复利计算。

(一)单利终值和现值的计算

单利是计算利息的一种方法。在单利制下，只对本金计算利息，所生利息不再计入本金重复计算利息。单利的计算包括计算单利利息、单利终值和单利现值。单利终值，是指本金和未来利息之和。单利现值，是指未来收到或付出资金按单利计算的现在价值。

【例 2-1】小陈将 1000 元存入银行，年利率为 10%，求 3 年后的终值。

解：利息=本金×年利率×计息期

3 年后的利息=1000×10%×3=300(元)

3 年后的终值=1000+300=1300(元)

由此，我们可以得到单利终值的一般计算公式为：

$$F=P+I=P+P\times i\times n=P(1+i\times n)$$

其中：F 为终值；P 为现值；I 为利息；i 为利息率；n 为计息期。

(1+i×n)为单利终值系数。

将上述公式进行一个变形，我们就可以得到单利现值的计算公式，即为：

$$P=F-I=F/(1+i\times n)$$

其中：$1/(1+i\times n)$为单利现值系数。

【例 2-2】小陈希望在 3 年后从银行取得 1000 元的本利和，银行年利率为 5%，请问他现在要存多少资金到银行？

解：$P=F/(1+i\times n)=1000/(1+5\%\times 3)\approx 869.57$(元)

从例题可以发现，单利的终值和现值互为逆运算，单利终值系数和单利现值系数互为倒数。

(二)复利终值和现值的计算

复利是计算利息的另一种方法，是指每经过一个计息期，要将该期所派生的利息加入本金再计算利息，逐期滚动计算，俗称"利滚利"。复利的计算包括复利终值、复利现值和复利利息。这里所说的计息期，是指相邻两次计息的间隔，如年、月、日等。除非特别说明，计息期一般为一年。复利终值是按复利计息方式，经过若干个计息期后包括本金和利息在内的未来价值。复利现值是指未来一定时期的资金按复利计算的现在价值，或者说是为取得将来一定的本利和在现在需要投入的本金量，是复利终值的逆运算，也叫贴现。

【例 2-3】周全在银行存入 3 年定期存款 1000 元，复利年利率为 2%，求 3 年后的终值。

解：1 年后的终值=1000(本金)+1000(本金)×2%(利率)

=1000×(1+2%)

=1020(元)

2 年后的终值=1020+1020×2%=1020×(1+2%)=1040.4(元)

3 年后的终值=1040.4+1040.4×2%=1040.4×(1+2%)=1061.208(元)

注意：从第 2 年开始，计息的基础是一个变量，它是前一年的终值，我们可以将 3 年后的终值的公式进行一个分解：3 年后的终值=$\underline{1040.4}\times(1+2\%)$

↓

$\underline{1020}\times(1+2\%)$

↓

$1000\times(1+2\%)$

即 3 年后的终值=$1000\times(1+2\%)\times(1+2\%)\times(1+2\%)$

$=1000\times(1+2\%)^3$

由此，我们可以得到复利终值的一般计算公式为：

$$F=P(1+i)^n$$

其中：$(1+i)^n$为复利终值系数或 1 元的复利终值，记做(F/P，i，n)；例如，(F/P，2%，3)表示利息率为 2%，计息期为 3 年的 1 元的复利终值。为了便于计算，我们编制了"1 元的复利终值表"(见附表一)。该表的第一行是利息率 i，第一列为计息期数 n，横纵交叉处即为相对应的复利终值系数。通过该表可查出(F/P，2%，3)=1.0612，即当资金时间价值为 2%的情况下，现在的 1 元和 3 年后的 1.0612 元在经济价值上是相等的。在上例中，我们很容易得出 1000 元 3 年后的终值 = 1000×1.0612 = 1061.2 元(与例中结果的误差源于复利终值表中对小数的保留位数)。我们根据该系数表可以将现在的货币资金量换算成将来的货币资金量。该表的作用不仅在于当已知 i 和 n 时查找出相对应的复利终值系数值，而且还可用于当已知复利终值系数值和 n 时查找 i，或者当已知复利终值系数值和 i 时查找 n。

【例 2-4】周全打算将 10000 元投资于一个项目，这个项目要使得周全在 3 年后收回的资金是投资金额的 2 倍，那么为达到这一目的，他所选择的项目的报酬率最低应是多少?

解：

$$F=10000\times2=20000(\text{元})$$
$$20000=10000\times(1+i)^3$$
$$(1+i)^3=2$$
$$(F/P,\ i,\ 3)=2$$

查找“复利终值系数表”，在 n=3 的横行中寻找 2，最接近 2 的对应 i=26%，即(F/P，26%，3)≈2

所以 i=26%，即当投资项目的最低报酬率为 26%时，才能使现在的资金在 3 年后达到现值的 2 倍。

【例 2-5】周全打算将 10000 元投资于一项报酬率为 10%的项目，那么要经过多少年才能使现在的资金增加 1 倍?

解：

$$F=10000\times2=20000(\text{元})$$
$$20000=10000\times(1+10\%)^n$$
$$(1+10\%)^n=2$$
$$(F/P,\ 10\%,\ n)=2$$

查找“复利终值系数表”，其最接近的系数值为 1.9487

$$(F/P,\ 10\%,\ 7)=1.9487\approx2$$

所以，n=7

即 7 年后才能使现在的资金增加 1 倍。

我们将复利终值的计算公式进行一个变形，就得到了复利现值的计算公式，即为

$$P=F/(1+i)^n=F(1+i)^{-n}$$

其中：$(1+i)^{-n}$为复利现值系数或 1 元的复利现值，记做(P/F，i，n)；例如，(P/F，2%，3)表示利息率为 2%，计息期为 3 年的 1 元的复利现值。同样为了计算的方便，我们编制了“1 元的复利现值表”(见附表二)。该表的使用方法与“1 元的复利终值表”的使用方法相同。

【例 2-6】周全为了 3 年后能从银行取出 1000 元，在复利年利率为 2%的情况下，当前应存入的金额是多少?

解：$P=F(1+i)^{-n}=1000\times(1+2\%)^{-3}=1000\times0.942$(查表得)$=9420$(元)

通过上述计算，我们发现，复利的终值和现值也互为逆运算，复利终值系数和复利现值系数也互为倒数。

(三)年金终值和现值的计算

年金是指一定时期内，每隔相同的时间，收入或支出相同金额的系列款项，通常记做A。在经济领域中，分期付款赊购、分期偿还贷款、融资租赁、养老金的发放、固定资产按照直线法计提的年折旧额、养老保险金、零存整取或整存零取储蓄等都采取年金的形式。

年金按每次收付款发生的时点不同，可分为普通年金、即付年金、递延年金和永续年金。

1. 普通年金

普通年金又称后付年金，是指发生在每期期末的等额收付款项，在现实经济生活中这种年金最为常见，在不加说明时，年金即指普通年金。其计算包括终值和现值计算。

(1)普通年金终值的计算。普通年金终值犹如零存整取的本利和，它是一定时期内每期期末等额收付款项的复利终值之和，记做F_A。

根据其定义，我们可知：

年金A，1年的终值=A

年金A，2年的终值=A(1+i)

年金A，3年的终值=$A(1+i)^2$

……

年金A，n年的终值=$A(1+i)^{n-1}$

所以n期的年金终值为

$$F_A=A+A(1+i)+A(1+i)^2+\cdots+A(1+i)^{n-1} \quad ①$$

将两边同时乘以(1+i)得：

$$F_A(1+i)=A(1+i)+A(1+i)^2+A(1+i)^3+\cdots+A(1+i)^n \quad ②$$

②-①得：
$$F_A\cdot i=A(1+i)^n-A$$

即
$$F_A=A\cdot\frac{(1+i)^n-1}{i}$$

式中：$\frac{(1+i)^n-1}{i}$是普通年金1元在利率为i时经过n期的年金终值，即普通年金终值系数，记做(F/A，i，n)。年金终值系数可以通过查“年金终值系数表”(见附表三)获得。该表的第一行表示利率i，第一列是计息期数n，相应的年金终值系数为其纵横交叉之处。通过查表可以获得(F/A，7%，5)=5.7507(元)。也就是说，每年末收付1元，按年利率为7%计算，到第5年末，期末年金终值为5.7507元。

年金终值的计算公式中有四个变量FA，A，i，n，在我们已经知道i和n的情况下，如果知道FA和A中的任何一个，即可求出另外一个。

因此，普通年金终值的计算公式可简记为：

$$F_A=A\cdot(F/A,\ i,\ n)$$

【例2-7】周全计划在今后5年内每年年末存1000元到银行，年利率为2%。在第5年末，该笔存款的终值为多少？

解：$F_A=A\cdot(F/A,\ i,\ n)$

$= 1000 \cdot (F/A,\ 2\%,\ 5)$

$= 1000 \times 5.2040$

$= 5204$(元)

(2)普通年金现值的计算。普通年金现值是指每期期末等额系列收付款项的复利现值之和，记做P_A。

根据其定义，我们可知n期的年金现值为：

$$P_A = A(1+i)^{-1} + A(1+i)^{-2} + \cdots + A(1+i)^{-n} \quad ①$$

将两边同时乘以(1+i)得：

$$P_A(1+i) = A + A(1+i)^{-1} + A(1+i)^{-2} + \cdots + A(1+i)^{-(n-1)} \quad ②$$

②-①得：　　$P_A \cdot i = A - A(1+i)^{-n}$

即　　$P_A = A \cdot \dfrac{1-(1+i)^{-n}}{i}$

式中，$\dfrac{1-(1+i)^{-n}}{i}$表示1元普通年金在利率为i，期限为n的情况下的年金现值系数，即普通年金现值系数，记做(P/A，I，n)。年金现值系数可以通过查“年金现值系数表”(见附表四)获得。该表的第一行表示利率i，第一列是计息期数n，相应的年金现值系数在其纵横交叉之处。通过查表可以获得(P/A，14%，5)＝3.4331。也就是说，每年末收付1元，经过5年，按年利率为14%计算，相当于现值3.4331元。

年金现值的计算公式中有四个变量Pn，A，i，n，在我们已经知道i和n的情况下，如果知道Pn和A中的任何一个，则可求出另一个。

因此，普通年金现值的计算公式可简记为：

$$P_A = A \cdot (P/A,\ i,\ n)$$

【例2-8】周全投资了一个项目，每年年末可得收益10000元，按年利率6%计算，求5年收益的现值。

解：$P_A = A \cdot (P/A,\ i,\ n)$

$= 10000 \cdot (P/A,\ 6\%,\ 5)$

$= 10000 \times 4.2124$

$= 42124$(元)

2. 即付年金

即付年金又称先付年金或预付年金，是指发生在每期期初的等额收付款项。即付年金与普通年金相比，区别就在于收付款的时间不同。

(1)即付年金终值的计算。预付年金终值是指每期期初等额收付款项的复利终值之和。

根据其定义，我们可知n期即付年金与n期普通年金的付款次数相同，只是付款的时间不同，n期即付年金终值比n期普通年金终值多计算一期利息。因此，在n期普通年金终值的基础上乘以(1+i)就是n期即付年金的终值。其计算公式为：

$$F_A = A \cdot \frac{(1+i)^n - 1}{i} \cdot (1+i) = A \cdot (F/A,\ i,\ n) \cdot (1+i)$$

或者整理为：

$$F_A=A\cdot\frac{(1+i)^n-1}{i}\cdot(1+i)$$

$$=A\cdot\left[\frac{(1+i)^{n+1}-1}{i}-1\right]$$

$$=A\cdot[(F/A,\ i,\ n+1)-1]$$

【例 2-9】周全计划在今后 5 年内每年初存 1000 元到银行，年利率为 2%。在第 5 年末，该笔存款的终值为多少？

解：$F_A=A\cdot[(F/A,\ i,\ n+1)-1]$

$=1000\times[(F/A,\ 2\%,\ 6)-1]$

$=1000\times(6.3081-1)$

$=5308.1$(元)

(2)即付年金现值的计算。预付年金现值是指每期期初等额收付款项的复利现值之和。

如前所述，n 期即付年金与 n 期普通年金的期限相同，但由于其付款的时间不同，n 期即付年金比 n 期普通年金少折现一期。因此，在 n 期普通年金现值的基础上乘以 (1+i)，便可求出 n 期即付年金的现值。其计算公式为：

$$P_A=A\cdot\frac{1-(1+i)^{-n}}{i}\cdot(1+i)=A\cdot(P/A,\ i,\ n)\cdot(1+i)$$

或者整理为：

$$P_A=A\cdot\frac{1-(1+i)^{-n}}{i}\cdot(1+i)$$

$$=A\cdot\left[\frac{1-(1+i)^{-(n-1)}}{i}+1\right]$$

$$=A\cdot[(F/A,\ i,\ n-1)+1]$$

【例 2-10】周全采用分期付款方式购入商品房一套，每年年初付款 20000 元，分 10 年付清。若银行利率为 5%，该项分期付款相当于一次现金支付的购买价格是多少？

解：$P_A=A\cdot[(F/A,\ i,\ n-1)+1]$

$=20000\times[(F/A,\ 5\%,\ 9)+1]$

$=20000\times[7.1078+1]$

$=162156$(元)

3. 递延年金

递延年金是等额系列收付款项发生在第一期以后的年金，即最初若干期没有收付款项，后面若干期每期期末有等额的系列收付款项。它是普通年金的特殊形式，凡不是从第一期开始的普通年金都是递延年金。没有收付款项的若干期称为递延期。

(1)递延年金终值的计算。只要将一共收到或支付 n 期的年金折算到期末，即可得到递延年金终值。递延年金终值的大小，与递延期无关，只与年金共收到或支付了多少期有关，它的计算方法与普通年金相同。即其计算公式为：

$$F_A=A\cdot(F/A,\ i,\ n)$$

要注意的是，“n”表示的是 A 的个数，与递延期无关。

【例 2-11】周全投资了一个项目，估计从第 3 年开始到第 8 年，每年年末可得收益

10000 元，假设年利率为 5%，求投资项目年收益的终值。

解：$F_A=A\cdot(F/A,\ i,\ n)$

$=10000\times(F/A,\ 5\%,\ 6)$

$=10000\times6.8019$

$=68019$(元)

(2)递延年金现值的计算。可用三种方法来计算：

方法一：把递延年金视为 n 期的普通年金，求出年金在递延期期末 m 点的现值，再将 m 点的现值调整到第一期期初。其计算公式为：

$$P_A=A\cdot(P/A,\ i,\ n)\times(P/F,\ i,\ m)$$

式中，m 为递延期数，n 为连续收支期数。

方法二：先假设递延期也发生收支，则变成一个(m+n)期的普通年金，算出(m+n)期的年金现值，在扣除并未发生年金收支的 m 期递延期的年金现值，即可求得递延年金的现值。其计算公式为：

$$P_A=A\cdot[(P/A,\ i,\ m+n)-(P/A,\ i,\ m)]$$

方法三：先计算出递延年金的终值，再将终值折算到第一期期初，即可求得递延年金的现值。其计算公式为：

$$P_A=A\cdot(F/A,\ i,\ n)\times(P/F,\ i,\ m+n)$$

【例 2-12】周全年初在银行存入一笔资金，打算存满 3 年后，从第 4 年年末开始连续 3 年每年年末从银行提取 10000 元，若银行存款年利率为 10%，则他年初要存入多少才能实现计划？

解：方法一：$P_A=A\cdot(P/A,\ i,\ n)\times(P/F,\ i,\ m)$

$=10000\times(P/A,\ 10\%,\ 3)\times(P/F,\ 10\%,\ 3)$

$=10000\times2.4869\times0.7513$

$=18684.0797$(元)

方法二：$P_A=A\cdot[(P/A,\ i,\ m+n)-(P/A,\ i,\ m)]$

$=10000\times[(P/A,\ 10\%,\ 6)-(P/A,\ 10\%,\ 3)]$

$=10000\times(4.3553-2.4869)$

$=18684$(元)

方法三：$P_A=A\cdot(F/A,\ i,\ n)\times(P/F,\ i,\ m+n)$

$=10000\times(F/A,\ 10\%,\ 3)\times(P/F,\ 10\%,\ 6)$

$=10000\times3.3100\times0.5645$

$=18684.95$(元)

以上三种方法都可以计算出来，结果反映出来的误差是因小数点的尾数造成的。

4. 永续年金

永续年金是指从第一期期末开始，无限期地在每期期末都有等额的收付款项，如优先股的股利。它是普通年金的一种特殊形式。由于永续年金的期限趋于无限，没有终止时间，因而也没有终值，只有现值。即永续年金现值的计算可以等同为无限期的普通年金现值的计算：

$$P_A = A \cdot \frac{1-(1+i)^{-n}}{i}$$

其中：当 n→∞ 时，$(1+i)^{-n} \to 0$

所以，永续年金限制的计算公式为：$P_A = \frac{A}{i}$

【例 2-13】某企业要建立一项永久性帮困基金，计划每年拿出 50000 元帮助失学儿童，假设年利率为 5%，那么现在要筹集多少资金？

解：$P_A = \frac{A}{i}$

$= \frac{50000}{5\%}$

$= 1000000$（元）

任务二　风险和收益

一、风险的含义

企业的经营活动经常是在有风险的情况下进行的。所谓风险是指一定条件下、一定时期内，某一项行动具有多种可能，但结果不确定。人们只能估计采取某种行为可能形成的结果，以及每种结果出现的可能性程度，而行动的最终结果究竟会怎样，却无法预先获知。例如，掷硬币的游戏，我们事先知道硬币落地时有正面朝上和反面朝上两种结果，而且知道每种结果出现的可能性各占一半，但谁也无法事先知道硬币落地时是正面朝上还是反面朝上。再如，企业投产一个新的产品。虽然，在投产前经过了市场调查，觉得有利润才决定生产，但最终是否能获取预期的利润仍是一个未知数，因为成本、价格、销售、市场的需求度等这些影响利润的因素都有可能发生预想不到并且无法控制的变化。所以，企业的这种投资行为是存在风险性的。一般来说，风险产生的原因主要是缺乏信息和决策者不能控制未来事物的发展过程。

具有多样性和不确定性的风险有三个显著特点：

（一）客观存在性

风险既然是事件本身的不确定性，那么便具有客观性。即财务活动的风险是客观存在的。每一项财务活动风险的大小是既定的，是决策者所无法改变的。但是，是否冒风险以及冒多大的风险却是决策者能够选择的，是决策者通过制定财务决策在主观上能够控制的。

（二）相对性

风险是一个相对的概念，随时间的推移而改变。对某一既定的财务活动而言，在预测阶段由于财务活动本身受各种外部因素的影响，而各种因素的变化本身又具有不确定性和不可控性，所以先前的预测可能很不准确。但是随着时间的推移，外部的各种影响因素逐渐地变成了事实，成为客观存在的环境，是决策者所能够掌握的信息资料，财务活动的不确定性随之而减少，风险在减少；当财务活动结束后，其结果已既成事实，形成完全肯定的数据资料，也就不存在风险了。因此，风险是相对时间而言的，是“一段时间内”的风险。

(三)“双刃剑”

风险具有两面性，像“双刃剑”一样，可能给投资者带来超出预期的收益，也可能给投资者带来超出预期的损失。正因为如此，投资者冒风险进行投资时，不仅要考虑可能获得的超额报酬，而且也要考虑风险可能产生的超额损失及公司(投资者)对风险带来损失的承受能力。一般而言，投资者对意外损失的关切远比对意外收益的关切强烈得多。人们在研究风险时，往往侧重于对风险带来的意外损失进行分析，常常致力于研究如何降低风险带来的不利影响。

二、风险的类别

公司面临的风险主要有市场风险和公司特有风险两种。

(一)市场风险

市场风险是指在公司运营的环境中存在的对所有企业均产生影响的因素发生变化时产生的风险。例如，战争、自然灾害、经济周期的变化、通货膨胀、财政政策和货币政策等。这类风险是由企业的外部因素引起的，关系到市场中存在的所有投资对象，是投资者无法通过多元化投资来分散的。因此，又称为不可分散风险或系统性风险。

(二)公司特有风险

公司特有风险是指发生于个别公司的特有事件造成的风险，例如，工人罢工、新产品开发失败、没有争取到重要的合同、诉讼失败等。这类事件是随机发生的，不涉及所有企业和所有项目，因而可以通过多元化投资来分散风险，即发生于一家公司的不利事件可以被其他公司的有利事件所抵消。这类风险因其具有可分散、可抵消性，所以称其为可分散风险或非系统性风险。例如，当一个人投资股票时，买几种不同行业、不同产品和业务公司的股票的风险比买进单一股票的风险小。

从公司本身看，按风险形成的原因不同分为经营风险和财务风险两种。

(一)经营风险

经营风险是指生产经营的不确定性带来的风险，它是任何商业活动都具有的风险，也称为商业风险。经营风险主要来自以下几个方面：市场销售的波动、生产成本的变化、生产技术的不断改进以及其他对生产经营活动产生影响的各因素的变化。经营风险将会使企业的营运报酬变得不确定。

(二)财务风险

财务风险是指因企业借款而增加的风险，是筹资决策带来的风险，也叫筹资风险。企业举债经营，全部资金中除自有资金外还有一部分借入资金，这会对自有资金的盈利能力造成影响；同时，借入资金需还本付息，一旦无力偿付到期债务，企业会陷入财务困境甚至破产。对财务风险的管理，关键是要保证有一个合理的资本结构，维持适当的负债水平，既要充分利用举债经营这一手段获取财务杠杆收益，提高自有资金的盈利能力，又要注意防止过度举债而引起的财务风险的加大，避免陷入财务困境。

三、风险的衡量方法

风险是与各种可能的结果和结果的概率分布相联系的。因此，对风险的衡量和计算，须从概率分析入手。项目的风险比较主要通过概率方法对各种不确定性因素进行测算，在此基础上计算期望值、标准离差、标准离差率，即通过计算 $\overline{E}(X_i)$，σ，v_σ 等指标确定其风险程度，然后根据"风险—收益偏好"进行项目决策。

(一)用概率分布衡量风险

在经济活动中，某一事件在相同的条件下可能发生也可能不发生，这类事件称为随机事件。概率就是用来表示随机事件发生可能性大小的数值。通常，把必然发生的事件的概率定为1，把不可能发生的事件的概率定为0，而一般随机事件的概率是介于0与1之间的一个数。概率越大就表示该事件发生的可能性越大。概率就是用百分数或小数来表示随机事件发生可能性及出现某种结果可能性大小的数值。用X表示随机事件，X_i 表示随机事件的第 i 种结果，P_i 为出现该种结果的相应概率。概率必须符合下列两项要求：

(1)$0 \leq P_i \leq 1$

(2) $\sum_{i=1}^{n} P_i = 1$

将随机事件各种可能的结果按一定的规则进行排列，同时列出各结果出现的相应概率，这一完整的描述称为概率分布。

【例 2-14】三利公司有两个投资机会，A投资机会是一个高科技项目，该领域竞争很激烈，如果经济发展迅速并且该项目搞得好，取得较大市场占有率，则利润会很大；反之，则利润会很小，甚至亏本。B投资机会是一个老产品并且是必需品，销售前景可以准确预测出来。假设未来的经济情况只有三种：繁荣、正常、衰退，有关的概率分布和预期收益率如表2-1所示。

表 2-1　　**公司未来经济情况**

经济情况	发生概率	A 投资机会预期收益率	B 投资机会预期收益率
繁荣	0.3	90%	20%
正常	0.4	15%	15%
衰退	0.3	-60%	10%
合计	1.0		

分析：在这里，概率表示每一种经济情况出现的可能性，同时，也是各种不同预期收益率出现的可能性。例如，未来经济情况出现繁荣的可能性有0.3。假如这种情况真的出现了，A项目可获得高达90%的收益率。这也就是说，采纳A项目获利90%的可

能性是0.3。当然，收益率作为一种随机变量，受多种因素的影响。我们这里为了简化，假设其他因素都相同，只有经济情况一个因素影响收益率。

(二)用期望值衡量风险

期望值是一个概率分布中的所有可能结果，以各自相应的概率为权数计算的加权平均值，是加权平均的中心值，它反映随机变量取值的平均化。通常用$\overline{E}(X_i)$表示，其计算公式为：

$$\overline{E}(X_i) = \sum_{i=1}^{n}(P_i \cdot X_i)$$

式中：P_i 为第 i 种结果出现的概率；

X_i 为第 i 种结果出现后的预期收益率；

n 为所有可能结果的数目。

据此计算，例 2-14 中 A 投资机会和 B 投资机会的预期收益率如下：

$$\overline{E}(A) = 0.3\times90\%+0.4\times15\%+0.3\times(-60\%) = 15\%$$

$$\overline{E}(B) = 0.3\times20\%+0.4\times15\%+0.3\times10\% = 15\%$$

通过计算可知，两者的预期收益率相同，但其概率分布不同。A 项目的收益率的分散程度较大，变动范围在-60%~90%；B 项目的收益率的分散程度较小，变动范围在10%~20%。这说明两个项目的收益率相同，但风险不同。为了定量地衡量风险大小，还要使用统计学中衡量概率分布离散度的指标。

(三)用离散度衡量风险

离散度表示随机变量离散度的量数，最常用的是标准离差σ。它是统计学中的一个概念，用于计量一个变量对其平均值的偏离程度。它是通过对数值进行个别观察，对所得的加权平均差求平方根而得到的。标准离差是以绝对数衡量决策方案的风险，在期望值相同的情况下，标准离差越大，风险越大；反之，标准离差越小，则风险越小。在已经知道每个变量值出现概率的情况下，标准离差可以按下式计算。

$$\sigma = \sqrt{\sum_{i=1}^{n}(X_i - \overline{X})^2 \cdot P_i}$$

据此计算，A 投资机会的标准差是 58.09%，B 投资机会的标准差是 3.87%，计算过程如表 2-2 所示。

表 2-2　**计　算　表**

$X_i-\overline{X}$	$(X_i-\overline{X})^2$	$(X_i-\overline{X})^2 \cdot P_i$
A 投资机会的标准差		
90%~15%	0.5625	0.5625×0.3=0.16875
15%~15%	0	0×0.4=0
-60%~15%	0.5625	0.5625×0.3=0.16875
方差(σ^2)		0.3375
标准差(σ)		58.09%

续表

$X_i-\overline{X}$	$(X_i-\overline{X})^2$	$(X_i-\overline{X})^2 \cdot P_i$
B 投资机会的标准差		
20%~15%	0.0025	0.0025×0.3=0.0075
15%~15%	0	0×0.4=0
10%~15%	0.0025	0.0025×0.3=0.00075
方差(σ^2)		0.0015
标准差(σ)		3.87%

由于它们的预期收益率相同，因此可以认为 A 投资机会的风险比 B 投资机会大。

需要注意的是，由于标准离差是衡量风险的绝对数指标，标准差是绝对值，只适用于期望值相同的决策方案风险程度的评价和比较，对于期望值不同的决策方案，该指标数值没有直接可比性，对此，必须进一步借助于标准离差率的计算来说明问题。

(四)用离散系数(标准离差率)衡量风险

离散系数是标准差与预期值或者均值之比，又称标准离差率，标准离差率是一个相对指标，它以相对数反映决策方案的风险程度。其计算公式如下：

$$v_\sigma = \frac{\sigma}{E(X_i)}$$

离散系数越大，投资方案面临的风险越大。该指标可以正确评价投资风险程度的大小。

【例 2-15】三利集团准备对外投资，现有三家公司可供选择，分别为甲公司、乙公司和丙公司，这三家公司的年预期收益及其概率的资料如表 2-3 所示。

表 2-3　　**三家公司的年预期收益及其概率资料**

市场状况	概　率	年预期收益/万元		
		甲公司	乙公司	丙公司
良好	0.3	40	50	80
一般	0.5	20	20	10
较差	0.2	5	-5	-25

【要求】假定你是该企业集团的决策者，请依据风险与收益原理作出选择。

解：第一步，计算三家公司的收益期望值如下：

E(甲)=0.3×40+0.5×20+0.2×5=23(万元)

E(乙)=0.3×50+0.5×20+0.2×(-5)=24(万元)

E(丙)=0.5×80+0.5×10+0.2×(-25)=24(万元)

第二步，计算各公司预计年收益与期望年收益的方差如下：

σ^2(甲)=(4-23)2×0.3+(20-23)2×0.5+(5-23)2×0.2=156

σ^2(乙)=(50-24)2×0.3+(20-24)2×0.5+(-5-24)2×0.2=379

σ^2(丙)=(80-24)2×0.3+(10-24)2×0.5+(-24-24)2×0.2=1519

第三步，计算各公司预计年收益与期望年收益的标准离差如下：

σ^2(甲)=$\sqrt{\sigma^2(甲)}$=12.49

σ^2(乙)=$\sqrt{\sigma^2(乙)}$=19.47

σ^2(丙)=$\sqrt{\sigma^2(丙)}$=38.95

第四步，计算各公司收益期望值的标准离差率如下：

q(甲)=12.49÷23=0.543

q(乙)=19.47÷24=0.8113

q(丙)=38.95÷24=1.6229

因为q(甲)<q(乙)<q(丙)，所以应选择甲方案。

四、风险和收益

企业的财务活动和经营管理活动总是在有风险的状态下进行的，只不过是风险有大有小。投资者冒着风险投资，目的是为了获得更高的收益，冒的风险越大，要求的收益就越高。而在投资收益率相同的情况下，人们一般会选择风险小的投资项目，结果竞争使其风险增加，收益率下降。最终，高风险的项目必须有高报酬，否则就没有人投资；低收益的项目必然风险很低，否则也没有人投资。风险和收益的这种关系是市场竞争的结果。

风险收益是指投资者冒着风险进行投资而获得的超过货币时间价值的那部分额外收益，是对人们所遇到的风险的一种价值补偿，也称风险价值。它的表现形式可以是风险收益额或风险收益率。在财务管理实务中一般用风险收益率来表示。

如果不考虑通货膨胀，则投资者进行风险投资所要求得到的投资收益率，即期望投资收益率，是货币时间价值(无风险收益率)与风险收益率之和。即

期望投资收益率=无风险收益率+风险收益率

期望投资收益率应当包括两个部分：一部分是无风险收益率，无风险收益率就是资金的时间价值，是在没有风险状态下的投资收益率，是投资者投资某一项目，肯定能够得到的收益，具有预期收益的确定性，并且与投资时间的长短有关，可用存款利率等表示。这个无风险收益率可以吸引公众储蓄，是最低的社会平均收益率；另一部分是风险收益率，风险收益率是风险价值，是超过资金时间价值的额外收益，具有预期收益的不确定性，与风险程度和风险收益率的大小有关，并呈正比关系。即风险收益率=风险收益率×风险程度，其中，风险收益率取决于全体投资者的风险回避态度，可以通过统计方法来测定。如果大家都愿意冒险，则风险收益斜率就小；如果大家都不愿意冒险，则风险收益率就大。风险程度用期望值、标准差来确定。

企业如何控制风险来获取较大的收益？主要方法是多角经营和多角筹资。现代企业

大多数采用多角经营的经营策略，主要原因是它能够为企业分散风险。多经营些品种，它们的市场状况不同，盈亏可以相互补充，以减少风险。企业通过筹资，把企业的风险不同程度地分散给股东、债权人，甚至供应商。就整个社会来看，风险肯定是存在的，问题是谁来承担，各承担多少。如果大家都不愿意承担风险，则高风险的项目就没有人来做。金融市场之所以能够存在，就在于它吸收了社会闲散资金来投放给那些需要资金的企业，通过它们分散风险，分配利润。

单 元 小 结

(1)资金时间价值是指一定量资金在不同时点上的价值差额，其实质是资金周转后的增值额，是资金所有者让渡资金使用权而参与社会财富分配的一种形式。

(2)资金时间价值的计算主要是对终值和现值的计算。终值是指资金经过若干时期后包括本金和时间价值在内的未来价值；现值是指资金现在的价值，是指未来某一时点上的现金折合到现在的价值。资金时间价值的计算可采用单利制和复利制两种方式，财务管理中考虑资金时间价值通常用复利方式。根据款项发生的连续性和等额性的差异，可将资金时间价值复利和年金两种类型进行分析和计算。复利计算就是对一次性收付款项的终值和现值的计算，复利的终值和现值是一种逆运算关系；年金的计算是对等额、定期的系列收付款的计算。

(3)按年金每次收付发生的时点不同，可将其分为普通年金、即付年金、递延年金和永续年金等几种形式。普通年金是指在一定时期内每期期末等额收付的系列款项，其终值和现值的计算是其他年金形式的现值和终值的计算基础；即付年金是指在一定时期内每期的期初等额收付的系列款型；递延年金是指第一次收付款发生时间在第二期期末或以后的年金，其现值计算具有特殊性；永续年金是指无限期等额收付的特种年金，它只涉及现值的计算。

(4)企业的经营活动经常是在有风险的情况下进行的。所谓风险是指一定条件下、一定时期内，某一项行动具有多种可能但结果不确定。人们只能估计采取某种行为可能形成的结果，以及每种结果出现的可能性程度，而行动的最终结果究竟会怎样，却无法预先获知。风险主要是通过计算概率、期望值、离散度和离散系数等来衡量的。

(5)企业的财务活动和经营管理活动总是在有风险的状态下进行的，只不过是风险有大有小。投资者冒着风险投资，目的是为了获得更高的收益，冒的风险越大，要求的收益就越高。风险收益是指投资者冒着风险进行投资而获得的超过货币时间价值的那部分额外收益，是对人们所遇到的风险的一种价值补偿，也称风险价值。它的表现形式可以是风险收益额或风险收益率。在财务管理实务中一般用风险收益率来表示。

学习情境三　筹资管理

学习目标： 1. 熟悉企业筹资的渠道与方式；
2. 掌握资金需求量的预测方法；
3. 掌握各种自有资金和借入资金筹集与管理的主要方式及各种方式的优缺点。

知识能力： 1. 运用适当的渠道和方式为企业筹资；
2. 对各种筹资方式的分析比较选择能力。

工作任务： 1. 光兴公司2010年取得为期一年的周转信贷额2000万元，承诺费率为0.5%。2010年1月1日公司从银行借入500万元，8月1日又借入1000万元，如果年利率为8%，则公司2010年度末向银行支付的利息和承诺费共为多少万元？
2. 光兴公司因生产周转原因需要资金20000万元，拟向银行借款，支付银行贷款利息的方式同银行协商后的结果为：A方案，采用收款法付息，利息率为13%；B方案，采用贴现法付息，利息率为10%；C方案，利息率为9%，银行要求的补偿性余额比例为20%。要求：分别采用收款法、贴现法及补偿余额计算实际利率，并分析企业应选择的借款方式。
3. 画出企业融资租赁的流程图。
4. 起草某家公司的融资租赁合同。

关 键 词： 筹资方式　资金需求量预测　自有资金　借入资金

案例导入：

华润创业　零成本筹资

2001年5月10日，华润控股宣布以零票面利率发行2亿美元的可转债，可转债于2006年到期，换股价为15元(按照5月9日的报收价12.70元，有18.1%的溢价)。到期时如果持有人没兑换，则公司将以本金金额121.8%的价格赎回，相当于到期利息率为每年3.84%。

当时，市场认购情况非常之好，一天之内可转债全部发行完毕。承销商有权在

7 月份根据情况再追加发行 3000 万美元。华润控股实现零成本筹资：票面利息为零，每年没有利息负担；5 年后虽然有义务按照高于票面 21.8%的价格赎回，但是估计大部分已经转股，即使有个别未转，也只相当于付出年息 3.84%的微小成本。它的成功之处在于充分利用投资人对公司未来发展的良好预期，运用可转债工具达到低成本筹资的目的。转债工具筹资的好处是不会近期摊薄原股东的利益，利用公司的未来成长(反映在股价增长中)吸引投资人购买转债，日后在资本市场上实现资本的增值。而低成本筹资使他们有实力向母公司或其他公司收购盈利能力强的资产，提高核心竞争力。

(资料来源：中华会计网校，http：//www.chinaacc.com)

任务一　选择筹资渠道

企业在进行生产经营活动之前，必须筹集到相应的资金；而随着企业再生产的过程，也会不断地产生对资金的需求；同时，企业因开展对外投资活动和调整资金结构，也需要筹集和融通资金。企业筹资，就是企业根据其生产经营、对外投资及调整资金结构等活动对资金的需要，通过一定的渠道，采取适当的方式，获取所需资金的一种行为。筹集资金是企业资金运动的起点，是决定资金运动规模和生产经营发展程度的重要环节。

企业筹资活动需要通过一定的渠道并采用一定的方式来完成。所谓筹资渠道是指客观存在的筹措资金的来源方向与通道，即资金由谁提供，从哪里取得；所谓筹资方式是指可供企业在筹措资金时选用的具体筹资形式，即资金是怎样取得的，用什么方法取得。二者之间存在一定的对应关系。

一、国家财政资金

国家财政资金历来是国有企业主要的资金来源。过去，国有企业的资金都由国家统一拨给，供企业无偿占用，企业可以长期使用这部分资金，因此造成企业在使用这部分资金时经济责任不强，不利于提高资金使用效果。现在，国家对国有企业的投资形式发生了很大的变化，企业要想通过直接拨款方式取得资金已很困难，但财政方式仍具有不可忽视的作用。事实上，国家财政资金仍然是新建大型、重点、骨干企业筹资的主要渠道，特别是国有独资公司，其资本全部由国家投资形成。除直接拨款方式外，国家财政资金用于企业的方式还有国家对企业“税前还贷”或减免各种税款等形式。不管是何种形式，从产权关系上看，它们都属于国家投入的资金，产权归国家所有。

二、银行信贷资金

长期以来，银行对企业的各种贷款一直是各类企业取得资金的重要渠道。我国银行分为商业性银行和政策性银行两种。商业银行是以盈利为目的、从事信贷资金投放的金融机构，包括国有商业银行、股份制商业银行和合作银行，它主要为企业提供各种商业贷款。政策性银行是由政府创立或担保、以贯彻国家产业政策和区域发展政策为基本职能的金融机构，其特点是不以盈利为目的，其资金投向是商业银行不愿承担的那些社会发展急需、社会效益好，但经济效益不高的项目。

三、非银行金融机构资金

非银行金融机构泛指那些经营金融业务而又不成为银行的金融中介机构，主要包括信托投资公司、保险公司、租赁公司、证券公司、企业集团所属的财务公司和信用合作社等。它们所提供的服务，既包括信贷资金投放，也包括物资的融通，还包括为企业承销证券等金融服务。这些机构提供资金的条件灵活、使用方便，且能提供其他服务项目，是一种不可忽视的资金渠道。

四、其他单位资金

企业在生产经营过程中，往往形成部分暂时闲置的资金，并为一定的目的而进行相互投资；另外，企业间的购销业务可以通过商业信用方式来完成，从而形成企业间的债权债务关系，形成债务人对债权人的短期信用资金占用。企业间的相互投资和商业信用的存在，使其他企业资金也成为企业资金的重要来源。

五、职工资金和民间资金

企业职工和居民个人的结余资金，作为“游离”于银行及非银行金融机构等之外的个人资金，可用于对企业进行投资，形成民间资金来源渠道。企业可通过发行股票、债券等方式把职工和居民个人的闲置资金集中起来，用于企业生产经营。

六、企业自留资金

企业自留资金，也称企业内部资金，是指通过企业内部留存形成的用于扩大企业生产经营规模的资金，主要包括提取公积金和未分配利润等。这些资金的重要特征之一是，它们无须通过一定的方式去筹集，而直接由企业内部自动生成或转移。

七、外商资金

外商资金是指外国投资者及我国香港、澳门、台湾地区投资者投入的资金，利用外商资金是企业筹集资金的又一条重要渠道，在当前对外经济开发和扩大对外经济往来的形势下，显得尤为重要。引进外资作为一个筹资渠道，通常是指吸引国外或境外资本直接投资方式，以及开展补偿贸易、出口信贷等资本借贷形式。

各种筹资渠道在体现直接供应量的多少时，存在着较大的差别。有些渠道的资金供应量多，如银行信贷资金和非银行金融机构资金等，而有些相对较少，如企业自留资金等。这种资金供应量的多少，在一定程度上取决于财务管理环境的变化，特别是宏观经济体制、银行体制和金融市场发展速度等因素。

任务二 资金需要量的预测

资金的需要量是筹资的数量依据。只有这样，才能使筹资来的资金既能满足生产经营的需要，又不会产生资金多余而闲置。

一、因素分析法

因素分析法又称分析调整法，是以有关项目基期年度的平均资金需要量为基础，根据预测年度的生产经营任务和资金周转加速的要求，进行分析调整，来预测资金需要量的一种方法。这种方法计算简便，容易掌握，但预测结果不太精确。它通常用于品种繁多、规格复杂、资金用量小的项目。因素分析法的计算公式如下：

资金需要量=(基期资金平均占用额-不合理资金占用额)×(1±预测期销售增减额)×(1±预测期资金周转速度变动率)

【例 3-1】甲企业上年度资金平均占用额为 2300 万元，经分析，其中不合理部分为 200 万元，预计本年度销售增长 5%，资金周转加速 2%。则

预测年度资金需要量=(2300-200)×(1+5%)×(1+2%)=2249.1(万元)

二、销售百分比法

(一)基本原理

销售百分比法，是根据销售增长与资产增长之间的关系，预测未来资金需要量的方法。其将反映生产经营规模的销售因素与反映资金占用的资产因素连接起来，根据销售与资产之间的数量比例关系，预计企业的外部筹资需要量。

(二)基本步骤

(1)确定随销售额变动而变动的资产和负债项目；

(2)确定敏感性资产与敏感性负债有关项目与销售额的稳定比例关系；

(3)确定需要增加的筹资数量。

预计由于销售增长而需要的资金需求增长额，扣除利润留存后，即为所需要的外部筹资额。即有

$$外部融资需求量=\frac{A}{S_1}\times\Delta S-\frac{B}{S_1}\times\Delta S-P\times E\times S_2$$

式中：A 为随销售而变化的敏感性资产；B 为随销售而变化的敏感性负债；S_1 为基期销售额；S_2 为预测期销售额；ΔS 为销售变动额；P 为销售净利率；E 为利润留存率；$\frac{A}{S_1}$为敏感性资产与销售额的关系百分比；$\frac{B}{S_1}$为敏感性负债与销售额的关系百分比。

【例 3-2】光兴公司 20×6 年 12 月 31 日的简要资产负债表如表 3-1 所示。假定光兴公司 20×6 年销售额为 10000 万元，销售净利率为 10%，利润留存率为 40%。20×7 年销售额预计增长 20%，公司有足够的生产能力，无须追加固定资产投资。

首先，确定有关项目及其与销售额的关系百分比。在表 3-1 中，N 为不变量，是指该项目不随销售的变化而变化。

其次，确定需要增加的资金量。从表 3-1 中可以看出，销售收入每增加 100 元，必须增加 50 元的资金占用，但同时自动增加 15 元的资金来源，两者差额还有 35%的资金需求。因此，每增加 100 元的销售收入，公司必须取得 35 元的资金来源，销售额从 10000 万元增加到 12000 万元，按照 35%的比率可预测将增加 700 万元的资金需求。

表 3-1　**光兴公司资产负债表(20×6 年 12 月 31 日)**　单位：万元

资　产	金　额	与销售关系(%)	负债与权益	金　额	与销售关系(%)
货币资金	500	5	短期借款	2500	N
应收账款	1500	15	应付账款	1000	10
存　货	3000	30	预提费用	500	5
固定资产	3000	N	应付债券	1000	N
			实收资本	2000	N
			留存收益	1000	N
合　计	8000	50	合　计	8000	15

最后，确定外部融资需求的数量。20×7 年的净利润为 1200 万元(12000×10%)，利润留存为 40%，则将有 480 万元利润被留存下来，还有 220 万元的资金必须从外部筹集。

根据光兴公司的资料，可求得对外融资的需求量为：

$$外部融资需求量=50\%\times2000-15\%\times2000-40\%\times1200=220(万元)$$

销售百分比法的优点，是能为筹资管理提供短期预计的财务报表，以适应外部筹资的需要，且易于使用。但在有关因素发生变动的情况下，必须相应地调整原有的销售百分比。

三、资金习性预测法

资金习性预测法是指根据资金习性预测未来资金需要量的一种方法。所谓资金习性是指资金的变动同产销量变动之间的依存关系。按照资金同产销量之间的依存关系，可以把资金区分为不变资金、变动资金和半变动资金。

不变资金是指在一定的产销量范围内，不受产销量变动的影响而保持固定不变的那部分资金。也就是说，产销量在一定范围内变动，这部分资金保持不变。这部分资金包括：为维持营业而占用的最低数额的现金，原材料的保险储备，必要的成品储备，厂房、机器设备等固定资产占用的资金。

变动资金是指随产销量的变动而同比例变动的那部分资金。它一般包括直接构成产品实体的原材料、外购件等占用的资金。另外，在最低储备以外的现金、存货、应收账款等也具有变动资金的性质。

半变动资金是指虽然受产销量变化的影响，但不成同比例变动的资金，如一些辅助材料上占用的资金。半变动资金可采用一定的方法划分为不变资金和变动资金两个部分。

(一)根据资金占用总额与产销量的关系预测

这种方式是根据历史上企业资金占用总额与产销量之间的关系，把资金分为不变和变动两部分，然后结合预计的销售量来预测资金需要量。

设产销量为自变量X，资金占用为因变量Y，它们之间的关系可用下式表示：

$$Y=a+bX$$

式中：a为不变资金；b为单位产销量所需变动资金。

可见，只要求出a和b，并知道预测期的产销量，就可以用上述公式测算资金需求情况。a和b可用回归直线方程求出。

【例3-3】光兴公司历年产销量和资金变化情况如表3-2所示，根据表3-2整理出表3-3。20×8年预计销售量为1500万件，需要预计20×8年的资金需要量。

$$a=\frac{\sum X_i^2\sum Y_i-\sum X_i\sum X_iY_i}{n\sum X_i^2-\left(\sum X_i\right)^2}=\frac{8740000\times 6000-7200\times 7250000}{6\times 8740000-7200^2}=400$$

$$b=\frac{n\sum X_iY_i-\sum X_i\sum Y_i}{n\sum X_i^2-(\sum X_i)^2}=\frac{6\times 7250000-7200\times 6000}{6\times 8740000-7200^2}=0.5$$

解得：$Y=400+0.5X$

把20×9年预计销售量1500万件代入上式，得出20×9年资金需要量为：

$$400+0.5\times1500=1150(\text{万元})$$

表3-2　　**产销量与资金变化情况表**

年　　度	产销量X_i(万件)	资金占用Y_i(万元)
20×2年	1200	1000
20×3年	1100	950
20×4年	1000	900
20×5年	1200	1000

续表

年　　度	产销量 X_i(万件)	资金占用 Y_i(万元)
20×6年	1300	1050
20×7年	1400	1100

表 3-3　　　　**资金需要量预测表(按总额预测)**

年　度	产销量 X_i(万件)	资金占用 Y_i(万元)	X_iY_i	X_i^2
20×2年	1200	1000	1200000	1440000
20×3年	1100	950	1045000	1210000
20×4年	1000	900	900000	1000000
20×5年	1200	1000	1200000	1440000
20×6年	1300	1050	1365000	1690000
20×7年	1400	1100	1540000	1960000
合计 n=6	$\sum X_i = 7200$	$\sum Y_i = 6000$	$\sum X_iY_i = 7250000$	$\sum X_i^2 = 8740000$

(二)采用逐项分析法预测

这种方式是根据各资金占用项目(如现金、存货、应收账款、固定资产)同产销量之间的关系，把各项目的资金都分成变动和不变两个部分，然后汇总在一起，求出企业变动资金总额和不变资金总额，进而来预测资金需求量。

【例 3-4】光兴公司历年现金占用与销售额之间的关系如表 3-4 所示。

表 3-4　　　　**现金与销售额变化情况表**　　　　单位：元

年　　度	销售收入(X_i)	现金占用(Y_i)
20×1年	2000000	110000
20×2年	2400000	130000
20×3年	2600000	140000
20×4年	2800000	150000
20×5年	3000000	160000

根据以上资料，采用适当的方法来计算不变资金和变动资金的数额。此处假定采用高低点法求 a 和 b 的值。

$$b=\frac{\text{最高收入期的资金占用量}-\text{最低收入期的资金占用量}}{\text{最高销售收入}-\text{最低销售收入}}=\frac{160000-110000}{3000000-2000000}=0.05$$

将 b=0.05 代入 20×5 年 Y=a+bX，得：a=160000−0.05×3000000=10000(万元)

存货、应收账款、流动负债、固定资产等也可根据历史资料来进行这样的划分，然后汇总列于表 3-5 中。

表 3-5　　**资金需要量预测表(分享预测)**　　单位：元

项　目	年度不变资金(a)	每 1 元销售收入所需变动资金(b)
流动资产		
货币资金	10000	0. 05
应收账款	60000	0. 14
存货	100000	0. 22
小计	170000	0. 41
减：流动负债		
应付账款及应付费用	80000	0. 11
净资金占用	90000	0. 30
固定资产		
厂房、设备	510000	0
所需资金合计	600000	0. 30

根据表 3-5 的资料得出预测模型为：$Y=600000+0.30X$

如果 20×6 年的预计销售额为 3500000 元，则

20×6 年的资金需要量 $=600000+0.30\times3500000=1650000$(元)

进行资金习性分析，把资金划分为变动资金和不变资金两个部分，从数量上掌握了资金同销售量之间的规律性，对准确地预测资金需要量有很大帮助。实际上，销售百分比法是资金习性分析法的具体运用。

线性回归法是最为精确的一种方法，在运用该方法时，必须注意以下几个问题：

(1)资金需要量与营业业务量之间线性关系的假定应符合实际情况；

(2)确定 a，b 数值，应利用连续若干年的历史资料，一般要有 3 年以上的资料；

(3)应考虑价格等因素的变动情况。

任务三　权益资金的筹集

筹资方式是指企业筹集资金所采用的具体形式。如果说筹集资金渠道属于客观存在，那么筹集资金的方式属于企业主观能动行为。企业筹集资金管理的重要内容就是如何针对客观存在的筹资渠道选择合理的筹资方式进行筹资。认识筹资方式的种类及各种筹资方式的特点，有利于企业选择适宜的筹资方式并有效进行筹资组合，降低筹资成本，提高筹资效益。

目前，我国企业筹资方式主要有以下几种：①吸收直接投资；②发行普通股；③发行优先股；④利用留存收益；⑤银行借款；⑥发行企业债券；⑦融资租赁；⑧商业信用。企业通过吸收直接投资、发行普通股、发行优先股、利用留存收益等方式筹集的资金都属于企业的所有者权益。所有者权益一般不用还本，因而称之为企业的自有资金、

主权资金或权益资金。企业采用吸收自有资金的方式筹集资金，财务风险小，但付出的资金成本相对较高。企业通过向银行借款、发行债券、融资租赁、商业信用等方式筹集的资金属于企业的负债，到期要归还本金和利息，因而又称之为企业的借入资金或负债资金。企业采用借入资金的方式筹集资金，一般承担较大的风险，但相对而言付出的资金成本较低。本节我们先来了解自有资金的筹集方式。

一、吸收直接投资

吸收直接投资是指企业按照“共同投资、共同经营、共担风险、共享利润”的原则，吸收国家、法人、个人投入资金的一种筹资方式。吸收直接投资中的出资者都是企业的所有者，他们对企业具有经营管理权。企业经营状况好盈利多，各方可按出资额的比例分享利润，但如果企业经营状况差连年亏损，甚至被迫破产清算，则各方要在其出资的限额内按出资比例承担损失。

(一)吸收直接投资的类型

企业采用吸收直接投资方式筹集的资金一般可分为以下三类：

1. 吸收国家投资

国家投资是指有权代表国家投资的政府部门或者机构以国有资产投入企业，这种情况下形成的资本叫国有资本。吸收国家投资是国有企业筹集自有资金的主要方式。根据《企业国有资本与财务管理暂行办法》的规定，国家对企业注册的国有资本实行保全原则。企业在持续经营期间，对注册的国有资本除依法转让外，不得抽回，并且以出资额为限承担责任。吸收国家投资一般具有以下特点：①产权归属国家；②资金的运用和处置受国家约束较大；③在国有企业中采用比较广泛。

2. 吸收法人投资

法人投资是指法人单位以其依法可以支配的资产投入企业，在这种情况下形成的资本叫法人资本。吸收法人投资一般具有如下特点：①发生在法人单位之间；②以参与企业利润分配为目的；③出资方式灵活多样。

3. 吸收个人投资

个人投资是指社会个人或本企业内部职工以个人合法财产投入企业，在这种情况下形成的资本称为个人资本。吸收个人投资一般具有以下特点：①参加投资的人员较多；②每人投资的数额较少；③以参与企业利润分配为目的。

(二)吸收直接投资的出资方式

企业在采用吸收直接投资方式筹集资金时，投资者可以用现金、厂房、机器设备、材料物资、无形资产等作价出资。

1. 现金

以现金出资是吸收直接投资中一种最重要的出资方式。有了现金，便可活动其他物质资源。因此，企业应尽量动员投资者采用现金方式出资。吸收投资中所需投入现金的数额，取决于投入的实物、工业产权之外尚需多少资金来满足建厂的开支和日常周转需要。

2. 实物

以实物出资就是投资者以厂房、建筑物、设备等固定资产和原材料、商品等流动资产所进行的投资。一般来说，企业吸收的实物应符合以下条件：①确为企业科研、生产、经营所需；②技术性能比较好；③作价公平合理。实物出资所涉及的实物作价方法应按国家的有关规定执行。

3. 以工业产权出资

以工业产权出资是指投资者以专有技术、商标权、专利权等无形资产所进行的投资。一般来说，企业吸收的工业产权应符合以下条件：①能帮助研究和开发出新的高科技产品；②能帮助生产出适销对路的高科技产品；③能帮助企业改进企业产品质量，提高生产效率；④能帮助企业大幅度降低各种消耗；⑤能帮助企业开拓市场，加强经营管理；⑥作价比较合理。

4. 以土地使用权出资

土地使用权是按有关法规和合同的规定使用土地的权利。企业吸收土地使用权投资应符合以下条件：①企业科研、生产、销售活动所需要的；②交通、地理条件比较适宜；③作价公平合理。

(三)吸收直接投资的优缺点

1. 吸收直接投资的优点

(1)有利于增强企业信誉。吸收直接投资所筹集的资金属于自有资金，能增强企业的信誉和借款能力，对扩大企业经营规模、壮大企业实力有重要作用。

(2)有利于尽快形成生产能力。吸收直接投资可以直接获取投资者的先进设备和先进技术，有利于尽快形成生产能力，尽快开拓市场。

(3)有利于降低财务风险。吸收直接投资可以根据企业的经营状况向投资者支付报酬，企业经营状况好，要向投资者多支付一些报酬，企业经营状况不好，就可不向投资者支付报酬或少支付报酬，比较灵活，财务风险较小。

2. 吸收直接投资的缺点

(1)资金成本较高。一般而言，采用吸收直接投资方式筹集资金所需负担的资金成本较高，特别是企业经营状况较好和盈利较强时，更是如此。因为向投资者支付的报酬是根据其出资的数额和企业实现利润的多寡来计算的。

(2)容易分散企业控制权。采用吸收直接投资方式筹集资金，投资者一般都要求获得与投资数量相适应的经营管理权，这是接受外来投资的代价之一。如果外部投资者的投资较多，则投资者会有相当大的管理权，甚至会对企业实行完全控制，这是吸收直接投资的不利因素。

二、发行股票

股票是股份公司签发的证明股东所持股份的凭证，它代表了股东对股份制公司的所有权。股票按股东权利不同可分为普通股票和优先股票。普通股票简称普通股，是股份公司依法发行的具有管理权、股利不固定的股票，它具备股票的最一般特征，是股票中最普通的一种形式，也是股份公司资本的最基本部分。优先股票简称优先股，是股份公司依法发行的具有一定优先权的股票，也是企业自有资金的一部分。

(一)发行普通股

发行普通股是股份有限公司筹集自有资金最常见的方式，在通常情况下，股份有限公司只发行普通股。

1. 普通股的种类

股份有限公司根据有关法规的规定以及筹资和投资者的需要，可以发行不同种类的普通股。

(1)按股票有无记名分类，可分为记名股票与无记名股票。

记名股票是在股票上载有股东姓名或者名称并将其记入公司股东名册的一种股票。记名股票要同时附有股权手册，只有同时具备股票和股权手册，才能领取股息和红利。记名股票的转让、继承都要办理过户手续。无记名股票是指在股票上不记载股东姓名或名称的股票。凡持有无记名股票，都可成为公司股东。无记名股票的转让、继承无须办理过户手续，只要将股票交给受让人，就可发生转让效力，移交股权。我国《公司法》规定，向发起人、国家授权投资的机构和法人发行的股票，应当为记名股票。对社会公众发行的股票，可以为记名股票，也可以为无记名股票。

(2)按股票是否标明金额，可分为面值股票和无面值股票。

面值股票是在票面上标有一定金额的股票。持有这种股票的股东，对公司享有的权利和承担的义务大小，依其所持有的股票票面金额占公司发行在外股票总面值的比例而定。

无面值股票是不在票面上标出金额，只载明所占公司股本总额的比例或股份数的股票。无面值股票的价值随公司财产的增减而变动，而股东对公司享有的权利和承担义务的大小，直接依股票标明的比例而定。目前，我国《公司法》不承认无面值股票，规定股票应记载股票的面额，并且其发行价格不得低于票面金额。

(3)按投资主体不同，可分为国家股、法人股、个人股等。

国家股是有权代表国家投资的部门或机构以国有资产向公司投资而形成的股份。法人股是企业法人依法以其可支配的财产向公司投资而形成的股份，或具有法人资格的事业单位和社会团体以国家允许用于经营的资产向公司投资而形成的股份。个人股是社会个人或公司内部职工以个人合法财产投入公司而形成的股份。

(4)按发行对象和上市地区的不同，可分为A股、B股、H股和N股等。

A股是供我国大陆地区个人或法人买卖的，以人民币标明票面金额并以人民币认购和交易的股票，在上海、深圳上市。B股、H股和N股是专供外国和我国港、澳、台地区投资者买卖的以人民币标明票面金额，但以外币认购和交易的股票。其中，B股在上海、深圳上市，H股在香港上市，N股在纽约上市。目前，B股已对境内居民开放，但是，在上海交易所挂牌的B股须使用美元交易，而在深圳交易所挂牌的B股须使用港币交易。当公司以普通股筹集资金时，应选择较为适宜的普通股种类。

2. 普通股股东的权利

持有普通股股份者为普通股股东。依据我国《公司法》的规定，普通股股东主要有如下权利：①出席或委托代理人出席股东大会，并依公司章程规定行使表决权，这是普通股股东参与公司经营管理的基本方式。②股份转让权。股东持有的股份可以自由转让，但必须符合《公司法》、其他法规和公司章程规定的条件和程序。③股利分配权。④对公司账目和股东大会决议的审查权和对公司事务的质询权。⑤分配公司剩余财产权。⑥公司章程规定的其他权利。同时，普通股股东也基于其资格，对公司负有义务。我国《公司法》中规定了股东具有遵守公司章程、缴纳股款、对公司负有有限责任、不得退股等义务。

3. 股票融资的筹集方式

股份公司不仅仅在公司成立时发行股票筹集资金，而且在扩大经营规模等其他情况下也需发行股票来筹集所需资金。通过股票筹集资金的方式主要有以下几种：

(1)首次公开招股。首次公开招股是指公司在资本市场上首次向公众公开发售股份来筹集股本资本。发行人可在首次公开招股时发行新股，并在股票市场挂牌上市。这种方式，不仅扩大股东的范围，提高公司的社会知名度，而且也可增加股票的适销性和流通性。

(2)供股。又称股东配股，是指股份公司以固定价格或股票面值向现有股东发行额外股份，筹集额外股票资本。新发行的股票是按股东旧有的股权比例分配。股东并非必须参与供股，可自由选择放弃或接纳参与供股。此外，股东也拥有出售其供股配售的权利。

(3)派送红股。这种方式是指因公司剩余利润过多而使其部分现有股东无偿地获取派发额外的股份。派送红股不会给发行人带来额外的资金，亦不会摊薄现有的股权。

(4)认股权证发行。这种方式是指为了动员股东认购，公司授权给认股权证的持有人在指定的时间内(有时是没有指定期限)按指定的价格(多为低于市场价格)购买股票。有时为了吸引投资者购买股票，认股权证亦会附带在其他股票上出售，完成发行后则可分开买卖。如果有的股东不愿购买，则可以自动放弃新股股权，也可以把这种认购权转让给他人。

4. 股票发行的条件

股票的发行必须遵循一定的法律和规定，实行公开、公平、公正的原则，必须同股同权、同股同利。同时，发行股票还应当接受国务院证券监督管理机构的管理和监督。现对我国股票发行的条件作适当说明。

(1)新设立的股份有限公司申请公开发行股票，应当符合下列条件：

①生产经营符合国家产业政策；②发行普通股限于一种，同股同权，同股同利；③在募集方式下，发起人认购的股份不少于公司拟发行股份总数的35%；④发起人在近3年内没有重大违法行为；⑤证监会规定的其他条件。

(2)国有企业改组设立股份有限公司申请公开发行股票，除应当符合上述条件外，还应当符合下列条件：

①发行前1年末，净资产在总资产中所占比例不高于20%，但是证券委另有规定的除外；

②近3年连续盈利。

③国有企业改组设立股份有限公司公开股票的，国家拥有的股份在公司拟发行的股本总额中所占的比例由国务院或者国务院授权的部门规定。

(3)股份有限公司增资申请发行股票，必须具备下列条件：

①前一次发行的股份已募足，并间隔1年以上；

②公司在最近3年内连续赢利，并可向股东支付股利；

③公司在最近3年内财务会计文件无虚假记载；

④公司预期利润率可达银行同期存款利率。

5. 股票发行方式、销售方式和发行价格

公司发行股票筹资，应当选择适宜的股票发行方式和销售方式，并制定恰当的发行价格，以便及时筹足资金。

(1)股票发行方式有两种：第一种是公开间接发行方式，指通过中介机构，公开向社会发行股票。股份有限公司采用募集设立方式向社会公开发行新股时，须由证券经营机构承销的做法就属于公开间接发行；第二种是不公开直接发行，指不公开对外发行股票，只向少数特定的对象直接发行，不通过中介机构。股份有限公司采用发起设立方式和以不向社会公开募集的方式发行新股的方式即属于股票的不公开直接发行。

(2)承销方式有两种：一种是自销，指发行公司自己直接将股票销售给认购者。这种方式可由发行公司直接控制发行，并节省发行费用，但往往筹资时间较长，发行公司要承担全部发行风险，一般发行公司要有较高知名度、信誉和实力；另一种是承销，指发行公司将股票销售业务委托给证券经营机构代理，这种方式是发行股票普遍采用的。我国《公司法》规定股份有限公司向社会公开发行股票必须与依法设立的证券经营机构签订承销协议，由证券经营机构承销。

(3)股票发行价格。通常由发行公司根据股票面额、股市行情和其他有关因素决定。股票发行价格可以和股票面额一致，但在多数情况下是不一致的。以股票的票面额作为发行价格称为平价发行，股票发行价格高于面额称为溢价发行，而发行价格低于面额称为折价发行。我国《公司法》规定，股票发行价格可以等于票面金额(平价)，也可以超过票面金额(溢价)，但不得低于票面金额(折价)。

6. 股票上市

股票上市是指股份有限公司公开发行的股票经批准在证券交易所进行挂牌交易。经批准在交易所上市交易的股票称为上市股票。股票获准上市交易的股份有限公司简称为上市公司。股票上市作为一种有效的筹资方式，对公司的成长起着重要的作用，然而股票上市也会给公司带来一些负面效果，因此公司管理者应慎重决定股票是否上市。

(1)股票上市可为公司带来的益处：有助于改善财务状况，筹措到新资金；有利于分散风险；可利用股票收购其他公司；可提高公司知名度，吸引更多顾客；便于确定公司价值。

(2)股票上市可能对公司产生的不利影响：使公司失去隐私权；公司将负担较高的上市费用；股价有时会歪曲公司的实际情况，丑化公司形象；可能会分散公司的控制权。

(3)股票上市的条件：公司公开发行的股票进入证券交易所必须受严格的条件限

制。我国《证券法》规定，股份有限公司申请股票上市，必须符合下列条件：股票经国务院证券监督管理机构核准已公开发行；公司股本总额不少于人民币 3000 万元；公开发行的股份达到公司股份总数的 25%以上，公司股本总额超过人民币 4 亿元的，公开发行股份的比例为 10% 以上；公司最近 3 年无重大违法行为，财务会计报告无虚假记载。

7. 普通股筹资的优缺点

(1)普通股筹资的优点：①没有固定利息负担。股利的支付与否和支付多少，视公司有无盈利和经营需要而定，经营波动给公司带来的财务负担较小。②没有固定到期日，不用偿还。利用普通股筹集的是永久性的资金，除非公司清算才需偿还。这对保证企业最低的资金需求、维持企业长期稳定发展有着重要意义。③筹资风险小。由于普通股没有固定到期日，不用支付固定利息，该筹资实际上不存在不能偿付的风险，因此风险最小。④能增加公司的信誉。发行普通股筹集到的资本是公司最基本的资金来源，它反映了公司的实力，可作为其他方式筹资的基础，尤其可为债权人提供保障，因此，普通股筹资既可以提高公司的信用价值，同时，也为使用更多的债务资本提供了强有力的支持。⑤筹资限制较少。利用优先股或债券筹资，通常有许多限制，这些限制往往会影响公司经营的灵活性，而利用普通股筹资则没有这种限制。⑥容易吸收资金。由于普通股的预期收益较高并可一定程度地抵消通货膨胀的影响，因此普通股筹资容易吸收资金。

(2)普通股筹资的缺点：①资金成本较高。一般来说，普通股筹资的成本要大于债务筹资成本。因为股利是从净利润中支付，不像利息可在税前扣除，因而不具有抵税作用，另外，普通股的发行费用也比较高。②容易分散控制权。普通股筹资会增加新股东，容易导致公司控制权的分散。③可能导致股价下跌。新股东分享公司未发行新股前积累的盈余，会降低普通股的每股净收益，从而可能引发股价的下跌。

(二)发行优先股

优先股是一种特别股票，相对于普通股而言具有一些优先的权利。优先股的特点是具有债务和权益的双重性质，但从法律上讲优先股是企业自有资金的一部分。优先股的股利不能像债务利息那样从税前扣除，而必须从净利润中支付。但优先股有固定的股利，这与债务利息相似，优先股对盈利的分配和剩余资产的求偿具有优先权，这也类似于债券。

1. 优先股股东的权利

优先股的“优先”是相对普通股而言的，优先股股东的权利如下：

(1)优先分配股利权。优先股通常有固定股利，并且必须在支付普通股股利之前予以支付。

(2)优先分配剩余财产权。当企业破产清算时，优先股的求偿权位于债权人之后但先于普通股。其金额只限于优先股的票面价值加上累积未支付的股利。

(3)部分管理权。通常在公司的股东大会上优先股股东是没有表决权的，但是当公司研究与优先股有关的问题时，则有权参加表决。

2. 优先股的种类

(1)按照股息是否累积，分为累积优先股和非累积优先股。累积优先股是指在任何营业年度内未支付的股利可累积起来，由以后营业年度的盈利一起支付的优先股股票。当公司营业状况不好，无力支付固定股利时，可把股利累积下来，当公司营业状况好转，盈余增多时，再补发这些股利。非累积优先股是仅按当年利润分得股利而不予以累积补付的优先股股票。如果本年度的盈利不足以支付全部优先股股利，则对所积欠的部分，公司不予累积计算，优先股股东也不能要求公司在以后年度中予以补发。

(2)按照能否转换为普通股，可分为可转换优先股和不可转换优先股。可转换优先股是股东可在一定时期内按一定比例把优先股转换成普通股的股票。转换的比例是事先确定的，其值取决于优先股与普通股的现行价格。不可转换优先股是指不能转换成普通股的股票。不可转换优先股只能获得固定股利收入而不能获得转换收益。

(3)按照能否参与剩余利润的分配，可分为参加优先股和非参加优先股。参加优先股是指不仅能取得固定股利，而且还有权与普通股一起参加利润分配的股票。根据参与利润分配的方式不同，可分为全部参加分配的优先股和部分参加分配的优先股。前者表现为优先股股东有权与普通股股东共同等额分享本期剩余利润，后者则表现为优先股股东有权按规定额度与普通股股东共同参与利润分配，超过规定部分的利润归普通股股东所有。非参加优先股是指不能参加剩余利润分配，只能取得固定股利的优先股。

(4)按照是否可由发行公司赎回，可分为可赎回优先股和不可赎回优先股。可赎回优先股又称可收回优先股，是指股份公司可以按一定价格收回的优先股票。在发行这种股票时，一般都附有收回性条款，在收回条款中规定了赎回该股票的价格。此价格一般略高于股票的面值。至于是否收回以及什么时候收回，则由发行股票的公司来决定。不可赎回优先股是指不能收回的优先股股票。

3. 优先股筹资的优缺点

(1)优先股筹资的优点：①没有固定到期日，不用偿还本金。事实上等于使用的是一笔无限期的贷款，无偿还本金的义务。但大多数优先股又附有收回条款，使得使用这种资金更有弹性。当财务状况较弱时发行，当财务状况转强时收回，有利于结合资金需求，同时也能控制公司的资金结构。②股利支付既固定，又有一定的弹性。一般而言，优先股都采用固定股利，但固定股利的支付并不构成公司的法定义务。如果财务状况不佳，则可暂时不支付优先股股利。③有利于增强公司信誉。从法律上讲，优先股属于自有资金，因而优先股扩大了权益基础，可适当增强公司的信誉，加强公司的借款能力。④优先股的发行，不会改变普通股股东对公司的控制权。通常优先股股东不能参与公司经营管理，这就保证了普通股股东对公司的控制权。

(2)优先股筹资的缺点：①筹资成本高。优先股所支付的股利要从税后净利润中支付，不同于债务利息可在税前扣除，因此优先股成本较高。②筹资限制多。发行优先股，通常有许多限制条款，如对公司借款的限制等，影响公司经营的灵活性。③可能成为一项较重的财务负担。优先股需要支付固定股利又不能在税前扣除，当利润下降时，其股利会成为一项较重的财务负担，有时不得不延期支付。

三、利用留存收益

留存收益也称为“内源筹资”或“内部筹资”，它是企业将实现利润的一部分，甚至全部留下来作为资本来源的一种筹资方式。

利用留存收益的具体方式有：按法定要求提取盈余公积金、当期利润不分配、向股东发放股票股利等。留存收益的实质是所有者向企业追加投资，对企业而言是一种筹资来源。

1. 留存收益筹资的优点

(1)不发生筹资费用。利用企业内部资金没有发行成本，而且不需支付利息。

(2)留存收益筹资在性质上属于权益资本，可以提高企业信用好对外负债能力。

(3)使用灵活。由于它是企业内部自己掌握的资金，可以完全由自己安排支配，因而使用起来最灵活，也最具优越性。

2. 留存收益筹资的缺点

(1)留存收益的数量有限，常常受到某些股本的限制和企业自身实力的制约，尤其受依靠股利维持生活的股东的反对。一般来说，企业内部的自有资金数量都较有限，即使是实力相对雄厚的大公司、大企业，由于其所需资金数额巨大，因而仅靠自身筹资往往也显得力不从心。

(2)留存收益过多可能会影响企业今后的外部筹资，同时不利于股价的提高，影响企业在证券市场上的形象。

任务四　负债资金的筹集

一、银行借款

(一)银行借款的种类

(1)按借款期限的长短分为短期借款、中期借款和长期借款。①短期借款。短期借款是指借款期限在1年以内(含1年)的借款，主要用于企业临时性的资金需要。②中期借款。中期借款是指借款期限在1年以上(不含1年)5年以下(含5年)的借款，主要用于企业流动资产占用的资金和部分固定资产占用的资金需要。③长期借款。长期借款是指借款期限在5年以上(不含5年)的借款，主要用于企业长期生产经营资金需要。

(2)按借款有无担保分为信用借款、担保借款和票据贴现。①信用借款。信用借款又称无担保借款，是指没有保证人作担保或不要求借款企业以财产作抵押，仅凭借款企业的信用而取得的借款。信用借款风险较担保借款风险要大，银行通常要收取较高的利息，并往往附加一定的限制条件。②担保借款。担保借款又称抵押借款，是指要求借款企业以一定的财产作抵押或以一定的保证人作担保而取得的借款。作为贷款担保的抵押品可以是房屋、机器设备等实物资产，也可以是股票、债券等有价证券。抵押贷款有利于降低银行贷款的风险，提高贷款的安全性。③票据贴现。票据贴现是指借款企业将持有的未到期商业票据交付银行，贴付一定利息取得银行资金的一种借贷行为。企业利用票据贴现可以提前使用资金，所支付的代价是交付银行的贴现利息。

(3)按提供贷款的机构分为政策性银行贷款、商业银行贷款和其他金融机构贷款。①政策性银行贷款。政策性银行贷款是指执行国家政策性贷款业务的银行向企业发放的贷款，如国家开发银行为满足企业承建国家重点建设项目的资金需要而提供的贷款，通常利率较低，期限较长。②商业银行贷款。商业银行贷款是各商业银行向工商企业提供的贷款。这类贷款主要满足企业生产经营的资金需要。利率根据市场情况而定，期限由企业和银行协商确定。③其他金融机构贷款。其他金融机构贷款是指由信托投资公司、财务公司、保险公司等金融机构提供的贷款。一般期限较长、贷款利率较高。

(二)银行借款的程序

(1)企业提出借款申请。企业需要向银行借款，必须向主办银行或其他银行的经办机构提出申请。填写包括借款用途、借款金额、偿还能力以及还款方式等主要内容的《借款申请书》，提供必要的说明企业具备借款条件的资料。

(2)银行审查借款申请。银行根据企业的借款申请，按照有关政策和贷款条件，针对企业的财务状况、信用情况、盈利的稳定性、发展前景、借款投资项目的可行性等进行审查，依据审批权限核定企业申请的贷款金额和用款计划。

(3)签订借款合同。银行审查同意贷款后，再与借款企业进一步协商贷款的具体条件，并以借款合同的形式将其法律化。①基本条款。这是借款合同的基本内容，包括借款的种类、用途、金额、利率、期限、还款的资金来源及方式、保证条款及违约责任等。②限制条款。由于长期借款的期限长、风险大，按照国际惯例，银行通常对借款企业提出一些有助于保证贷款按时足额偿还的限制性条款。包括持有一定的现金及其他流动资产，保持合理的流动性及还款能力；限制现金股利支付，限制资本支出规模；限制借入其他长期债务等。

(4)企业取得借款。借款合同生效后，借款企业在核定的指标范围内根据用款计划或实际需要，一次或分次将借款转入企业的存款结算户。

(5)借款的归还。借款企业应根据借款合同的规定按期足额归还借款本息。

(三)银行借款的信用条件

按照国际惯例，银行发放贷款时往往带有一些信用条件，主要有以下几个方面：

1. 信贷额度

信贷额度是银行对借款人规定的无担保贷款的最高额。信贷限额的有效期限通常为一年。一般来说，企业在批准的限额内，可随时使用银行借款。但是银行并不承担必须提供全部信贷限额的义务。如果企业信誉恶化，则银行可根据情况改变信贷额度或拒绝提供贷款。

2. 周转信贷协定

周转信贷协定是银行具有法律义务地承诺提供不超过某一最高限额的贷款协定。在协定的有效期内，只要企业的借款总额未超过最高限额，银行必须满足企业任何时候提出的借款要求。为此，银行除按一般贷款向借款企业收取利息外，还要就贷款限额的未使用部分向借款企业收取一笔承诺费。

【例 3-5】某企业取得银行为期一年的周转信贷额 1000 万元，年度内使用了 800 万元，余额 200 万元，若借款年利率为 10%，年承诺费率为 0.5%，要求计算年终借款企业应支付的利息和承诺费。

应支付的利息：$800\times10\%=80$(万元)

应支付的承诺费：$200\times0.5\%=1$(万元)

3. 补偿性余额

补偿性余额是银行要求借款企业在银行中保持按贷款限额或实际借用额一定百分比(通常为 10%~20%)计算的最低存款金额。从银行的角度来讲，补偿性余额可降低贷款风险，补偿其可能遭受的贷款损失。但对于借款企业来讲，补偿性余额则提高了借款的实际利率，加重了企业的利息负担。

【例 3-6】某企业按年利率(即名义利率)10%向银行取得借款 100 万元，银行要求保留 20%的补偿性余额，那么企业实际可用的借款只有 80 万元，要求计算该项借款的实际利率。

$$\begin{aligned}\text{补偿性余额贷款实际利率}&=\text{名义利率}/(1-\text{补偿性余额比率})\times100\%\\&=10\%/(1-20\%)\times100\%\\&=12.5\%\end{aligned}$$

(四)借款利息的支付方式

1. 利随本清法

利随本清法又称收款法，是指利息在借款到期时随本金一并向银行支付的方法。它是按单利计算利息，借款的名义利率即为实际利率。银行向工商企业发放的贷款大都采用这种方法收取利息。

2. 贴现法

贴现法是当银行向企业发放贷款时，先从本金中扣除利息部分，到期时企业则要偿还贷款全部本金的一种计息方法。在贴现法下，企业实际可利用的贷款额只有本金减去利息后的差额，因此实际利率高于名义利率。

【例 3-7】某企业从银行取得借款 500 万元，期限为 1 年，年利率为 10%，利息为 50 万元。按照贴现法支付利息，企业实际可以动用的贷款为 450 万元(500-50)，要求计算该项贷款的实际利率。

$$\begin{aligned}\text{该项贷款的实际利率}&=\text{利息}/(\text{贷款金额}-\text{利息})\times100\%\\&=50/(500-500\times10\%)\times100\%\\&=11.11\%\end{aligned}$$

$$\begin{aligned}\text{或：该项贷款的实际利率}&=\text{名义利率}/(1-\text{名义利率})\times100\%\\&=10\%/(1-10\%)\times100\%\\&=11.11\%\end{aligned}$$

(五)银行借款的优缺点

(1)银行借款的优点。①筹资速度快。发行股票、债券等方式筹资，需要做好发行前的各项准备工作，发行也需一定时间。企业利用长期借款筹资，一般所需程序较为简单，资金获得迅速。②借款弹性较大。由于企业可就贷款事宜直接与银行协商，因此，有利于企业按自身的要求和能力来变更借款数量与还款期限，对企业具有一定的灵活性。③资金成本低。由于利息在税前列支，且筹资费用少，因此，其债务成本相对较低。

(2)银行借款筹资的缺点。①筹资风险大。企业举借长期借款，必须定期还本付息，在经营不利的情况下，可能会产生不能偿付的风险，甚至会导致破产。②限制条款多。银行为保证贷款的安全性，对借款的使用附加了很多限制条款，这些条款在一定意义上限制了企业自主调配与运用资金。③筹资数量有限。长期借款与股票、债券等直接筹资方式相比，筹资数量相对有限。

二、发行债券

债券是债务人为筹集资金向债权人出具的、承诺按一定利率定期支付利息，并到期偿还本金的债权债务凭证。发行债券是企业筹集负债资金的一种重要方式。

(一)债券的基本内容

1. 债券面值

债券面值包括两个基本内容：一是币种；二是票面金额。面值的币种可用本国货币，也可用外币，取决于发行者的需要和债券的种类。债券的票面金额是债券到期时偿还债务的金额。不同债券的票面金额大小相差悬殊，但考虑到买卖和投资的方便，多趋向于发行小面额债券，面额印在债券上，固定不变，到期必须足额偿还。

2. 债券的期限

债券都有明确的到期日。债券从发行之日起，至到期日之间的时间称为债券的期限。如果把商业票据也看成一种债券的话，那么债券期限从数天到几十年不等。但近些年，由于利率和汇率剧烈波动，许多投资者都不愿意投资还本期限太长的债券，因此，债券期限有缩短的趋势。在债券期限内，公司必须定期支付利息，当债券到期时，必须偿还本金，也可按规定分批偿还或提前一次偿还。

3. 利率与利息

债券票面利率也称名义利率，是指债券发行时票面上注明的利率。债券上通常都载明利率，一般为固定利率，有时又有浮动利率。债券利率一般是年利率，面值与利率相乘即为利息。如某企业发行的债券面值为10000元，年利率为10%，则每年支付的债券利息为1000元(10000×10%=1000元)。

4. 债券的价格

理论上，债券的面值就是它的价格，事实上并非如此。但在实际操作中，由于发行者的考虑或资金市场上供求关系、利息率的变化，债券的市场价格常常脱离它的面值，但其差额一般并不是很大，不像普通股相差甚远。发行者计息还本是以债券的面值为依据的，而不是以它的价格为依据的。

（二）债券的种类

对债券按照不同的角度进行分类，可以划分为不同的种类。

1. 按债券有无抵押担保分为信用债券、抵押债券和担保债券

（1）信用债券。信用债券又称无担保债券，是指没有抵押品作抵押或担保人作担保，仅凭债券发行企业的信誉发行的债券。通常只有信誉良好的大企业才能发行信用债券，并有一定的条件限制。

（2）抵押债券。抵押债券是指以发行企业一定的财产作抵押而发行的债券。当企业没有足够的资金偿还债务时，债权人可将抵押品拍卖以获取资金。抵押债券按抵押品的不同，又分为不动产抵押债券、设备抵押债券和证券抵押债券。

（3）担保债券。担保债券是指由一定的保证人作担保而发行的债券。当企业没有足够的资金偿还债券时，债权人有权要求担保人偿还。根据我国有关法规，保证人应是符合《担保法》的企业法人，且应同时具备以下条件：①净资产不能低于被保证人的发行债券的本息；②近 3 年连续盈利，且有良好业绩前景；③不涉及改组、解散等事宜或重大诉讼案件；④中国人民银行规定的其他条件。

2. 按债券是否记名分为记名债券、无记名债券

（1）记名债券。记名债券是指在债券票面上记载债券持有人的姓名或名称，并在发行公司的债权人名册上进行登记的债券。发行公司只对票面上注明并在公司登记簿中登记的持有人支付本息。记名债券的转让通过债券持有人背书并向发行公司登记后进行。

（2）无记名债券。无记名债券是指在债券的票面上不记载持有人姓名或名称，也不在发行公司的债权人名册上进行登记的债券。发行公司凭债券还本付息，持券人即为领取债券利息和本金的权利人。无记名债券可自由转让，不需办理过户手续。

3. 按债券能否转换为公司股票分为可转换债券、不可转换债券

（1）可转换债券。可转换债券是指在一定时期内，可以按规定的价格或一定比例，由持有人自由地选择转换为发行公司普通股的债券。

（2）不可转换债券。不可转换债券是指不能转换为公司普通股的债券。

（三）债券的发行

1. 发行债券的资格与条件

（1）发行债券的资格。我国《公司法》规定，股份有限公司、国有独资公司和两个以上的国有企业或者其他两个以上的国有投资主体投资设立的有限责任公司，有资格发行公司债券。

（2）发行债券的条件。我国《公司法》规定，发行公司债券必须具备以下条件：

①股份有限公司的净资产额不低于人民币 3000 万元，有限责任公司的净资产额不低于人民币 6000 万元。

②累计债券总额不超过公司净资产额的 40%。

③最近 3 年平均可分配利润足以支付公司债券 1 年的利息。

④所筹集的资金投向符合国家产业政策。

⑤债券的利率不得超过国务院限定的利率水平。

⑥国务院规定的其他条件。

此外，发行公司债券所筹集的资金，必须按审批机关批准的用途使用，不得用于弥补亏损和非生产性支出。如果公司发生下列情况之一的不得再次发行公司债券：①前一次发行的公司债券尚未募足的；②对已发行的公司债券或者其债务有违约或延迟支付本息的事实，且仍处于继续状态的。

2. 发行债券的程序

发行公司债券要经过一定的程序，办理规定的手续。一般为：

(1)作出发行债券的决议或决定。股份有限公司和国有有限责任公司发行公司债券，由董事会制定方案，股东大会作出决议；国有独资公司发行公司债券，由国家授权投资的机构或者国家授权的机构作出决定。

(2)发行债券的申请与批准。凡欲发行债券的公司，先要向国务院证券管理部门提出申请并提交公司登记证明、公司章程、公司债券募集办法、资产评估报告和验资报告等文件。国务院证券管理部门根据有关规定，对公司的申请予以核准。

(3)制定公司募集办法并向社会公告。企业发行债券的申请批准后，应向社会公告债券募集办法，其中，要载明债券总额、票面金额、债券利率、还本付息的期限与方式、债券发行的起止日期、企业的净资产额、已发行的尚未到期的债券总额、债券的承销机构等主要事项。

(4)募集借款。公司发出公司债券募集公告后，开始在公告所定的期限内募集借款。一般地讲，公司债券的发行方式有公司直接向社会发行(私募发行)和由证券经营机构承销发行(公募发行)两种。在我国，根据有关法规，公司发行债券须与证券经营机构签订承销合同，由其承销。在由承销机构发售债券时，投资人直接向其付款购买，承销机构代理收取债券款、交付债券。然后，承销机构向发行公司办理债券款的结算。

3. 债券的发行价格

债券的发行价格是发行公司或其承销机构发行债券时使用的价格，即投资者购买债券时实际支付的价格。根据债券发行时的实际价格与债券面值的关系，债券的发行价格有三种：等价发行、折价发行和溢价发行。等价发行又叫面值发行，是指按债券的面值发行；折价发行是指以低于债券面值的价格发行；溢价发行是指按高于债券面值的价格发行。

债券的发行价格受债券面值、票面利率、债券期限及市场利率等四个因素的影响。债券之所以会存在溢价发行和折价发行，主要是因为资金市场上的利息率是经常变化的，而企业债券一经发行，就不能调整其票面利率。从债券的印制到正式发行，往往需要经过一段时间，在这段时间内如果资金市场上的利率发生变化，只能通过调整发行价格的方法协调债券购销双方在债券利息上的利益。当票面利率高于市场利率时，通常采取溢价发行债券，溢价可视作债券持有人为债券期限内多得利息收入而提前付出的代价。当票面利率低于市场利率时，通常采取折价发行债券，折价可视作债券期限内少付利息而提前付给债券持有人的补偿。当票面利率等于市场利率时，以等价发行债券。

债券发行价格的计算公式为：

(1)按期付息、到期一次还本，债券发行价格的计算公式为：

$$债券发行价格=票面金额\times票面利率\times(P/A, i, n)+票面金额\times(P/F, i, n)$$

式中：n 为债券期限；

i 为债券发行时的市场利率；

A 为年金；

F 为终值。

【例 3-8】新城公司发行面值为 100 元，票面利率为 10%，期限为 10 年，每年末付息的债券。要求确定市场利率分别为 10%、12%、8%时债券的发行价格。

如果市场利率为 10%，即票面利率与市场利率相等，则可用等价发行，发行价格计算如下：

$$\begin{aligned}\text{发行价格} &= 100\times10\%\times(P/A,\ 10\%,\ 10)+100\times(P/F,\ 10\%,\ 10)\\ &= 10\times6.1446+100\times0.3855\\ &\approx 100(\text{元})\end{aligned}$$

如果市场利率为 12%，即高于票面利率，则采用折价发行，发行价格计算如下：

$$\begin{aligned}\text{发行价格} &= 100\times10\%\times(P/A,\ 5\%,\ 10)+100\times(P/F,\ 5\%,\ 10)\\ &= 10\times5.6502+100\times0.3220\\ &\approx 88.70(\text{元})\end{aligned}$$

如果市场利率为 8%，即低于债券的票面利率，则可采用溢价发行，发行价格计算如下：

$$\begin{aligned}\text{发行价格} &= 100\times10\%\times(P/A,\ 5\%,\ 10)+100\times(P/F,\ 5\%,\ 10)\\ &= 10\times6.7101+100\times0.4632\\ &\approx 113.42(\text{元})\end{aligned}$$

(2)单利计息，到期一次性还本付息，债券发行价格的计算公式为：

$$\text{债券发行价格}=\text{票面金额}\times(1+\text{票面利率}\times n)\times(P/F,\ i,\ n)$$

式中：n 为债券期限；

i 为债券发行时的市场利率；

F 为终值。

【例 3-9】新城公司发行债券，债券面值为 100 元，票面利率为 10%，期限为 10 年单利计息，到期一次性还本付息。假设发行时债券的市场利率为 8%，要求计算该公司债券的发行价格。

$$\text{发行价格}=100\times(1+10\%\times10)\times(P/F,\ 8\%,\ 10)=200\times0.4632=92.64(\text{元})$$

(四)债券的收回与偿还及付息

债券的收回与偿还有很多种方法，可在到期日按面值一次偿还，也可以分批收回或分批偿还。

1. 债券的收回与偿还

债券偿还时间按其实际发生与规定的到期日之间的关系，分为到期偿还、提前偿还与滞后偿还三类。到期偿还包括分批偿还和一次偿还两种。提前偿还又称提前赎回或收回。赎回有强制性赎回、选择性赎回、通知赎回三种形式。滞后偿还有即转期和转换两种形式。债券偿还的常见方式包括使用现金偿还、以新债券换旧债券和用普通股偿还。

2. 债券的付息

债券的付息主要表现在利息率的确定、付息频率和付息方式三个方面。利息率的确定有固定利率和浮动利率两种形式。债券付息频率主要有按年付息、按半年付息、按季付息或按月付息和一次性付息(利随本清、贴现发行)五种。付息方式有两种方式:一种是采取现金、支票或汇款的方式;另一种是息票债券的方式。

(五)债券筹资的优缺点

1. 债券筹资的优点

(1)资本成本较低。债券的发行费用低,并且利息在税前支付,比股票筹资成本低。

(2)保证股东控制权。债券持有人无权参与发行公司的管理,如果股东担心控制权旁落,则可采用债券筹资,它不会像发行股票那样可能会分散股东对公司的控制权。

(3)有利于发挥财务杠杆作用。无论发行公司的盈利多少,债券持有人只获取固定的利息。当企业盈利多时,更多的收益可用于分配给股东,增加股东财富或留给企业扩大经营。

2. 债券筹资的缺点

(1)筹资风险高。债券有固定的到期日,并定期支付利息,无论企业经营如何都要偿还。在企业经营不景气时,会带来更大的财务困难,甚至导致破产。

(2)限制条件多。债券发行的限制条件一般要比借款、发行股票严格得多,可能会影响企业以后的发展或筹资能力。

(3)筹资额有限。利用债券筹资在数额上有一定限度,当公司的负债比率超过一定的程度后,债券筹资成本要迅速上升,有时甚至发行不出去,我国《公司法》规定,发行公司流通在外的债券累计总额不超过公司净资产额的40%。

三、融资租赁

租赁是指在约定的期间内,出租人将资产使用权让与承租人以获取租金的协议。租赁的主要特征是转移资产的使用权,而不是转移资产的所有权,并且这种转移是有偿的,取得使用权以支付租金为代价,从而使租赁有别于资产购置和不把资产的使用权从合同的一方转移给另一方的服务性合同。

融资租赁是又称财务租赁,由租赁公司按承租人要求出资购买设备,在较长的契约或合同期内提供给承租人使用的信用业务。融资租赁实质上转移了与资产所有权相关的全部风险和报酬。融资租赁是通过融物来达到融资的目的,出租人以实物资产为承租人提供信贷,是企业筹集资金的一种方式。

(一)租赁的种类

租赁可以有不同的分类,按与租赁资产所有权有关的风险和报酬的归属分类,可以分为经营租赁和融资租赁。

1. 经营租赁

经营租赁是指为满足企业生产经营中临时需要而以租赁的方式取得资产使用权的一种租赁方式。采用这种租赁方式,主要是因为企业对这些资产的需用时间很短,没有必要为此而购买。如企业为整修厂区而租入施工机械，为吊装设备而租入起重机械等。经营租赁具有以下特点：

(1)出租的资产由出租人根据市场需求来选购，然后再寻找承租人；承租人则根据自己的需要，向拥有自己所需资产的出租人租入现成的资产。

(2)资产的租赁期较短，一般长则几个月，短则几天，甚至几个小时。

(3)租赁的资产在租赁期间由出租人负责维修、保养、保险、纳税及提取折旧，承租人必须保证租入资产的安全完整，并不得任意对租入资产进行改造。与资产所有权有关的一切风险和报酬仍然归属于出租人，并未发生转移。

(4)租赁费用相对较低，一般仅包括租赁期间的折旧费、利息及手续费等。

(5)承租人可根据实际需要，在租赁期满时将租入资产退还出租人或继续租用，也可以在租赁期满前中途解约。一般没有续租或优先购买选择权。

2. 融资租赁

融资租赁是指为满足企业生产经营长期需要而以租赁的方式取得资产使用权的一种租赁方式。当企业急需某种资产，而直接购买又面临资金不足问题时，可采用融资租赁方式先租入资产，以尽快投入使用，然后再以分期支付租赁费的方式支付资产价款及其他有关费用。采用这种租赁方式，既可以满足企业生产经营对资产的需要，又解决了购买资产所面临的资金问题，以融物的形式达到了融资的目的。

(1)融资租赁的特点。

①由承租人向出租人提出所需的资产，然后由出租人融通资金，购入所需的资产，并租给承租人使用。

②租赁期限较长，几乎包括了租赁资产全部的有效使用年限。一般来说，租赁期占租赁资产使用寿命的大部分。

③被租赁的资产由承租人负责维修、保养、保险、纳税及提取折旧，与资产所有权有关的一切风险和报酬实质上已转移给了承租人。

④租赁合同签订后一般不可撤销，但以下情况除外：经出租人同意；承租人与原出租人就同一资产或同类资产签订了新的租赁合同；承租人支付一笔足够大的额外款项；发生某些很少会出现的或有事项。

⑤当租赁期满时，承租人对租赁资产有优先购买权利，以很低的名义价格留购，或者选取续租方式，也可以将租赁资产退还出租方。

判断一项租赁是否属于融资租赁，不在于租约的形式，而在于交易的实质。比如，在一项租赁中，与资产所有权有关的全部风险和报酬实质上已转移，这种租赁就应归类为融资租赁。

(2)融资租赁的形式。

①售后租回。售后租回是承租人将所购设备出售给出租人，然后承租人租回设备使用并向出租人支付租金的租赁方式。通过出售，承租人可以得到一笔相当于资产市价的现金，满足其资金需要，又可在租赁期内以每年支付的租金取得资产的使用权。

②直接租赁。直接租赁是指出租人直接将购入的设备租给承租人，签订合同并收取租金。通常所指的融资租赁，不作特别注明即为直接租赁。

③杠杆租赁。杠杆租赁是指由资金出借者为出租人提供部分购买资产的资金，再由出租人将资产租给承租人的一种租赁形式。一般涉及承租人、出租人和资金出借者三方当事人。从承租人的角度看，这种租赁与其他租赁并无差别。但对出租人却不同，出租人只出购置资产设备所需部分的资金(如20%)，作为自己的投资，以该资产作担保向资金出借者借入其余资金款项(如80%)。因此，它既是资产的出租人，同时，又是贷款的借款人，同时拥有对资产的所有权，既要向承租人收取租金，又要向贷款机构偿还债务。这种形式一般适用于金额较大的设备项目，在此情况下，如果出租人不能按期偿还借款，则该资产的所有权就会转归资金出借者。

(二)融资租赁的程序

1. 选择租赁公司

当企业决定采用融资租赁方式筹资取得某项设备时，首先要了解各个租赁公司的经营范围、业务能力以及与其他金融结构的关系和资信情况，取得租赁公司的融资条件和租赁费率等资料，加以比较，从而择优选定一个经有关部门正式批准、有经营业务资格、资信好的租赁公司作为委托对象。

2. 办理租赁委托

当企业选定租赁公司后，应向选定的租赁公司提出租赁申请，办理委托。筹资企业应填写《租赁委托书》和《租赁申请书》，并向租赁公司提供反映企业财务状况和经营情况的文件资料，如财务报表及其他有关资料。

3. 签订购货协议

由承租企业与租赁公司中的一方或双方合作组织选定设备供应厂商，并于其进行购买设备的技术和商务谈判，签署购货协议。

4. 签订租赁合同

租赁合同是有承租企业与租赁公司签订，它是租赁业务的重要法律文件。租赁合同的内容分为一般条款和特殊条款，其明确了承租人和租赁公司双方的权利和义务，具有法律效力。

5. 办理验货与投保

当承租企业收到租赁设备后，经验收合格签发交货及验收证书并提交租赁公司，租赁公司据以向厂商支付设备价款。同时，承租公司向保险公司办理投保事宜。

6. 支付租金

承租企业按合同规定的租金数额、支付方式等，向租赁公司支付租金。

7. 租赁期满的设备处理

当租赁期满后，承租单位应按租赁合同规定的方式处理租赁设备，或退还、或续租、或留购。

(三)融资租赁租金的计算

在租赁筹资方式下，承租企业要按合同规定向租赁公司支付租金。租金的数额和支付方式对承租企业的未来财务状况具有直接的影响，也是租赁筹资决策的重要依据。

1. 融资租赁租金的构成

融资租赁租金包括设备价款和租息两个部分。设备价款是租金的主要内容，包括设备的买价、运杂费和途中保险费。租息又可分为租赁公司的融资租赁成本、租赁手续费等。融资成本指设备租赁期间租赁公司为购买设备所筹集资金的利息，而租赁手续费指租赁公司办理租赁设备的营业费用和一定的盈利。

2. 租金的支付方式

(1)按支付间隔期的长短，可以分为年付、半年付、季付和月付等方式；

(2)按支付时期先后，可以分为先付租金和后付租金两种。先付租金是指在每期期初支付租金，后付租金是指在每期期末支付租金；

(3)按每期支付金额，可以分为等额支付和不等额支付两种。

3. 租金的计算方法

(1)平均分摊法。

平均分摊法是指按事先确定的利息率和手续费率计算出租赁期间的利息和手续费总额，然后连同设备成本按支付次数平均。这种方法不考虑资金时间价值因素，计算比较简单。计算公式如下：

$$每次支付租金=\frac{(设备成本-预计残值)+租期内利息+租赁手续费}{租期}$$

【例 3-10】某企业 2013 年 1 月向租赁公司租入设备一套，价值为 10 万元，租期为 6 年，预计租赁期满时的残值为 1 万元(归租赁公司所有)，年利率为 10%，租赁手续费率为设备价值的 3%。租金每年末支付一次。试计算租赁该套设备每年支付多少租金?

租赁该套设备每年支付的租金为：

租赁内利息 $=10\times(1+10\%)^6-10=7.72$(万元)

租赁手续费 $=10\times3\%=0.3$(万元)

每年支付租金 $=(10-1+7.72+0.3)/6=2.84$(万元)

(2)等额年金法。

在我国融资租赁业务中，计算租金的方法一般采用等额年金法。等额年金法是运用年金现值的方法来计算每期应付租金的方法。它将利率和手续费率综合成贴现率。具体分为先付租金(先付年金)和后付租金(后付年金)两种情况。

①后付租金的计算。承租企业与租赁公司商定的租金支付方式大多为后付等额租金，即普通年金。根据年资本回收额的计算公式，可确定出后付租金方式下每年末支付租金数额的计算公式为：

$$A=P/(P/A,\ i,\ n)$$

【例 3-11】新城公司采用融资租赁方式租入设备一台，价款为 200000 元，租期为 10 年，到期后设备归企业所有。假设采用 15%的贴现率，试计算该公司每年末应付多少等额租金?

每年末应付租金 $A=200000/(P/A,\ 15\%,\ 10)=200000/5.0188=39850.16$(元)

②先付租金的计算。根据即付年金的计算公式，可得到先付租金方式下每年年初支付租金数额的计算公式为：

$$A=P/[(P/A,\ i,\ n-1)+1]$$

【例 3-12】假如上例采用先付等额租金的方式，则每年初支付租金金额计算为：

A＝200000/〔(P/A，15%，10－1)＋1〕＝80000/(4.7716＋1)＝34652.44(元)

从上述两种计算方式来看，平均分摊法没有考虑资金的时间价值因素，因此它每年支付的租金比等额年金法要多。企业在选择租金计算方法时，应采用年金法，这样对承租人有利。从等额年金法的先付和后付两种方式来看，名义支付的租金额有出入，但实质上没有差别。

(四)融资租赁筹资的优缺点

1. 融资租赁筹资的优点

(1)筹资速度快。因为租赁是筹资与设备购置同时进行，不必像其他筹资方式一样，必须先筹集足够的资金才能购置所需设备。

(2)限制条款少。融资租赁方式的限制条件比发行股票、公司债券和长期借款等其他筹资方式少。

(3)设备淘汰风险小。随着科学技术的迅速发展，固定资产更新周期日趋缩短。企业设备陈旧过时的风险很大，利用租赁集资可减少这一风险。因为融资租赁的期限一般为资产使用年限的75%，不会像自己购买设备那样整个期间都承担风险；且多数租赁协议都规定由出租人承担设备陈旧过时的风险。

(4)财务风险小。租金在整个租期内分摊，不用到期归还大量本金，可适当减少不能偿付的风险。

(5)税收负担轻。租金可在税前扣除，具有抵免所得税的效用。

(6)租赁可提供一种新的资金来源。有些企业，由于一些原因，如负债比率过高，不能向外界筹集大量资金。在这种情况下，采用租赁的形式就可使企业在资金不足而又急需设备时，不付出大量资金就能及时得到所需设备。

2. 融资租赁筹资的缺点

融资租赁筹资的最主要缺点就是资本成本较高。一般来说，其租金要比举借银行借款或发行债券所负担的利息高得多。在企业财务困难时，固定的租金也会构成一项较沉重的负担。

四、商业信用

商业信用是企业在商品交易时由于延期付款或延期交货所形成的借贷关系，是企业间一种直接的信用关系。商业信用产生于商品交换之中，是企业筹集短期资金的一种重要方式。

(一)商业信用的类型

1. 赊购商品

赊购商品是一种最典型、最常见的商业信用形式。在此种情况下，买卖双方发生了商品交易行为，但卖方允许买方在收到货物后延期到一定时期以后支付货款。卖方利用这种方式促销，买方则相当于在延期付款的时间内向卖方融通一笔短期资金。

2. 预收账款

它是指卖方按合同或协议规定，在交付商品之前向买方预收部分或者全部货款的信用方式。预收账款是由于延期交货形成的。对卖方来讲，预收账款相当于先向买方借入一笔资金，然后用货物抵偿。通常卖方对于紧俏商品愿意采用这种结算方式办理货款结算；对于生成周期长、售价高的商品，如轮船、收音机等，生成企业也经常向订货者分期预收货款，以缓解资金占用过多的矛盾。

3. 应付票据

应付票据是买方根据购销合同，向卖方开出或承兑的商业汇票。商业汇票是指单位之间在根据购销合同进行延期付款的商品交易时，开出的反映债权债务关系的票据。商业汇票是一种期票，是反映应付账款和应收账款的书面证明。对于买方企业(延迟付款方)来说，它是一种短期融资方式。根据承兑人不同，应付票据分为商业承兑汇票和银行承兑汇票。应付票据的支付期一般为1~6个月，最长不超过6个月。

此外，企业在生成经营活动中往往还形成了一些应付费用，如应付工资、应交税金、应付利息、应付水电费等。这些费用项目的发生收益在先，支付在后，支付期晚于发生期，因此它们属于“自然筹资”，由于这些应付项目的支付具有时间规定性，其负债额度因而较为稳定，故企业习惯上视同自有资金。

(二)商业信用条件

商业信用条件是指卖方对付款时间、现金折扣和折扣期作出的具体规定，主要形式有：

1. 延期付款但不提供现金折扣

这是指企业购买商品时，卖方允许企业在交易发生后一定时期内按发票金额支付货款的行为，如“net45”表示买方应在45天之内按发票金额付款，没有现金折扣。这种条件的信用期一般为30~60天。在这种情况下，卖方可因延期付款而取得资金来源。

2. 延期付款，但提早付款有现金折扣

此方法是企业为了加速应收账款的收回，若买方提前付款，卖方可给予一定的现金折扣，若买方不享受现金折扣，则必须在规定时间内付清账款。如“2/20、n/30”就是属于这种信用条件，其含义是指买方若能在购货后20天内付款，可享受销售金额2%的现金折扣，付款时间如果在20~30天则没有现金折扣，买方最长付款期限为30天。在我国，现金折扣一般为发票金额的1%~5%。

(三)现金折扣成本的计算

在采用商业信用形式销售产品时，为鼓励购买单位尽早付款，销售单位往往都规定一些信用条件，这主要包括现金折扣和付款期限两个部分的内容。在卖方提供现金折扣的情况下，如果买方在规定折扣期内付款，则可享受现金折扣。如果买方未在规定折扣期内付款，则该企业要承受因放弃现金折扣而造成的机会成本。一般而言，放弃现金折扣的成本可由下式计算：

$$\text{放弃现金折扣成本}=\frac{\text{折扣百分比}}{1-\text{折扣百分比}}\times\frac{360}{\text{信用期}-\text{折扣期}}$$

【例3-13】新城公司拟以“2/10，n/30”的信用条件购入材料一批，价值为10000元。

(1)如果该企业在1~10天内付款，则可获得2%的现金折扣200元(10000×2%=200)，最后实际付款为9800元(10000-200=9800)。

(2)如果该企业放弃现金折扣，在第11～30天付款，则放弃现金折扣成本为：

$$\frac{2\%}{1-2\%}\times\frac{360}{30-10}\times100\%=36.73\%$$

以上计算结果说明，购货单位应尽量争取获得此项折扣，因为丧失现金折扣的机会成本很高，所以新城公司只要筹资成本不超过36.73%，就应当在第10天付款。

(3)如果该企业放弃现金折扣，没有在规定的付款期限内付款，在第40天付款，则放弃现金折扣成本如何计算呢？

其实在第40天付款放弃现金折扣成本的计算结果和在第11～30天付款计算结果一样，区别在于超过30天付款是没有遵守商业信用的，因为卖方给予的最长付款期限为30天，从根本上来讲，是买方不守诚信，赖账的表现。推迟付款时间会影响企业的信用等级，以致不能再享受商业信用，或招致更为苛刻的信用条件。

(四)商业信用融资的优缺点

1. 商业信用融资的优点

(1)筹资便利。利用商业信用筹措资金非常方便。因为商业信用与商品买卖同时进行，属于一种自然性融资，没必要做正规的安排。

(2)筹资成本低。大多数商业信用都是由卖方免费提供的，如果没有现金折扣，或企业不放弃现金折扣，则利用商业信用集资没有实际成本。

(3)限制条件少。商业信用比其他筹资方式条件宽松，无须担保或抵押，选择余地大。相对银行借款而言，商业信用的限制也较少。

2. 商业信用融资的缺点

商业信用的期限一般较短，如果企业取得现金折扣，则时间会更短；如果放弃现金折扣，则要付出较高的资本成本，因而风险较大。

单元小结

(1)筹集资金是企业资金运动的起点，是决定资金运动规模和生产经营发展程度的重要环节。企业筹资活动需要通过一定的渠道并采用一定的方式来完成。企业的筹资渠道有很多，包括国家财政资金、银行信贷资金、非银行金融机构资金、其他单位资金、职工资金和民间资金、企业自留资金、外商资金。

(2)资金需要量的预测是筹资一项重要内容，只有这样，才能使筹资来的资金既能满足生产经营的需要，又不会产生资金多余而闲置。预测的方法主要有因素分析法、销售百分比法和资金习性预测法。

(3)企业筹集资金方式可以分为权益资金和负债资金两大类。权益资金筹集方式主要有吸收直接投资、发行股票、留存收益等；负债资金筹集方式主要有银行借款、发行债券、融资租赁、商业信用等。各种方式有其不同的优缺点，企业应根据实际情况选择最适合自己的筹资方式。

学习情境四　资金成本和资金结构

学习目标： 1. 掌握个别资金成本、综合资金成本的计算方法；
2. 熟悉掌握三种杠杆系数的计算与分析；
3. 掌握最佳资金结构的含义及确定方法。

知识能力： 1. 通过学习筹资成本，具有对个别资金成本、综合资金成本的计算能力，能够为企业选择筹资方式；
2. 通过学习杠杆原理，具备合理利用杠杆原理的能力；
3. 通过了解资金结构，能够对最佳资金结构的决策能力，为企业追求最优资金结构的目标。

工作任务： 1. 完成各种筹资方式的个别资金成本与综合资金成本的计算与筹资方式的选择；
2. 完成经营杠杆、财务杠杆、综合杠杆的计算与应用；
3. 完成对企业最优资金结构的分析决策。

关 键 词： 资金成本　杠杆原理　资金结构

案例导入：

四川长虹电气股份有限公司(以下简称四川长虹)成立于1988年6月，1992年开始进行规范化股份制改组。1994年，长虹股票(A股代码：600839)在上海证券交易所挂牌上市，其主营业务涵盖视频、空调及可视系统等产品的研发生产销售。四川长虹上市以来历年的资本结构情况见表4-1。

表4-1　**四川长虹上市以来历年的资本结构情况**

会计年度(年)	资产(元)	负债(元)	资产负债率
1994	3349807251.65	1642534100.00	49.03%
1995	6413782013.09	3361600982.13	52.41%
1996	11054308626.42	6610208887.23	59.80%

续表

会计年度(年)	资产(元)	负债(元)	资产负债率
1997	16784859593.00	7811278520.00	46.54%
1998	18561892831.00	7874886463.00	42.43%
1999	6756798316.00	3857073679.00	57.08%
2000	16162976316.00	3510866167.00	21.72%
2001	17611190481.60	4876743311.73	27.69%
2002	18653868397.80	5727621896.11	30.70%
2003	21338363225.34	8170329852.55	38.29%
2004	15649029806.38	6064191932.36	38.75%

【思考】

在计算最优资本结构时，可以先进行定性分析、大体划分出最优资本结构的区间，再进行估计，计算出最优解，这样能保证资本结构计算的适当性。例如，可以结合如生命周期等其他的一些分析思路。分析长虹主要产品所属的领域，其已迈入了成熟期，如果不大规模转型转产，则公司的成长性已不大。当成长性和风险性降低时，长虹应更多地考虑利用外部负债进行融资。请结合案例，说说什么是最优资本结构。根据以上资料，能否判断四川长虹的资本结构是否最优？你认为四川长虹应改变其资本结构吗？

（资料来源：冯俊萍，余伯明．财务管理实务．大连：东北财经大学出版社，2010）

任务一　资金成本

一、资金成本的概念和作用

企业从事生产经营活动必须要用资金，在市场经济条件下又不可能无偿使用资金，因此，企业除了必须节约使用资金外，还必须分析把握各种来源的资金使用代价。

1. 资金成本的概念

资金成本是指企业筹集和使用资金而付出的代价。在市场经济条件下，企业不可能无偿使用资金，企业筹集使用任何资金，不论短期还是长期，都必须向资金提供者支付一定数额的费用作为补偿。资金成本包括资金筹集费和资金占用费两个部分。

(1)资金筹集费是指企业在资金筹集过程中支付的各项费用，如银行借款手续费、证券印刷费、发行手续费、律师费、资信评估费、广告费等。资金筹集费通常在筹集资金时一次性支付，其金额与资金筹措有关而与使用资金的数额多少及时间长短无关，在计算资金成本时作为实际筹资额的一项扣除。

（2）资金占用费是指企业在使用资金中所支付的费用，如股票的股息、银行借款和债券的利息等。资金占用费用与筹资金额的大小、资金占用时间的长短有直接联系。

资金成本是在商品经济条件下，资金所有权与资金使用权分离的产物。资金成本是资金使用者对资金所有者转让资金使用权利的价值补偿，我们有时也以如下思维方式考虑为题：投资者的期望报酬就是受资者的资金成本。

资金成本与资金时间价值既有联系，又有区别。联系在于二者考察对象多是资金。区别在于资金成本既包括资金时间价值，又包括投资风险价值。

资金成本是企业选择筹资来源和方式，拟定筹资方案的依据，也是评价投资项目可行性的衡量标准。

资金成本可以用对数量表示，也可以用相对数表示。资金成本用绝对数表示即资本总成本，它是筹资费用和用资费用之和。由于它不能反映用资多少，所以较少使用。资金成本用相对数表示及资金成本率，它是资金占用费和筹资净额的比率，一般来讲，在实际运用中资金成本多指资金成本率。资金成本应按下列公式计算：

$$资金成本=\frac{每年的用资费用}{筹资数额-筹资费用}$$

由于资本筹集费一般以筹资总额的某一百分比计算，因此，上述计算公式也可以表现为：

$$资金成本率=\frac{资金占有费}{筹资总额\times(1-筹资费率)}$$

企业以不同方式筹集的资金所付出的代价一般是不同的，企业总的资金成本是由各项个别资金成本及资金比重所决定的。我们对资金成本的计算必须从个别资金成本开始。

2. 资金成本的作用

（1）资金成本是企业选择资金来源、拟定筹资方案的重要依据。企业应比较各种筹资方式的资金成本，进行合理配置，选取低成本的筹资方案。

（2）资金成本是企业评价投资项目的重要标准。只有当项目的投资报酬率高于资金成本时，项目才可能被接受，否则就必须放弃。

（3）资金成本还可作为衡量企业经营业绩的重要标准。如果企业经营利润率高于资金成本，则表明企业经营较好；反之，如果企业经营利润率低于资金成本，则表明企业经营欠佳，需要加强经营管理。

二、资金成本的计算

个别资金成本是指各种筹资方式的资金成本。其中，包括银行借款成本、债券成本、优先股成本、普通股成本和留存收益成本，前两者统称负债资金成本，后三者统称权益资金成本。

1. 银行借款成本

银行借款利息在税前支付，具有抵税效应，其资金成本计算公式为：

$$K_I=\frac{I\times(1-T)}{L\times(1-f)}=\frac{L\times i\times(1-T)}{L\times(1-f)}$$

式中，K_I 为银行借款资金成本；

I 为银行借款年利息；

T 为所得税税率；

L 为银行借款筹资总额；

i 为银行借款利息率；

f 为银行借款筹资费率。

【例 4-1】某企业向银行借款 100 万元，年利率为 5%，期限为 10 年，每年付息一次，到期一次性还本，借款筹资费率为 1%，企业所得税率为 25%，计算该项借款的资金成本。

$$资金成本=\frac{5\%\times(1-25\%)}{1-1\%}=3.79\%$$

2. 债券成本

债券成本中的利息与银行借款相同，也是在税前支付，具有抵税效应。债券的筹资费用一般较高，主要包括申请发行债券的手续费、债券注册费、印刷费、上市费以及推销费等。债券成本的计算公式为：

$$K_b=\frac{I\times(1-T)}{B_0\times(1-f)}=\frac{B\times i\times(1-T)}{B_0\times(1-f)}$$

式中，K_b 为债券资金成本；

I 为债券每年支付的利息；

T 为所得税税率；

B 为债券面值；

i 为债券票面利息率；

B_0 为债券筹资额，按发行价格确定；

f 为债券筹资费率。

【例 4-2】某企业发行债券 1000 万元，面额为 1000 元，按溢价 1050 元发行，票面利率为 10%，假设所得税率为 30%，发行筹资费率为 1%。

要求：计算该债券资本成本率。

解：

$$债券资本成本率\ K_b=\frac{1000\times10\%\times(1-30\%)}{1050\times(1-1\%)}\approx6.73\%$$

如果该债券按面值发行，那么该债券的资金成本率应该为多少呢？

$$债券资本成本率\ K_b=\frac{1000\times10\%\times(1-30\%)}{1000\times(1-1\%)}\approx7.07\%$$

如果该债券按折价发行，发行价格为 900 元，那么该债券的资金成本率又为多少呢？

$$债券资本成本率\ K_b=\frac{1000\times10\%\times(1-30\%)}{900\times(1-1\%)}\approx7.86\%$$

3. 优先股成本

企业发行优先股，需要支付筹资费用和优先股股东的股利。优先股没有到期日，其股利通常是固定的，且在税后支付，不能抵减所得税。优先股成本的计算公式为：

$$K_p=\frac{D}{P_0\times(1-f)}$$

式中，K_p 为优先股成本；

D 为优先股每年的股利；

P_0 为发行优先股总额，按发行价格确定；

f 为优先股筹资费率。

【例 4-3】天华公司发行优先股，每股为 10 元，年支付利率为 1 元，发行费率为 3%。

要求：计算该优先股资本成本率。

解：

$$\text{优先股资本成本率 } K_p=\frac{1}{10\times(1-3\%)}\approx 10.31$$

4. 普通股成本

企业发行普通股，需要支付筹资费用和普通股股东的股利。普通股成本的计算有多种不同方法，其主要方法为股利增长模型法。

假设公司股利逐年增加，年增长率为 g，则普通股成本的计算公式为：

$$K_S=\frac{D_1}{V_0\times(1-f)}+g$$

式中，K_S 为普通股成本；

V_0 为普通股筹资额，按发行价格确定；

D_1 为第一年的股利；

f 为普通股筹资费用率。

【例 4-4】某公司发行普通股，每股面值为 10 元，溢价 12 元发行，筹资费率为 4%，第一年末预计股利率为 10%，以后每年增长 2%。

要求：计算该普通股资本成本率。

解：

$$\text{普通股资本成本率 } K_S=\frac{10\times 10\%}{12\times(1-4\%)}+2\%\approx 10.68$$

5. 留存收益成本

一般企业都不会把盈利以股利形式全部分给股东，且在宏观政策上也不同意这样做，因此，企业只要盈利，总会有留存收益。留存收益是企业税后利润中以盈余公积或未分配利润的形式留存企业用于生产经营的资金，其所有权属于普通股股东。对于企业股东来说相当于对企业追加投资，也要求有一定的报酬，也要计算成本。留存收益成本计算与普通股基本相同，只是不考虑筹资费用，其计算公式为：

$$K_e=\frac{D_1}{V_0}+g$$

式中，K_e 为留存收益成本；

V_0 为普通股筹资额；

D_1 为第一年的股利。

【例 4-5】某公司留用利润 50 万元，每股面值为 10 元，溢价 12 元发行，筹资费率为 4%，第一年末预计股利润为 10%，以后每年增长 2%。

要求：计算该留存收益资本成本率。

解： 留存收益资本成本率 $K_e=\frac{10\times10\%}{12}+2\%\approx10.33\%$

三、决定资金成本高低的因素

在市场经济环境中，多方面因素的综合作用决定着企业资金成本的高低，其中，主要包括总体经济环境、资本市场条件、企业内部的经营和融资状况、企业对筹资规模的需求。

1. 总体经济环境

总体经济环境决定了整个经济中资本供给和需求，以及预期通货膨胀的水平。总体经济环境的影响，反映在无风险报酬率上。显然，如果整个社会经济中的资金需求和供给发生变动，或者通货膨胀水平发生变化，则投资者也会相应改变其所要求的收益率。具体来说，如果货币需求增加，而供给没有相应增加，则投资人便会提高其投资收益率，企业的资金成本就会上升；反之，则会降低其要求的投资收益率，使资金成本下降。如果预期通货膨胀水平上升，货币购买力下降，则投资者也会提出更高的收益率来补偿预期的投资损失，导致企业资金成本上升。

2. 资本市场条件

资本市场效率表现为资本市场上的资本商品的市场流通性。资本商品的流通性高，表现为容易变现且变现时价格波动小。如果资本市场缺乏效率，证券的市场流动性低，投资者投资风险大，要求的收益率就会提高，那么通过资本市场筹集的资本其资金成本就比较高。

3. 企业内部的经营和融资状况

企业内部的经营和融资状况是指经营风险和财务风险的大小。经营风险是企业投资决策的结果，表现在投产收益率的变动上；财务风险是企业筹资决策的结果，表现在普通股收益率的变动上。如果企业的经营风险和财务风险大，则投资者便会有较高的收益率要求，此时的资金成本就比较高。

4. 企业对筹资规模的需求

筹资规模是影响企业资金成本的另一个因素。企业的筹资规模大，资金成本就高。比如，企业发行的证券金额很大，资金筹资费和资金占用费都会上升，而且证券发行规模的增大还会降低其发行价格，由此也会增加企业的投资成本。

四、综合资金成本

在实际工作中，企业往往不只采用某种单一的筹资方式，而是通过多种方式筹集所需资金，因此企业总的资金成本应是各类资金资本的加权平均即综合资金成本。综合资金成本是以各种资金成本为基础，各种资金占全部资金的比重为权数，对各种资金成本进行加权平均计算出来的，所以又叫加权平均资金成本。其计算公式为：

$$K_W = \sum_{j=1}^{n} K_j \times W_j$$

式中，K_W 为加权平均资金成本；

K_j 为第 j 种资金的个别资金成本；

W_j 为第 j 种资金的个别资金占全部资金的比重。

【例 4-6】某企业共有资金 1000 万元，其中银行借款占 50 万元，长期债券占 250 万元，普通股占 500 万元，优先股占 150 万元，留存收益占 50 万元；各种来源资金的资本成本率分别为 7%、8%、11%、9%、10%。

要求：计算综合资本成本率。

解：

$$综合资本成本率=\frac{50\times7\%+250\times8\%+500\times11\%+150\times9\%+50\times10\%}{1000}=9.7\%$$

上述综合资金成本率的计算中所用权数是按账面价值确定的，使用账面价值权数容易从资本负载表上取得数据，但当债券和股票的市价与账面值相差过多的话，计算得到的综合成本的客观。

计算综合资金成本也可以选择采用市场价值权数目标价值权数。市场价值权数是指债券、股票等以当前市场价格来确定的权数，这样做比较能反映当前实际情况，但因市场价格变化不定而难以确定。目标价值权数是指债券、股票等以未来预计的目标市场价值确定的权数，但未来市场价值只能是估计的。概括地说，以上三种权数分别有利于了解过去、反映现在、预知未来。在计算综合成本时，如无特殊说明，则要求采用账面价值权数。

五、边际资金成本

边际资金成本是指资金每增加一个单位而增加的成本。当企业需要追加筹措资金时应考虑边际资金成本的高低。企业追加筹资，可以只采用某一种筹资方式，但这对保持和优化资本结构不利。当筹资数额较大，且资本结构又有既定目标时，应通过边际成本的计算，确定最优的筹资方式组合。

边际资金成本实质是追加筹资的综合资金成本，计算公式如下：

$$边际资本成本=\sum 追加某种筹资的资本成本\times追加该种资金的来源构成$$

计算边际资金成本有以下四个步骤：

(1)确定追加筹资的目标资本结构。追加筹资的目标资本结构是否改变取决于企业筹资的规划。企业筹资有两种情况：一是改变现行的资本结构，根据目标资本结构进行筹资；二是不改变现行资本结构，即保持现行的资本结构按比例追加筹资。

(2)计算筹资突破点并确定相应的筹资范围。筹资规模的变化一旦引起了股票或债券边际成本的变化，总资本的边际成本就会发生变化，这些变化点就被称为临界点。筹资规模的临界点又被称为筹资突破点、筹资分界点。在相邻的两个筹资突破点内筹资，资金成本不会改变。一旦超过了筹资突破点，即使保持原有的资本结构，其资金成本也会增加。筹资突破点的计算公式为：

$$筹资突破点=\frac{可用某一特定成本率筹集到某种资本的最大数额}{该种资本在资本结构中所占比重}$$

(3)确定追加筹资总额的范围。根据不同的筹资突破点来确定不同的筹资总额范围。

(4)确定不同筹资总额范围的边际资金成本。根据边际资金成本的计算公式计算不同筹资总额范围的边际资金成本。边际资本陈本会随筹资额的不断增长而上升。在这种情况下，企业应结合自身的需要，作出筹资决策。

下面举例说明边际资金成本的计算和应用。

【例4-7】华东公司现有资金1000万元，其中，长期借款100万元，长期债券200万元，普通股700万元。公司考虑扩大经营规模，拟筹集新的资金。经分析，认为目前的资本结构是最优的，希望筹集新资金后能保持目前的资本结构。经测算，随筹资额的增加，各种资金成本的变动情况如表4-2所示：

表4-2 **华东公司筹资资料**

资金总类	目标资本结构	新筹资的数量范围(元)	资金成本
长期借款	10%	0~50000	6%
		大于50000	7%
长期债券	20%	0~140000	8%
		大于140000	9%
普通股	70%	0~210000	10%
		210000~630000	11%
		大于630000	12%

(一)计算筹资总额的分界点(突破点)

根据目标资本结构和各种个别资金成本变化的分界点(突破点)，计算筹资总额的分界点(突破点)。其计算公司为：

$$BP_j=\frac{TF_j}{W_j}$$

式中，BP_j为筹资总额的分界点；

TF_j为第j种个别资金成本的分界点；

W_j目标资本结构中第j种资金的比重。

华东公司的筹资总额分界点如表 4-3 所示：

表 4-3　　**筹资总额分界点计算表**

资金总类	资本结构	资金成本	新筹资的数量范围(元)	新筹资总额分界点(元)
长期借款	10%	6% 7%	0~50000 大于 50000	0~50000 大于 50000
长期债券	20%	8% 9%	0~140000 大于 140000	0~700000 大于 700000
普通股	70%	10% 11% 12%	0~210000 210000~630000 大于 630000	0~300000 300000~900000 大于 900000

表 4-3 中，新筹资总额分界点是指引起某资金种类资金成本变化的分界点。如长期借债，筹资总额不超过 50 万元，资金成本为 6%；超过 5 万元，资金成本就要增加到 7%。那么筹资总额在 50 万元左右时，尽量不超过 50 万元。然而，要维持原有资本结构，必须要多种资金按比例同时筹资，单考虑某个别资金成本是不成立的，必须考虑综合的边际资金成本。

(二)计算各筹资总额范围的边际资金成本

根据表 4-3 计算结果，只有四个分界点，应有五个筹资范围。计算这五个筹资范围的边际资金成本，结果如表 4-4 所示：

表 4-4　　**边际资金成本计算表**

序号	筹资总额范围	资金总类	资本结构	资金成本	边际资金成本
1	0~300000	长期借款 长期债券 普通股	10% 20% 70%	6% 8% 10%	0.6% 1.6% 7%
第一个筹资范围的边际资金成本为 9.2%					
序号	筹资总额范围	资金总类	资本结构	资金成本	边际资金成本
2	300000~500000	长期借款 长期债券 普通股	10% 20% 70%	6% 8% 11%	0.6% 1.6% 7%
第二个筹资范围的边际资金成本为 9.9%					
序号	筹资总额范围	资金总类	资本结构	资金成本	边际资金成本
3	500000~700000	长期借款 长期债券 普通股	10% 20% 70%	7% 8% 11%	0.7% 1.6% 7.7%

续表

第三个筹资范围的边际资金成本为 10%

序号	筹资总额范围	资金总类	资本结构	资金成本	边际资金成本
4	700000~900000	长期借款 长期债券 普通股	10% 20% 70%	7% 9% 11%	0.7% 1.8% 7.7%

第四个筹资范围的边际资金成本为 10.2%

序号	筹资总额范围	资金总类	资本结构	资金成本	边际资金成本
5	900000 以上	长期借款 长期债券 普通股	10% 20% 70%	7% 9% 12%	0.7% 1.8% 8.4%

第五个筹资范围的边际资金成本为 10.9%

华东公司可以按照表 4-4 的结果规划追加筹资，尽量不要由一段范围突破到另一段范围。

任务二　杠杆原理应用

杠杆原理是物理学中的概念，财务管理中用杠杆原理来描述一个量的变化会引起另一个量的更大变化。财务管理中的杠杆有经营杠杆、财务杠杆、综合杠杆。

一、经营杠杆

(一)经营杠杆效应

企业在生产经营中会有这么一种现象：在单价和成本水平不变的条件下，销售量的增长会引起息税前利润以更大的幅度增长。这就是经营杠杆效应。经营杠杆效应产生的原因是不变的固定成本，当销售量增加时，变动成本将同比增加，销售收入也同比增加，但固定成本总额不变，单位固定成本以反比例降低，这就导致单位产品成本降低，每单位产品利润增加，于是利润比销量增加得更快。

考察东明集团连续 3 年的销量、利润资料，如表 4-5 所示：

表 4-5　　**东明集团盈利情况资料**　　金额单位：元

项目	第 1 年	第 2 年	第 3 年
单价	150	150	150
单位变动成本	100	100	100
单位边际贡献	50	50	50
销售量	100000	20000	30000
边际贡献	500000	1000000	1500000
固定成本	200000	200000	200000
息税前利润(EBIT)	300000	800000	1300000

由表 4-5 可见，从第 1 年到第 2 年，销售量增加了原来的 100%，息税前利润增加了原来的 166.67%；从第 2 年到第 3 年，销售量增加了原来的 50%，息税前利润增加了原来的 62.5%。利用经营杠杆效应，企业在可能的情况下适当增加产销会取得更多的利润，这就是经营杠杆利益。但我们也必须认识到，当企业遇上不利而销售量下降时，息税前利润会以更大的幅度下降，即经营杠杆效应也会带来经营风险。

(二)经营杠杆系数及其计算

经营杠杆系数，也称经营杠杆率(DOL)，是指息税前利润的变动率相对于销售量变动的倍数。其定义公式为：

$$经营杠杆系数(DOL)=\frac{息税前利润变动率}{销售量变动率}=\frac{\frac{\Delta EBIT}{EBIT_0}}{\frac{\Delta \chi}{\chi_0}}$$

按表 4-5 的资料，可以算得第 2 年经营杠杆系数为 1.6667，第 3 年经营杠杆系数为 1.25。利用上述 DOL 的定义公式计算经营杠杆系数必须掌握利润变动率与销售量变动率，这是事后反映，不便于利用 DOL 进行预测。为此，我们设法推导出一个只需用基期数据计算经营杠杆系数的方式。

以下标“0”表示基期数据，下标“1”表示预测期数据，推导如下：

$$DOL=\frac{\frac{\Delta EBIT}{EBIT_0}}{\frac{\Delta \chi_0}{\chi_0}}=\frac{EBIT_1-EBIT_0}{EBIT_0}\times\frac{\chi_0}{\chi_1-\chi_0}$$

$$=\frac{cm\cdot(\chi_1-\chi_0)}{EBIT_0}\times\frac{\chi_0}{\chi_1-\chi_0}=\frac{Tcm_0}{EBIT_0}$$

$$=\frac{基础边际贡献}{基础息税前利润}$$

式中，cm 为单位边际贡献；

Tcm_0 为基期边际贡献总额；

χ_0 为预期的销售量。

用 DOL 计算公式不仅可以算出第 2、第 3 年的经营杠杆系数，而且第 4 年的经营杠杆系数也可以算出，根据表 4-5 的资料，第 4 年的经营杠杆系数 $DOL=\frac{1500000}{1300000}=1.1538$

（三）经营杠杆与经营风险

经营风险是指因生产经营方面的原因给企业盈利带来的不确定性。引起企业经营风险的主要原因，是市场需求和成本等因素的不确定性，经营杠杆本身并不是利润不稳定的根源。但是，当产销量减少或增加时，息税前利润将以更大的幅度增加或减少。因此，经营杠杆系数越大，利润变动越激烈，企业的经营风险就越大。根据经营杠杆系数的计算公式，有

$$经营杠杆系数=\frac{EBIT+F}{EBIT}=1+\frac{F}{EBIT}$$

式中，F 为固定成本；

EBIT 为息税前利润。

上式表明，在企业不发生经营性亏损，息税前利润为正的前提下，经营杠杆系数最低为 1，不会为负数；只要有固定性经营成本存在，经营杠杆系数总是大于 1。

从上式可知，影响经营杠杆的因素包括：企业成本机构中的固定成本比重；息税前利润水平。其中，息税前利润水平又受产品销售数量、销售价格、成本水平（单位变动成本和固定成本总额）高低的影响。固定成本比重较高、成本水平越高、产品销售数量和销售价格水平越低，经营杠杆效应越大，反之亦然。

【例 4-8】A 公司的固定成本总额为 100 万元，变动成本率为 60%，当销售额分别为 1000 万元、500 万元、250 万元时，经营杠杆系数分别为：

$$DOL_{1000}=\frac{1000-1000\times60\%}{1000-1000\times60\%-100}=1.33$$

$$DOL_{500}=\frac{500-500\times60\%}{500-500\times60\%-100}=2$$

$$DOL_{250}=\frac{250-250\times60\%}{250-250\times60\%-100}\rightarrow\infty$$

上例计算结果表明：在其他因素不变的情况下，销售额越小，经营杠杆系数越大，经营风险也就越大，反之亦然。例如，当销售额为 1000 万元时，DOL 为 1.33；当销售额为 500 万元时，DOL 为 2。显然后者的不稳定性大于前者，经营风险也大于前者。在销售额处于盈亏临界点 250 万元时，经营杠杆系数趋于无穷大，此时，企业销售稍有减少便会导致很大的亏损。

二、财务杠杆

（一）财务杠杆效应

企业在核算普通股每股利润时会有这么一种现象：在资金构成不变的情况下，息税前利润的增长会引起普通股每股利润以更大的幅度增长。这就是财务杠杆效应。财务杠

杆效应产生的原因是当息税前利润增长时，债务利息不变，优先股股利不变，这就导致普通股每股利润比息税前利润增加得更快。

【例 4-9】假设东明集团年债务利息 100000 所得税率为 30%，普通股 100000 股，连续 3 年普通股每股利润资料如表 4-6 所示：

表 4-6　　**东明集团普通股每股利润资料**　　金额单位：元

项目	第 1 年	第 2 年	第 3 年
息税前利润(EBIT)	300000	800000	1300000
债务利息	100000	100000	100000
税前利润	200000	700000	120000
所得税	60000	210000	360000
税后利润	140000	490000	840000
普通股每股利润(EPS)	1.4	4.9	8.4

由表 4-6 可见，从第 1 年到第 2 年，EBIT 增加了 166.67%，EPS 增加了 250%；从第 2 年到第 3 年，EBIT 增加了 62.5%，EPS 增加了 71.43%。利用财务杠杆效应，企业适度负债经营，在盈利条件下可能给普通股股东带来更多的得益，这就是财务杠杆利益。但我们也必须认识到，当企业遇上不利而盈利下降时，普通股股东的得益会以更大幅度减少，及财务杠杆效应也会带来财务风险。

(二)财务杠杆系数及其计算

财务杠杆系数，也称财务杠杆率(DFL)，是指普通股每股利润的变动率相对于息税前利润变动率的倍数。其定义公式为：

$$\text{财务杠杆系数(DFL)}=\frac{\text{普通股每股利润变动率}}{\text{息税前利润变动费率}}=\frac{\Delta EPS/EPS_0}{\Delta EBIT/EBIT_0}$$

根据表 4-6 的资料，可以算得第 2 年财务杠杆系数为 1.5(250%/166.67%)，第 3 年财务杠杆系数为 1.1429(71.43%/62.5%)。利用上述 DFL 的定义公式计算财务杠杆系数必须掌握普通股每股利润变动率与息税前利润变动率，这是事后反映，不便于利用 DFL 进行预测。为此，我们设法推导出一个只需用基础数据计算财务杠杆系数的公式。推导如下：

$$DFL=\frac{\Delta EPS/EPS_0}{\Delta EBIT/EBIT_0}$$

$$\frac{\dfrac{(EBIT_1-I)\times(1-t)-E}{n}-\dfrac{(EBIT_0-I)\times(1-t)-E}{n}}{\dfrac{(EBIT_0-I)\times(1-t)-E}{n}}\div\frac{EBIT_1-EBIT_0}{EBIT_0}$$

$$=\frac{(EBIT_1-EBIT_0)\times(1-t)}{(EBIT_0-I)\times(1-t)-E}\times\frac{EBIT_0}{EBIT_1-EBIT_0}$$

$$=\frac{EBIT_0}{EBIT_0-I-\frac{E}{1-t}}$$

$$=\frac{基础息税前利润}{基础息税前利润-债务利息-\frac{优先股股利}{1-所得税税率}}$$

式中，I 为债务利息；

t 为所得税税率；

E 为优先股股利；

n 为普通股数。

对于无优先股的股份制企业或非股份制企业，上述财务杠杆系数的计算公式可简化为：

$$DFL=\frac{EBIT_0}{EBIT_0-I}=\frac{基期股息税前利润}{基期税前利润}$$

式中，$EBIT_0$ 为基期的息税前利润；

I 为债务利息。

用 DFL 计算公式不仅可以能算出东明集团第 2、第 3 年的财务杠杆系数，而且第 4 年的财务杠杆系数也可以算出。根据表 4-6 的资料，第 4 年的财务杠杆系数计算如下：

$$DFL=\frac{1300000}{1300000-100000}=1.0833$$

（三）财务杠杆与财务风险

财务风险是指当企业为了取得财务杠杆的利益而利用负债资金时，增加了破产机会或普通股利润大幅度变化的情况所带来的风险。财务杠杆具有两方面的作用，即可以较大幅度地提高每股收益，也可以较大幅度地降低每股收益。企业为了取得财务杠杆利益，就要增加负债，一旦企业息税前利润下降，不足以补偿固定利息支出，企业的每股利润就会下降得更快。这就是说，企业利用财务杠杆，可能会产生好的效果，也可能会产生坏的效果。财务杠杆放大了资产报酬变化对普通股收益的影响，财务杠杆系数越高，表明普通股收益的波动程度越大，财务风险也就越大。只要有固定资金成本存在，财务杠杆系数总是大于 1。

从公式得知，影响财务杠杆的因素包括：企业资本结构中债务资本的比重、普通股收益水平、所得税税率水平。其中，普通股收益水平又受息税前利润、固定资金成本（利息）高低的影响。债务成本比重越高、固定的资金成本支付额越高、息税前利润水平越低，财务杠杆效应越大；反之亦然。

【例 4-10】甲、乙、丙三家公司 2008 年的财务杠杆系数甲公司为 1.000、乙公司为 1.176、丙公司 1.370。这意味着，当 EBIT 下降时，甲公司的 EPS 与之同步下降，而乙公司和丙公司的 EPS 会以更大的幅度下降。导致各公司 EPS 不为负数的 EBIT 最大降幅如表 4-7 所示：

表 4-7　　各公司 EPS 不为负数的 EBIT 最大降幅

公司	DFL	EPS 降低	EBIT 降低
甲	1.000	100%	100%
乙	1.176	100%	85.03%
丙	1.370	100%	72.99%

上述结果意味着，在 2008 年的基础上，丙公司 2009 年的 EBIT 降低了 72.99%，普通股收益会出现亏损；乙公司的 EBIT 降低了 85.03%，普通股收益会出现亏损；甲公司的 EBIT 降低了 100%，普通股收益会出现亏损。显然，丙公司不能支付利息、不能满足普通股股利要求的财务风险远高于其他公司。

三、综合杠杆

(一)综合杠杆效应

综合杠杆是指经营杠杆和财务杠杆的综合。经营杠杆是利用企业经营成本中固定成本的作用而影响息税前利润的效应，财务杠杆是利用企业资金成本中债权资本固定利息的作用而影响税前利润的效应，财务杠杆是利用企业资金成本中债权资本固定利息的作用而影响税后利润或普通股每股收益的效应。

由于存在固定的生产经营成本，会产生经营杠杆效应，即销售量的增长会引起息税前利润以更大的幅度增长。由于存在固定的财务成本(债务利息和优先股息)，会产生债务杠杆效应，即税前利润的增长会引起普通股每股利润以更大的幅度增长。一个企业会同时存在固定的生产经营成本和固定的财务成本，那么两种杠杆效应会共同发生，会有连锁作用，形成销售量的变动是普通股每股利润以更大的幅度变动。综合杠杆效应就是经营杠杆和财务杠杆的综合反映。

(二)综合杠杆系数及其计算

只要企业同时存在固定成本和固定财务费用等财务支出，就会存在综合杠杆的作用。但不同企业，综合杠杆作用的程度是不完全一致的，为此，需要对综合总杠杆效应的程度进行计量。对综合杠杆效应进行计量的最常用指标是综合杠杆系数。

综合杠杆系数，也称复合杠杆系数，又称总杠杆系数(DTL)，是指普通股每股利润的变动率相对于销售量变动率的倍数。其定义公式为：

$$\text{综合杠杆系数(DTL)}=\frac{\text{普通股每股利润变动率}}{\text{销售量变动率}}=\frac{\frac{\Delta EPS}{EPS_0}}{\frac{\Delta X}{X_0}}$$

对于综合杠杆系数可以推导出它的计算公式为：

$$DTL=\frac{\Delta EPS/EPS_0}{\Delta X/X_0}$$

$$=\frac{\Delta EBIT/EBIT_0}{\Delta X/X_0}\times\frac{\Delta EPS/EPS_0}{\Delta EBIT/EBIT_0}$$

$$=DOL\times DFL$$

$$=\frac{Tcm_0}{EBIT_0}\times\frac{EBIT_0}{ENIT_0-I-\frac{E}{1-t}}$$

$$=\frac{Tcm_0}{EBIT_0-I-\frac{E}{1-t}}$$

可见，综合杠杆系数可以由经营杠杆系数和财务杠杆系数相乘得到，也可以由基础数据直接计算得到。考察东明集团表 4-5 和表 4-6 的资料，计算各年 DTL 如下：

第 2 年：DTL = 1. 6667×1. 5 = 2. 5

或 $DTL=\frac{500000}{300000-100000}=2.5$

第 3 年：DTL = 1. 25×1. 1429 = 1. 4286

或 $DTL=\frac{100000}{800000-100000}=1.4286$

第 4 年：DTL = 1. 1538×1. 0833 = 1. 25

或 $DTL=\frac{1500000}{1300000-100000}=1.25$

(三)综合杠杆与公司风险

公司风险包括企业的经营风险和财务风险。综合杠杆系数反映了经营杠杆和财务杠杆之间关系，用以评价企业的整体风险水平。在综合杠杆系数一定的情况下，经营杠杆系数和财务杠杆系数此消彼长。经营杠杆和财务杠杆有多种组合方式，例如，当经营杠杆较高时，可适度降低财务杠杆，以保持企业总体风险在合适的水平上。在一般情况下，企业只要将综合杠杆系数即总风险控制在一定的范围内，这样，经营杠杆系数较高(低)的企业只能在较低(高)的程度上使用财务杠杆。从上面的分析可以看到，在综合杠杆的作用下，当企业的销售前景乐观时，每股收益额会大幅度上升；当企业的销售前景不好时，每股收益额又会大幅度下降。企业的总杠杆程度越高，每股收益额波动的幅度就越大，企业的风险就越大；反之亦然。

任务三　资金结构决策

一、资金结构

(一)资金结构的概念

1. 资金结构

资金结构是指在企业资金总额中各种资金来源的构成比例。资金结构有广义和狭义之分，狭义的资金结构是指长期资金结构，广义的资金结构是指全部资金(包括长期资金和短期资金)的结构。这里所讲资金结构是指狭义的资金结构。资本结构是否合理会影响企业资金成本的高低、财务风险的大小以及投资者的得益，它是企业筹资决策的核心问题。企业资金来源多种多样，但总的来说可分成权益资金和债务资金两类，资本结构问题主要是负债比率问题，适度增加债务可能会降低资金成本，获取财务杠杆利益，同时，也会给企业带来财务风险。

资金结构涉及企业筹资、经营、利益分配等各个方面，是反映企业资金实力的重要指标，也是衡量企业偿债能力的重要尺度，同时，也是检验企业财务风险，进而涉及企业整体风险的重要指标。

2. 最佳资金结构的含义

最佳资金结构是指在一定条件下使企业加权平均成本最低，企业价值最大的资金结构。财务管理的目标在于追求企业价值的最大化。只有在风险不变的情况下，每股收益的增长才会直接导致股价的上升。实际上经常随着每股收益的增长，风险也会加大。如果每股收益的增长不足以补偿风险增加所需的报酬，尽管每股收益增加，那么股价仍会下降。所以，企业的最佳资金结构应是可使企业价值最大，而不一定是每股收益最大的资金结构。那么我们有必要掌握确定最佳资金结构的方法。

(二)资金结构决策的方法

企业资本结构决策就是要确定最佳资本结构，是指合理的利用债务资本，科学的安排债务资本的比例，它是企业筹资管理的核心。根据现代资本结构理论分析，企业最佳资本结构是存在的。在资本结构的最佳点上，企业价值达到最大，同时，综合资金成本最小。

但在现实中，由于筹资活动及筹资环境的复杂性，难以找到各种筹资方式之间的最佳比例，即最佳的资本结构。只能通过一定的方法判断、选择相对较为合理的资本结构。

筹资决策的目的就是要确定最佳的资金结构以求得企业价值最大化或资金成本最小化。资金结构决策的方法有多种，常见的有资金成本比较法和每股利润分析法。

1. 资金成本比较法

资金成本比较法，是通过计算各方案加权平均的资金成本，并根据加权平均资金成本的高低来确定最佳资金结构的方法。最佳资金结构亦即加权平均资金成本最低时的资金结构。

企业筹资可分为创业初期的初始筹资和发展过程中的追加筹资两种情况。与此相对应，企业的资本结构决策可分为初始筹资的资本结构决策和追加筹资的资本结构决策。

(1)初期筹资的资本结构决策。

企业对拟定的筹资总额，可以采用多种筹资方式来筹资，同时，每种筹资方式的筹资额也可有不同的安排，由此会形成若干备选的资本结构或者筹资组合方案。分别计算各种方案的综合资金成本，从中选择最优资本结构。

(2)追加筹资的资本结构决策。

企业在持续生产经营活动过程中，由于经营业务或对外投资的需要，有时会追加筹措新的资金，即追加筹资。因追加筹资及筹资环境的变化，企业原定的最佳资本结构未必仍是最优的，需要进行调整。因此，企业应在有关情况的不断变化中寻求最佳资本结构，实现资本结构的最优化。

企业追加筹资可有多个筹资组合方案供选择。按照最佳资本结构的要求，在适度财务风险的前提下，企业选择追加筹资组合方案有两种方法：一种方法是直接测算各备选追加筹资方案的边际资金成本，从中选择最佳筹资组合方案；另一种方法是分别将各备选追加筹资方案与原有最佳资本结构汇总，测算比较各个追加筹资方案下汇总资本结构的综合资金成本，从中选择最佳筹资方案。

【例 4-11】某企业拟新建一项目，投资总额 500 万元，有三个筹资方案可供选择，具体资料如表 4-8 所示：

表 4-8　　　　单位：万元

筹资方式	方案一		方案二		方案三	
	筹资额	资金成本	筹资额	资金成本	筹资额	资金成本
银行借款	50	6%	100	6%	150	6%
债券	150	8%	100	8%	100	8%
普通股	300	10%	300	10%	250	10%
合计	500		500		500	

计算各方案的综合资金成本：

方案一：$6\% \times 50/500 + 8\% \times 150/500 + 10\% \times 300/500 = 9\%$

方案二：$6\% \times 100/500 + 8\% \times 100/500 + 10\% \times 300/500 = 8.8\%$

方案三：$6\% \times 150/500 + 8\% \times 100/500 + 10\% \times 250/500 = 8.4\%$

通过计算，方案三的综合资金成本最低，企业应选择此方案。

【例 4-12】某企业计划年初的资本机构如下：

资金来源	金额
普通股 6 万股(筹资费率 2%)	600 万元
长期债券年利率 10%(筹资费率 2%)	400 万元
长期借款年利率 9%(无筹资费用)	200 万元
合计	1200 万元

普通股每股面额 100 元，今年期望股息为 10 元，预计以后每年股利率将增加 3%。该企业所得税率为 40%。

该企业现拟增资 300 万元，有以下两种方案可供选择：

甲方案：发行长期债券 300 万元，年利率为 11%，筹资费率为 2%。普通股每股股息增加到 12 元，以后每年需增加 4%。

乙方案：发行长期债券150万元，年利率为11%，筹资费率为2%，另以每股150元发行股票150万元，筹资费率为2%，普通股每股股息增加到12元，以后每年仍增加3%。

要求：(1)计算年初综合资金成本；

(2)试作出增资决策。

解：(1)年初，

$$普通股资金成本=\frac{10}{100\times(1-2\%)}+3\%\approx13.20\%$$

$$长期债券资金成本=\frac{10\%\times(1-40\%)}{1-2\%}\approx6.12\%$$

$$长期借款资金成本=9\%\times(1-40\%)=5.4\%$$

$$综合资金成本=13.20\times\frac{600}{1200}+6.12\%\times\frac{400}{1200}+5.4\%\times\frac{200}{1200}=9.54\%$$

(2)甲方案：

$$普通股资金成本=\frac{12}{100\times(1-2\%)}+4\%\approx16.24\%$$

$$旧债券资金成本\approx6.12\%$$

$$长期借款资金成本=5.4\%$$

$$综合资金成本=16.24\%\times\frac{600}{1500}+6.12\%\times\frac{400}{1500}+5.4\%\times\frac{200}{1500}+6.73\%\times\frac{300}{1500}\approx10.19\%$$

乙方案：

$$旧普通股资金成本=\frac{12}{100\times(1-2\%)}+3\%\approx15.24\%$$

$$旧债券资金成本\approx6.12\%$$

$$长期借款资金成本=5.4\%$$

$$新债券资金成本=\frac{11\times(1-40\%)}{1-2\%}\approx6.73\%$$

$$新普通股资金成本=\frac{12}{150\times(1-2\%)}+3\%\approx11.16\%$$

$$综合资金成本=15.24\%\times\frac{600}{1500}+6.12\%\times\frac{400}{1500}+5.4\%\times\frac{200}{1500}+6.73\%\times\frac{150}{1500}+11.16\%\times\frac{150}{1500}=10.24\%$$

由以上计算结果可知，甲方案的综合资金成本低于乙方案，应采用甲方案增资。

2. 每股利润无差别点(EBIT-EPS分析法)分析法

每股利润无差别点分析法是利用每股利润无差别点来进行资本结构决策的方法。可以利用每股利润的变化来判断资本结构是否合理，即能够提高普通股每股利润的资本结构，就是合理的资本结构。在资本结构管理中，利用债务资本管理的目的之一，就在于债务资本能够提供财务杠杆效应，利用负债筹资的财务杠杆作用来增加股东财富。

企业的盈利能力是用息税前利润(EBIT)表示的，股东财富是用每股利润(EPS)来表示的。将以上两个方面联系起来，分析资金结构和每股利润之间的关系，进而确定合理的资金结构的方法，叫息税前利润—每股利润分析法，简写为EBIT—EPS分析法。这种方法需要确定每股利润的无差异点。所谓每股利润无差异点，是指普通股每股净利润不受筹资方式影响，无论采用何种筹资方式，普通股每股净利润都保持不变的息税前利润。

在每股利润无差别点上，无论是采用债务还是股权筹资方案，每股利润都是相等的。当预期息税前利润或业务量水平大于每股利润无差别点时，应当选择财务杠杆效应较大的筹资方案，反之则应选择财务杠杆效应较小的筹资方案。

其计算公式为：

$$\frac{(EBIT-I_1)(1-T)-D_1}{N_1}=\frac{(EBIT-I_2)(1-T)-D_2}{N_2}$$

式中，EBIT为每股利润无差异点处的息税前利润；I_1，I_2为两种筹资方式下的年利息；D_1，D_2为两种筹资方式下的优先股股利；N_1，N_2为两种筹资方式下流通在外的普通股股数。

【例4-13】某企业现有资本结构全部为普通股100万元，每股10元，折合10万股。现拟增资20万元，有甲、乙两种筹资方案可供选择。甲方案：发行普通股2万股，每股10元。乙方案：发行普通股1万股，每股10元；另发行债券10万元，债券年利率为10%。该企业所得税率为40%。

要求：作EBIT-EPS分析。

解：设该企业的息税前利润为EBIT，则有

$$EPS_{甲}=\frac{EBIT\times(1-40\%)}{10+2}$$

$$EPS_{乙}=\frac{(EBIT-10\times10\%)\times(1-40\%)}{10+1}$$

令$EPS_{甲}=EPS_{乙}$，得：

$$\frac{EBIT\times0.6}{12}=\frac{(EBIT-1)\times0.6}{11}$$

$$EBIT=12(万元)$$

此时，$EPS_{甲}=EPS_{乙}=0.6$

则当企业息税前利润等于12万元时，增发普通股和发行债券的每股利润相等；当息税前利润小于12万元时，增发普通股能够获得更高的每股利润，因此选择甲方案增资较为有利；当息税前利润大于12万元时，发行债券能够获得更高的每股利润，因为选择乙方案增资较为有利。

【例4-14】某公司因生产发展需要准备筹集资金500万元，这些资金可以通过增发股票或发行企业债券的方式来筹集。企业所得税率为33%，具体资料如表4-9所示：

表 4-9　　　　　　　　　　　　　　　　　　　　　　　　　　　　单位：万元

筹资方式	原资金结构	增加筹资后资金结构	
		发行公司债券	
银行借款(利率 6%)	100	100	100
已发行债券(利率 8%)	200	200	200
拟发行新债(利率 9%)			500
优先股(股利率 4%)	50	50	50
已发行普通股(面值 10 元)	800	800	800
增发普通股(面值 10 元)		500	
普通股股数(万股)	80	130	80

$$\frac{(\text{EBIT}-22)\times(1-33\%)-2}{130}=\frac{(\text{EBIT}-67)\times(1-33\%)-2}{80}$$

可求得 EBIT 为 139 万元。假设增资后，企业的年息税前利润将达到 200 万元，每股净利润计算如表 4-10：

表 4-10　　　　　　　　　　　　　　　　　　　　　　　　　　　　单位：万元

项目	增发普通股	发行公司债券
预计息税前利润(EBIT)	200	200
减：利息	22	67
税前利润	178	133
减：所得税(33%)	58.74	43.89
净利润	119.26	89.11
减：优先股股利	2	2
可供普通股分配的利润	117.26	87.11
普通股股数(万股)	130	80
每股利润(元)	0.9	1.09

这就是说，当息税前利润 EBIT 大于 139 万元时，利用负债筹资能够获得更高的每股利润；当息税前利润 EBIT 小于 139 万元时，利用发行普通股筹资能够获得更高的每股利润；当息税前利润 EBIT 等于 139 万元时，采用两种方式无差别。而公司预计年息税前利润将达到 200 万元(200 万元>139 万元)，则采用负债筹资方式比较有利。

上述两种优化资本机构的方法都有一定的局限性。首先，他们都仅对有限个方案选出最优方案，因此只能是“较优”，不可能是“最优”。其次，他们与财务管理的总目标——股东财富最大化不可能完全一致，在第一种方法下，总和资金成本低，并不能保证股东财富最大；在第二种方法下，假定普通股每股利润越大，则普通股股价越高，从而股东财富越大，但事实上普通股股价并不仅取决于每股利润，而受很多因素的影响。

上述两种优化资本结构的方法适用于不同的情况。比较综合资金成本适用于个别资金成本已知或可计算的情况；每股利润无差别点分析法适用于息税前利润不能明确预见，但可估测大致范围的情况。

二、影响资本结构的因素

资本结构除受资金成本、财务风险等因素的影响外，还要受到企业因素和环境因素等其他因素的影响。

(一)企业因素

企业因素主要是指企业内部影响资本结构的经济变量，主要包括以下三个方面：

(1)企业所有者和管理者的态度。

企业所有者和管理者的态度对资本及结构有着重要影响，因为企业资本结构的决策最终是由他们作出的。

如果一个企业的股票被众多投资者所持有，谁也没有绝对的控制权，那么这和企业可能会更多地采用发行股票的方式来筹集资金；反之，有的企业被少数股东所控制，股东们很重视控制权的问题，企业为了保证少数股东的绝对控制权，一般尽量避免采用普通股筹资。

管理人员对待风险的态度，也是影响资本结构的重要因素。喜欢冒险的财务管理人员，可能会安排比较高的负债比例；反之，一些持稳健态度的财务管理人员则使用较低的负债比率。

(2)企业获利能力。

息税前利润是用以还本付息的根本来源。息税前利润越大，即总资产报酬率大于负债率，则利用财务杠杆能取得较高的净资产收益率；反之则相反。可见，获利能力是衡量企业负债能力强弱的基本依据。

(3)企业经济增长。

经济增长快的企业，总是期望通过扩大筹资来满足其资本需求，而在股权资本一定的情况下，扩大筹资即意味着对外负债。由此可见，负债筹资负债经营是促进企业经济增长的主要方式之一。

(二)环境因素

环境因素主要是指制约企业资本结构的外部经济变量，主要包括以下四个方面：

(1)银行等金融机构的态度。

企业都希望通过负债筹资来获得净资产收益率的提高，而银行等金融机构的态度在企业负债筹资中起着决定性的作用。在这里，银行等金融机构的态度就是商业银行的经营规划，即考虑贷款的安全性、流动性和收益性。

(2)信用评估机构的意见。

信用评估机构的意见对企业的对外筹资能力起着举足轻重的作用。因为，如果企业债务太多，那么信用评估机构就可能会降低企业的信用等级，这样就会影响企业的筹资能力，提高企业的资金成本。

(3)税收因素。

企业利用负债可以获得减税利益，因此，企业所得税税率越高，负债的好处越多；反之，如果税率越低，则采用举债方式的减税利益就不十分明显。由此可见，税收实际上对企业资本结构具有某种导向作用。

(4)行业差别。

不同行业及同一行业的不同企业之间，其资本结构有很大的差别。在资本结构决策中，财务经理必须考虑本企业所处行业资本结构的一般水准，并以此作为确定本企业资本结构的参考，分析本企业与同行业其他企业的差别，以便确定最佳的资本结构。

单 元 小 结

(1)通过一定的筹资渠道，采取相应的筹资方式筹集到企业发展所需的资金，这是企业财务管理活动的一项重要内容。企业的筹资渠道有很多，包括国家财政资金、银行信贷资金、非银行金融机构资金、其他单位资金、职工资金和民间资金、企业自留资金、外商资金。

(2)企业筹集资金方式可以分为自有资金和借入资金两大类。自有资金筹集方式主要有吸收直接投资、发行股票、联营筹资、企业内部积累；借入资金筹集方式主要有银行借款、发行企业债券、融资租赁、商业信用。各种方式有其不同的优缺点，企业应根据实际情况选择最适合自己的筹资方式。

(3)资金成本是指企业筹集和使用资金而付出的代价。计算各种筹集方式的资金成本是企业筹资决策的一项基本工作。在实际工作中，企业往往不只采用某种单一的筹资方式，而是通过多种方式筹集所需资金，因此需要计算各类资金的加权平均资金成本即综合资金成本。

(4)资金结构是指在企业资金总额中各种资金来源的构成比例。企业最佳资金结构是指在一定条件下使企业加权平均成本最低，企业价值最大的资金结构。资金结构决策的方法有多种，常见的有资金成本比较法和每股利润分析法。

学习情境五　项目投资管理

学习目标： 1. 学生应能对资金时间价值进行计算和分析；
2. 能够熟练掌握投资回收期；
3. 能够熟练运用多种投资评价方法；
4. 能够对独立方案和互斥方案进行对比分析，完成企业项目投资管理的目标。

知识能力： 1. 能准确估计计算各期的现金流量；
2. 掌握在风险项目投资决策情况下，风险调整贴现率法含义及计算技巧；
3. 了解项目的概念、类型及项目投资决策的程序。

工作任务： 1. 掌握现金净流量、各种贴现与非贴现指标的计算方法；
2. 能通过投资决策评价指标的应用，作出项目投资决策方案。

关 键 词： 项目投资　现金流量　投资回收期　投资利润率　净现值　内部收益率　风险调整贴现率　肯定当量法

案例导入：

自成立以来，A公司一直设法维持着较高的投资回报率。当前，公司管理者正考虑生产新的产品包装材料。公司的研发小组提出了两个方案：一是a材料，它的开办成本较低；二是b材料，它的初始投资成本稍高，但有较高的规模效益。最初，两个方案小组的负责人都提交了他们的现金流量预测，并提供了足够的资料来源来支持他们各自的方案。然而，由于这两种产品是相互排斥的，公司只能向一个方案提供资金。为了解决这种两难境地，公司委派财务助理Nion来分析这两个方案的成本和收益，并向董事会提交了他的分析结果。Nion知道这是一项难度很大的工作，因为不是所有的董事会成员都懂财务方面的知识。过去，董事会非常倾向于使用收益率指标作为决策的标准，有时也会使用回收期进行决策。然而，A公司认为，净现值法的缺陷最少，而且如果使用正确，那么将会在最大程度上增加公司的财富。

（资料来源：作者根据资料整理所得）

任务一 项目投资概述

一、项目投资的含义与特点

投资是指经济主体投入资金或资源，用以转化为实物资产或金融资产，以期望在未来一个相当长的时期内获得收益的行为。投资主要包括项目投资和证券投资，其中，项目投资是指以扩大生产能力和改善生产条件为目的的资本性支出。它包括用于机器、设备、厂房的构建与更新改造等生产性资产的投资。与其他形式的投资相比，项目投资具有以下主要特点：

(1)投资金额大。项目投资，特别是战略性的扩大生产能力投资一般都需要较多的资金，其投资额往往是企业及其投资人多年的资金积累，在企业总资产中占有相当大的比重。因此，项目投资对企业未来现金流量和财务状况都将产生深远的影响。

(2)影响时间长。项目投资的投资期及发挥作用的时间都较长，对企业未来的生产经营活动和长期经营活动都将产生重大的影响。

(3)变现能力差。项目投资一般不准备在 1 年或大于 1 年的一个营业周期内变现，而且即使在短期内变现，其变现能力也较差。因为，项目投资一旦完成，要想改变是相当困难的，不是无法实现，就是代价太大。

(4)投资风险大。影响项目投资未来收益因素特别多，加上投资额大，影响的时间长和变现能力差，必然造成其投资风险比其他投资风险大，会对企业未来命运产生决定性影响。无数事例证明，一旦项目投资决策失败，会给企业带来先天性的，无法逆转的损失。

二、项目投资的程序

项目投资的程序主要包括以下环节：

(1)项目提出。投资项目的提出是项目投资程序的第一步，是根据企业的长远发展战略，中长期投资计划和投资环境的变化，在把握良好投资机会的情况下提出的。它可以由企业管理当局或企业高层管理人员提出，也可以由企业的各级管理部门和相关部门领导提出。

(2)项目评价。投资项目的评价主要涉及如下几项工作：①对提出的投资项目进行适当分类，为分析评价做好准备；②计算有关项目的建设周期，测算有关项目投产后的收入、费用和经济效益，预测有关项目的现金流入和现金流出；③运用各种投资评价指标，把各项投资按可行程度进行排序；④写出详细的评价报告。

(3)项目决策。在投资项目评价后，应按分权管理的决策权限由企业高层管理人员或相关部门经理作出最后的决策。对于投资额特别大的项目应由董事会或股东大会投票表决，对于投资额较小的项目，则可以由相关部门经理作出决策。

(4)项目执行。决定对某项目进行投资后，要积极筹措资金，实施项目投资。在投资项目的执行过程中，要对工程进度、工程质量、施工成本和工程概算进行监督、控制和审核，防止工程建设中的舞弊行为，确保工程质量，保证按时完成。

(5)项目再评价。在投资项目的执行过程中，应注意原来作出的投资决策是否合理？是否正确？一旦出现新的情况，就要随时根据变化的情况作出新的评价。如果情况发生重大变化，原来投资决策变得不合理，那么，就要进行是否终止投资或怎样终止投资的决策，以避免更大的损失。

三、项目投资计算期

项目投资计算期是指投资项目从投资建设开始到最终清理结束整个过程所需要的时间，一般以年为计量单位。由于项目投资的规模大，需要较长的建设时间，所以，常常将投资项目的整个时间分为建设期和生产经营期。其中，建设期(记做 s，$s \geqslant 0$)的第 1 年初称为建设起点，建设期的最后 1 年末称为投产日；生产经营期(记做 p，$p>0$)是指从投产日到清理结束日之间的时间间隔。显然，如果用 n 表示项目投资计算期，则有 $n=s+p$。项目投资计算期对评价结果将产生重大影响，所以，必须力求准确。

任务二　现 金 流 量

一、现金流量及其组成

现金流量又称为现金流动量，简称现金流，是指投资项目在其计算期内所引起的各项现金流出量与现金流入量的总称。这里的现金是广义的概念，它不仅包括各种货币资金，而且还包括项目需要投入企业拥有的非货币资源的变现价值，例如：一个项目需要使用原有的厂房、设备和材料等，则相关的现金流量是指它们的变现价值，而非其账面价值。

项目投资中的现金流量包括现金流出量、现金流入量和净现金流量。

(1)现金流出量。一个项目投资的现金流出量，是指该项目投资引起的企业现金支出的增加额。例如，企业购置一条生产线，通常会引起以下现金流出：

①购置生产线的价款。购置生产线的价款可能是一次性的，也可能是分几次支出。

②垫支的流动资金。由于该生产线扩大了企业的生产能力，引起对流动资产的需求增加。需追加的流动资金，是由生产线引起的，应列入该方案的现金流出量。

(2)现金流入量。一个项目投资的现金流入量，是指该项目投资引起的企业现金收入的增加额。例如，企业购置一条生产线，通常会引起以下现金流入：

①营业现金流入。营业现金流入是指项目投产后所取得的营业收入与付现成本的差

额。付现成本是与非付现成本相对而言的，即需要每年支付现金的成本。

付现成本=成本-折旧

从每年现金流动的结果来看，增加的现金流入来自两个部分：一是利润造成的货币增值；二是以货币形式收回的折旧。

营业现金流入=销售收入-付现成本
=销售收入-(成本-折旧)
=利润+折旧

②回收生产线的残值。回收生产线的残值是指该生产线出售或报废时的变卖收入。由于是当初购置引起的，因而将其作为方案的一项现金流入。

③回收的流动资金。当该生产线出售或报废时，原流动资产投资可用于其他目的，回收的流动资金也应作为方案的一项现金流入。

(3)净现金流量，也称为净现金流量(Net Cash Flow，NCF)，是指投资项目某年现金流入量与现金流出量的差额。它是评价项目投资决策的主要依据。当现金流入量大于现金流出量时，现金净流量为正值；反之，为负值。

某年净现金流量=该年现金流入量-该年现金流出量

二、现金流量的作用

(1)现金流量对整个项目投资期间的现实货币资金收支情况进行了全面揭示，序时动态地反映项目投资的流向与回收之间的投入产出关系，使决策得以完整、准确，全面地评价投资项目的经济效益。

(2)采用现金流量的考核方法有利于科学地考虑资金的时间价值因素。由于项目投资的时间较长，资金时间价值的作用不容忽视。采用现金流量的考核方法确定每次支出款项和收入款项的具体时间，将使评价投资项目财务可行性时考虑资金时间价值成为可能。

(3)采用现金流量指标作为评价项目投资经济效益的信息，可以摆脱在贯彻财务会计的权责发生制时必须面临的困境，即由于不同的投资项目可能采取不同的固定资产折旧方法、存货估价方法或费用摊配方法，从而导致不同方案的利润相关性差、可比性差的问题。

(4)采用现金流量信息，排除了非现金收付内部周转的资本运动形式，从而简化了有关投资决策评价指标的计算过程。

三、现金流量的假设

由于项目投资的现金流量的确定是一项很复杂的工作，为了便于确定现金流量的具体内容，简化现金流量的计算过程，本章特作以下假设：

(1)全投资假设。即假设在确定项目的现金流量时，只考虑全部投资的运动情况，不论是自有资金还是借入资金等具体形式的现金流量，都将其视为自有资金。

(2)建设期投入全部资金假设。即项目的原始总投资无论是一次投入还是分次投入，均假设它们是在建设期内投入的。

(3)项目投资的经营期与折旧年限一致假设。即假设项目主要固定资产的折旧年限或使用年限与其经营期相同。

(4)时点指标假设。即现金流量的具体内容所涉及的价值指示，不论是时点指标还是时期指标，均假设按照年初或年末的时点处理。其中，建设投资在建设期内有关年度的年初发生；垫支的流动资金在建设期的最后 1 年末即经营期的第 1 年初发生；经营期内各年的营业收入、付现成本、折旧(摊销等)、利润、所得税等项目的确认均在年末发生；项目最终报废或清理(中途出售项目除外)，回收流动资金均发生在经营期最后 1 年末。

(5)确定性假设。即假设与项目现金流量估算有关的价格、产销量、成本水平、所得税税率等因素均为已知常数。

四、净现金流量的计算

(一)新建项目净现金流量的计算

1. 单纯固定资产投资项目净现金流量的计算

单纯固定资产投资项目是指原始投资中只涉及形成固定资产的费用，而不涉及形成无形资产的费用、其他资产的费用或流动资产投资。其净现金流量的计算公式如下：

建设期某年的净现金流量=-该年发生的固定资产投资

$$\text{经营期某年现金净流量}=\text{该年因使用该固定资产新增加的净利润}+\text{该年因使用该固定资产新增加的折旧}+\text{该年的利息费用}+\text{该年回收的固定资产净残值}$$

【例 5-1】某公司拟构建一项固定资产。需投资 200 万元，按照直线法计提折旧，使用寿命为 10 年，期末有 20 万元净残值。在建设起点一次投入借入资金 100 万元，建设期 1 年，发生建设期资本化利息 20 万元。预计投产后每年可获营业利润 20 万元。在经营期的前 3 年中，每年归还借款利息 22 万元(假设营业利润不变，不考虑所得税因素)。

解：根据资料计算有关指标如下：

项目计算期=建设期+经营期=1+10=11(年)

固定资产原值=固定资产投资+建设期的资本化利息=200+20=220(万元)

固定资产折旧=(固定资产原值-净残值)/固定资产使用年限=(220-20)/10=20(万元)

终结点时的年回收额=固定资产残值的回收+流动资金的回收=20+0=20(万元)

建设期某年净现金流量=-该年发生的固定资产投资

所以，$NCF_0=-200$(万元)

$NCF_1=0$

经营期各年净现金流量=该年净利润+该年折旧+该年利息费用+该年回收额

所以，经营期各年净现金流量分别为：

$NCF_{2-4}=20+20+0+22+0=62$（万元）

$NCF_{5-10}=20+20+0+0+0=40$（万元）

$NCF_{11}=20+20+0+0+20=60$（万元）

2. 完整工业投资项目净现金流量的计算

完整工业投资项目是指以新增工业生产能力为主的投资项目，其投资内容不仅包括固定资产投资，而且还包括流动资金投资的建设项目。

建设期某年的净现金流量=−该年发生的原始投资

经营期某年净现金流量=该年净利润+该年折旧+该年摊销额+该年利息+该年回收额

【例 5-2】某公司准备购入一台设备以扩充生产能力。现有甲、乙两种方案可供选择，甲方案需要投资 15000 元，使用寿命 5 年，采用直线法计提折旧，5 年后设备无残值，5 年中每年销售收入 9000 元，每年的营业成本 4000 元。乙方案需要投资 11000 元，使用寿命也为 5 年，采用直线法计提折旧，5 年后有残值收入 1000 元，5 年中每年销售收入 8000 元，第 1 年的营业成本 2000 元，以后随着设备陈旧，将逐年增加修理费 500 元，另需垫支营运资金 2000 元。假设所得税率为 25%，试计算两个方案的现金流量。

解：下面先用表 5-1 计算甲、乙方案的营业现金流量，然后，再结合初始现金流量和终结现金流量编制两种方案的全部现金流量，如表 5-2 所示：

表 5-1　　**投资项目的营业现金流量表**　　单位：元

年份 项目	1	2	3	4	5
甲方案					
营业收入(1)	9000	9000	9000	9000	9000
营业成本(2)	4000	4000	4000	4000	4000
折旧(3)	3000	3000	3000	3000	3000
税前利润(4)=(1)−(2)−(3)	2000	2000	2000	2000	2000
企业所得税(5)=(4)×25%	500	500	500	500	500
税后净利(6)=(4)−(5)	1500	1500	1500	1500	1500
净现金流量(7)=(3)+(6)	4500	4500	4500	4500	4500
乙方案					
营业收入(1)	8000	8000	8000	8000	8000
营业成本(2)	2000	2500	3000	3500	4000
折旧(3)	2000	2000	2000	2000	2000
税前利润(4)=(1)−(2)−(3)	4000	3500	3000	2500	2000
所得税(5)=(4)×25%	1000	875	750	625	500
税后净利(6)=(4)−(5)	3000	2625	2250	1875	1500
现金流量(7)=(3)+(6)	5000	4625	4250	3875	3500

表 5-2 **投资项目现金净流量计算表** 单位：元

项目 \ 年份	0	1	2	3	4	5
甲方案						
固定资产投资	-15000					
营业现金流量		4500	4500	4500	4500	4500
现金流量合计	-15000	4500	4500	4500	4500	4500
乙方案						
固定资产投资	-11000					
营运资金垫支	-2000					
营业现金流量		5000	4625	4250	3875	3500
固定资产残值						1000
营运资金回收						2000
现金流量合计	-13000	5000	4625	4250	3875	6500

(二)更新改造项目现金流量的计算

固定资产更新改造是指以新的固定资产替换到期报废的旧的固定资产，或以新的技术装备对原有的技术装备进行改造。可以采用差量现金流量法进行计算，具体计算公式如下：

建设期 ΔNCF=-该年的差量原始投资额=-(该年新固定资产投资-旧固定资产变价净收入)

建设期末 ΔNCF=因固定资产提前报废发生净损失而抵减的所得税税额

经营期某年 ΔNCF=该年 Δ 净利润+该年 Δ 折旧+该年 Δ 回收额

【例 5-3】某企业拟更新一套尚可使用 4 年的旧设备，旧设备原价 80000 元，账面净值 50000 元，预计期满残值 2400 元，目前旧设备变价净收入 20000 元。如继续使用旧设备每年营业收入 500000 元，经营成本 350000 元。如使用新设备，需一次性投资 90000 元，可用 4 年，使用新设备后每年比使用旧设备不增加营业收入，但可使每年经营成本降低 25000 元，期满残值 5000 元。企业所得税税率为 25%。请直接按差量分析法计算 ΔNCF。

解：(1)建设期差量净现金流量=90000-20000=70000(元)

(2)旧设备目前变价净收入 20000 元，低于账面净值 50000 元，属于提前报废损失，可抵减相应数额的企业所得税，故建设期末差量净现金流量=(50000-20000)×25%=7500(元)

(3)新旧设备残值的差额=5000-2400=2600(元)

(4)由于新设备的使用年限和旧设备的可继续使用年限相等，故

新旧设备的折旧差额=(新旧设备原始投资额的差额-新旧设备残值的差额)/设备使用年限=(70000-2600)/4=16850(元)

(5)由于，净利润=利润总额×(1-所得税税率)

=(营业收入-总成本)×(1-所得税税率)

而，总成本=付现成本+非付现成本

=付现的经营成本+付现的非经营成本+非付现成本

其中，付现的非经营成本主要是指利息，非付现成本主要指折旧和摊销

所以，总成本=经营成本+利息+折旧+摊销

于是，净利润=[营业收入-(经营成本+利息+折旧+摊销)]×(1-所得税税率)

在本例题中，因为不涉及利息和摊销，故，

新旧设备的净利润差额=(Δ营业收入-Δ营业成本-Δ折旧)×(1-所得税税率)

$=[0-(-25000)-16850]\times(1-25\%)$

$=6112.5$(元)

(6)综上所述，$\Delta NCF_0=-70000$(元)

$\Delta NCF_1=7500+6112.5+16850=30462.5$(元)

$\Delta NCF_{2-3}=6112.5+16850=22962.5$(元)

$\Delta NCF_4=6112.5+16850+2600=25562.5$(元)

任务三　项目投资决策的评价指标

对固定资产投资项目评价时使用的指标分为两类：一类是非贴现指标，即没有考虑货币时间价值因素的指标，主要包括回收期、投资利润率等；另一类是贴现指标，即考虑了货币时间价值因素的指标，主要包括净现值、净现值率、现值指数、内含报酬率等。根据分析评价指标的类别，投资项目评价分析的方法也被分为非贴现方法和贴现方法两种。

一、非贴现方法

(一)投资回收期法

投资回收期是指收回某项投资所需的时间，一般用年数表示。投资回收期法就是通过确定各个备选方案的回收初始投资额所需要的时间来进行投资方案选择的方法。投资回收期越短，投资的经济效果越好，方案为佳；反之，则方案为差。其计算公式如下：

$$投资回收期=\frac{原始投资额}{年现金净流量}$$

如果每年现金净流量不相等，那么需计算逐年累计的现金净流量，然后用插入法计算出投资的回收期。

【例5-4】某企业有甲、乙两个设备投资方案，方案甲初始投资额为10万元，每年产生的现金净流量为5万元，设备使用年限为5年；方案乙的设备使用年限也是5年，现金流量数据如表5-3所示：

表 5-3　　　　　　　　　　　**乙方案的现金流量**　　　　　　　　　　　单位：元

年　次	0	1	2	3	4	5
初始投资额	85000					
每年现金净流量		35000	30000	25000	25000	15000
累计现金净流量		35000	65000	90000	115000	130000

要求：(1)分别计算甲、乙方案的投资回收期；

(2)如果该公司要求初始投资必须在 2 年半内回收，则应选择哪个项目？

解：(1)甲方案投资回收期＝100000÷50000＝2(年)

乙方案的投资回收期在第 2 年与第 3 年之间，用插入法可计算出：

2	n	3
65000	85000	90000

$$乙方案投资回收期=2+\frac{85000-65000}{90000-65000}=2.8(年)$$

(2)从以上计算可以看出，该公司应选择甲方案投资，才能保证初始投资在 2 年半内收回。

投资回收期法的主要优点是计算简便，易于理解，并可以很快使投资者估计自己投资什么时候能收回。但这种方法没有考虑货币的时间价值，也不能反映出投资的盈利程度。在对某项投资进行全面评价时，还应结合其他方法。

(二)投资利润率

投资利润率也称投资报酬率，是指项目投资所带来的每年平均净利润额与平均投资总额的比率。投资利润率越高，投资的经济效益越好，对投资者也越有利。其计算公式如下：

$$投资利润率=\frac{年平均净利润}{平均投资额}\times 100\%$$

式中，年平均净利润是指会计账目上的年平均税后净利润，平均投资额是指项目寿命周期内投资的平均数，可用投资总额的 50%来简单平均，一般不考虑固定资产的残值。

投资利润率是一个非贴现的正指标，采用投资利润率法评价投资项目可行性的判断标准是：如果投资项目的投资利润率高于企业要求的最低收益率或无风险收益率，则该投资项目可行；如果投资项目的投资利润率低于企业要求的最低收益率或无风险收益率，则该投资项目不可行。在多个投资项目的互斥性决策中，项目的投资利润率越高，说明该投资项目的投资效果越好，应该选择投资利润率高的投资项目。

【例 5-5】某一项投资方案的投资额及每年净利润有关资料如表 5-4 所示。该企业所要求的目标平均利润率为 18%。要求：判断该方案是否可以接受？

表 5-4　　　　　　　　　　　　　　　　　　　　　　　　单位：元

年　次	0	1	2	3	4	5
固定资产投资额	120000					
各年净利润		10000	8000	5000	5000	4000

解：该方案的年平均净利润＝(10000+8000+5000+5000+4000)÷5＝6400(元)

该方案的年平均投资额＝120000÷2＝60000(元)

该方案的投资利润率＝6400/60000×100%＝10.67%

该投资项目的投资利润率小于目标利润率，所以该方案是不可行的。

投资利润率法的优点是计算简便，可以较好地反映出投资的盈利程度，但是，这一方法的主要缺点是没有考虑货币的时间价值。

二、贴现方法

(一)净现值法

净现值(NPV)是指在项目计算期内，按一定的贴现率计算现金流出量和现金流入量现值，将现金流入量现值合计减去现金流出量现值合计后所得的净额。所用的贴现率可以是企业的资本成本，也可以是企业所要求的最低报酬率水平。净现值法就是用现值净额的大小作为评价固定资产投资方案的一种决策分析方法。其计算公式如下：

净现值＝现金流入量现值总数－现金流出量现值总数

即

$$NPV = \sum_{t=0}^{n} NCF_t (P/F,\ i,\ t)$$

式中，n 为项目计算期(包括建设期与经营期)；NCF_t 为第 t 年的现金净流量；(P/F，i，t)为第 t 年，贴现率为 i 的复利现值系数。

净现值的计算结果可能出现以下三种情况：

(1)净现值为正数，表示此方案按现值计算的投资报酬率高于贴现率，方案为可行；

(2)净现值为负数，表示此方案按现值计算的投资报酬率低于贴现率，方案不可行；

(3)净现值为零，表示此方案按现值计算的投资报酬率正好等于贴现率，应对该项目进行综合考虑。

另外，如果几个方案的投资额相同，项目计算期相等且净现值均大于零，那么净现值最大的方案为最优方案。

【例 5-6】某企业拟建一项固定资产，提出甲、乙两个方案，投资额均是 80000 元，银行借款年利率为 8%。在投产后 4 年内，甲、乙两个方案的每年现金净流量如表 5-5

所示：

表 5-5　　单位：元

项目 \ 年次	1	2	3	4	合计
甲方案现金净流量	10000	20000	40000	50000	120000
乙方案现金净流量	30000	30000	30000	30000	120000

要求：(1)分别计算甲、乙两个方案的净现值；(2)判明投资决策应采用哪个方案为优？

解：(1)列表计算甲、乙方案净现值，见表 5-6：

表 5-6　　单位：元

年　次	按 8%计算的贴现率	甲方案(元)		乙方案(元)	
		现金净流量	净现值	现金净流量	净现值
1	0. 9259	10000	9259	30000	27777
2	0. 8573	20000	17146	30000	25719
3	0. 7938	40000	31752	30000	23814
4	0. 7350	50000	36750	30000	22050
合计		120000	94907	120000	99360

$$甲方案净现值=94907-80000=14907(元)$$
$$乙方案净现值=99360-80000=19360(元)$$

(2)因为方案乙净现值>方案甲净现值，所以应选用方案乙为优。

【例 5-7】某企业购入设备一台，价值为 4. 5 万元，按直线法计提折旧，使用寿命为 4 年，期末净残值为 5000 元。预计投产后每年可获得净利润 6000 元，贴现率为 10%。要求：计算该项目的净现值。

解：$NCF_0=-45000$(元)

$NCF_{1-4}=6000+(45000-5000)/4=16000$(元)

$NCF_5=6000+(45000-5000)/4+5000=21000$(元)

$NPV=16000\times(P/A,10\%,4)+21000\times(P/F,10\%,5)-45000$

$=16000\times3.1699+21000\times0.6209-45000$

$=18757.30$(元)

净现值法的优点是考虑了货币时间价值，因而能够较好地反映出投资方案的真正经济价值。但是，净现值法也有一定的局限性，主要是不能揭示各个投资方案本身可能达到的实际内部收益率水平，特别是当几个方案的原始投资额不相同的情况下，只凭净现值的绝对数的大小，不能判断出投资获利能力与水平的高低，因此，还必须结合其他一些评价方法。

（二）净现值率法与现值指数法

净现值率（NPVR）是指投资项目的净现值占现金流出量现值总数的比率；现值指数（PI）是指投资项目的现金流入量现值总数（或未来报酬的现值）与现金流出量现值总数的比率。其计算公式如下：

$$净现值率=\frac{投资项目净现值}{现金流出量现值总数}\times 100\%$$

$$现值指数=\frac{现金流入量现值总数}{现金流出量现值总数}$$

净现值率与现值指数有如下关系：

$$现值指数=净现值率+1$$

净现值率和现值指数的计算可能出现以下三种情况：

（1）净现值率大于零，现值指数大于1，表示投资项目的报酬率高于贴现率，该项投资方案可以采纳；

（2）净现值率小于零，现值指数小于1，表示投资项目的报酬率小于贴现率，该项投资方案是不可取的；

（3）净现值率等于零，现值指数等于1，表示投资项目的报酬率等于贴现率，应对该项投资方案进行综合考虑。

如果几个投资方案的净现值率大于零或现值指数也均大于1，那么，在非互斥方案的选择时，其净现值率或现值指数越大则方案越优。

【例5-8】承例5-6，计算净现值率和现值指数。

解：甲方案的净现值率=（94907−80000）÷80000=0.1863

甲方案的现值指数=94907÷80000=1.1863

乙方案的净现值率=（99360−80000）÷80000=0.242

乙方案的现值指数=99360÷80000=1.242

以上计算表明，乙方案的净现值率、现值指数均比甲方案大，应选择乙方案为优。

通过以上计算，我们可以看出净现值、净现值率与现值指数三个指标之间存在着同方向变动关系，即

$$净现值>0，净现值率>0，现值指数>1$$

$$净现值=0，净现值率=0，现值指数=1$$

$$净现值<0，净现值率<0，现值指数<1$$

净现值率、现值指数是以相对数表示的，便于在不同投资额的方案之间进行对比，而净现值是以绝对数表示的，在不同投资额的方案之间进行比较有一定局限性。

（三）内含报酬率法

内含报酬率（IRR），又称内部收益率，是指使投资项目的现金流入量现值总数等于现金流出量现值总数的报酬率。它通过对投资项目的每年现金流量进行贴现，使现金流入量现值总数与现金流出量现值总数相等，由此计算出来的报酬率就是使投资方案的净

现值等于零时的利率。净现值、净现值率和现值指数虽然考虑了货币时间价值，可以说明投资方案高于或低于某一特定的报酬率，但没有揭示方案本身可以达到的具体报酬率是多少。内含报酬率是根据方案的现金流量计算的，是方案本身的投资报酬率。

内含报酬率的计算结果可能出现以下三种情况：

(1)当内含报酬率大于期望报酬率时，可以获得高于期望的收益，该项目投资方案应予采纳；

(2)当内含报酬率等于期望报酬率时，可以获得期望的收益；

(3)当内含报酬率小于期望报酬率时，不可能获得期望的收益，该项目投资方案是不可行的。

如果几个方案的内含报酬率均大于其贴现率，且各个方案的投资额相同，则内含报酬率越高的方案越好。如果几个方案的内含报酬率都大于其贴现率，但各方案的原始投资额不等，那么就应选择“投资额×(内含报酬率-资本成本)”最大的方案为优。

内含报酬率的计算方法视每期现金流入量相等或不等而采用不同的方法。

(1)当经营期内各年现金净流量相等时，其计算程序如下：

①计算年金现值系数(IRR)。

$$年金现值系数=\frac{投资额的现值}{每年等额现金净流量}$$

②从年金现值系数表中找出有关年数栏内上述年金现值系数相邻的两个利率。

③根据相邻的利润，采用插入法计算出内含报酬率。

【例 5-9】某企业购入设备一台，价值 5 万元，按直线法计提折旧使用寿命为 5 年，期末净残值 4000 元。预计投产后每年可获得净利润 5000 元，贴现率为 12%。要求：计算内含报酬率。

解：$NCF_0=-50000$(元)

$NCF_{1-5}=5000+(50000-4000)/5=14200$(元)

年金现值系数 = 50000÷14200 = 3.5211

查年金现值系数表，在第五年行内与 2.8125 相邻近的利率 12%与 13%之间，即

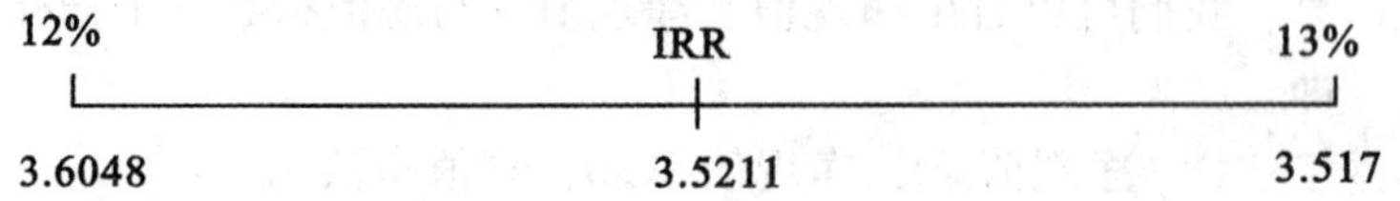

IRR = 12%+(3.6048-3.5211)/(3.6048-3.5172)×(13%-12%)= 12.955%

以上计算结果表明，该企业购入设备方案的内含报酬率高于贴现率 0.955% (12.955%-12%)，此方案可行。

(2)当经营期内各年平均现金净流量不相等时，其计算过程如下：

①估计一个贴现率，用它来计算方案的净现值。如果净现值为正数，则说明方案本身的报酬率超过估计的贴现率，应提高贴现率后进一步测试；如果净现值为负数，则说明方案本身的报酬率低于估计的贴现率，应降低贴现率后进一步测试。经过多次测试，

寻找出以某一个贴现率所求得的净现值为正值，而在以相邻的一个贴现率所求得的净现值为负值时，则表明内含报酬率就在这两个贴现率之间。

②根据上述相邻的两个贴现率用插入法求出该方案的内含报酬率。

逐步测试法是一种近似方法，因此相邻的两个贴现率不能相差太大，否则误差会很大。

【例 5-10】某企业正在考虑购置一台生产设备，该设备为一次性投资 100 万元，预计使用年限为 3 年，假定报废时无残值回收，现金流入量为第 1 年 30 万元，第 2 年 45 万元，第 3 年 60 万元，市场年利率为 10%，要求：计算该投资方案的内含报酬率，并判断该方案是否可行?

解：该方案的每年现金流入量不相等，应通过“逐步测试法”来确定，有关测试计算如表 5-7 所示：

表 5-7　　单位：元

年次	现金净流量（NCF）	贴现率＝12%		贴现率＝16%		贴现率＝14%	
		现值系数	现值	现值系数	现值	现值系数	现值
0	-1000000	1					
1	300000	0.8929	267870	0.8621	258630	0.8772	263160
2	450000	0.7972	358740	0.7432	334440	0.7695	346275
3	600000	0.7118	427080	0.6407	384420	0.6750	405000
净现值			53690		-22510		14435

从表 5-7 可以看出，先按 12%的贴现率进行测试，其结果净现值为 53690 元，是正数。于是把贴现率提高到 14%进行测试，净现值为 14435 元，仍为正数，再把贴现率提高到 16%重新测试，净现值为-22510 元，是负数，说明该项目的内含报酬率在14%~16%之间。然后用插入法近似计算内含报酬率：

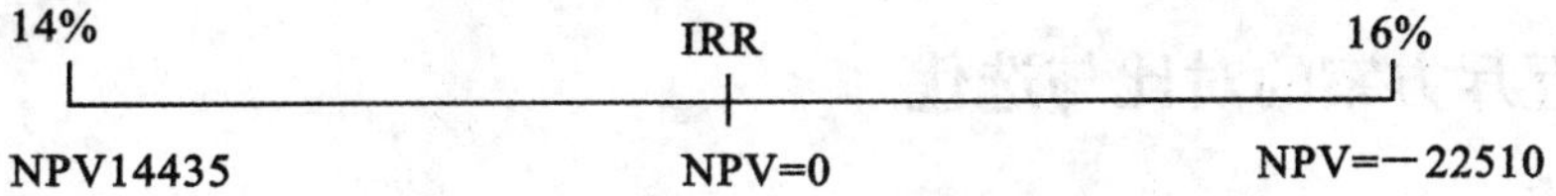

$$IRR = 14\% + (14435-0)/[14435-(-22510)] \times (16\%-14\%) = 14.78\%$$

因为内含报酬率大于市场利率 4.78 个百分点(14.78%-10%)，所以该方案可行。

综上所述，净现值法是以“收益现值-支出现值”来比较各方案净现值的多少，用绝对数表示。净现值率法、现值指数法是用“净现值/支出现值”或“收益现值/支出现值”来比较各方案的优劣，用相对数表示。内含报酬率是通过使“收益现值-支出现值＝0”来计算各个方案客观存在的真实报酬，然后，再比较各个方案内含报酬率的高低，这也是用相对数表示。在进行固定资产投资决策分析时，可将以上方法结合起来使用。

任务四 项目投资决策评价指标的应用

计算评价指标的目的，是为了进行项目投资方案的对比与选优，使它们在方案的对比与选优中正确地发挥作用，为项目投资方案提供决策的定量依据。但投资方案对比与选优的方法会因项目投资方案的不同而有区别。

一、独立方案的对比与选优

独立方案是指方案之间存在着相互信赖的关系，但又不能相互取代的方案。在只有一个投资项目可供选择的条件下，只需评价其财务上是否可行。

常用的评价指标有净现值、净现值率、现值指数和内含报酬率，如果评价指标同时满足以下条件：$NPV \geqslant 0$，$NPVR \geqslant 0$，$PI \geqslant 1$，$IRR \geqslant i$，则项目具有财务可行性；反之，则不具备财务可行性。而静态的投资回收期与投资利润率可作为辅助指标评价投资项目，但需注意，当辅助指标与主要指标(净现值等)的评价结论发生矛盾时，应当以主要指标的结论为准。

【例 5-11】某公司进行固定资产投资，该投资项目只存在一个方案，其原始投资为500万元，建设期为1年，生产经营期为9年，贴现率为10%。该公司相关投资决策指标如下：投资报酬率(ROI)为12%，投资回收期PP为8年，净现值NPV为168万元，现值指数(PVI)为1.253，内含报酬率(IRR)为15.23%，请问该投资项目是否可行?

解：由上述资料可知：

$ROI=12\%>10\%$　　　　$NPV=168(万元)>0$

$IRR=15.23\%>10\%$　　　　$PVI=1.253>1$

由于该投资项目方案各主要评价指标均达到或者超过相应标准，而辅助评价指标投资回收期PP为8年，回收期较长，有一定风险，所以该投资项目基本上具备财务可行性。

二、互斥方案的对比与选优

项目投资决策中的互斥方案(相互排斥方案)是指在决策时涉及的多个相互排斥，不能同时实施的投资方案。互斥方案决策过程就是在每一个入选方案已具备项目可行性的前提下，利用具体决策方法比较各个方案的优劣，利用评价指标从各个备选方案中最终选出一个最优方案的过程。

由于各种备选方案的投资额、项目计算期不相一致，因而要根据各个方案的使用期、投资额相等与否，采用不同的方法作出选择。

(一)互斥方案的投资额、项目计算期均相等

此时，可采用净现值法或内含报酬率法。所谓净现值法，是指通过比较互斥方案的

净现值指标的大小来选择最优方案的方法。所谓内含报酬率法，是指通过比较互斥方案的内含报酬率指标的大小来选择最优方案的方法。净现值或内含报酬率最大的方案为优。

【例 5-12】某企业现有资金 100 万元可用于固定资产项目投资，有 A，B，C，D 四个互相排斥的备选方案可供选择，这四个方案投资总额均为 100 万元，项目计算期都为 6 年，贴现率为 10%，现经计算：

$NPV_A=-2.12$(万元)　　$IRR_A=6.28\%$

$NPV_B=10.25$(万元)　　$IRR_B=11.87\%$

$NPV_C=6.253$(万元)　　$IRR_C=10.96\%$

$NPV_D=12.36$(万元)　　$IRR_D=15.85\%$

要求：决策哪一个投资方案为最优？

解：因为 A 方案净现值为-2.12 万元，小于零，内含报酬率为 6.28%，小于贴现率，不符合财务可行的必要条件，应舍去。

又因为 B、C、D 三个备选方案的净现值均大于零，且内含报酬率均大于贴现率。所以 B，C，D 三个方案均符合财务可行的必要条件。

且 $NPV_D>NPV_B>NPV_C$　　$IRR_D>IRR_B>IRR_C$

12.36(万元)>10.25(万元)>6.253(万元)　　15.85%>11.87%>10.96%

所以 D 方案最优，B 方案为其次，最差为 C 方案，应采用 D 方案。

(二)互斥方案的投资额不相等，但项目计算期相等

此时可采用差额法。所谓差额法，是指在两个投资总额不同方案的差量现金净流量(记做 ΔNCF)的基础上，计算出差额净现值(记做 ΔNPV)或差额内含报酬率(记做 ΔIRR)，并据以判断方案孰优孰劣的方法。

在此方法下，一般以投资额大的方案减投资额小的方案，当 $\Delta NPV\geqslant 0$ 或 $\Delta IRR\geqslant i$ 时，投资额大的方案较优；反之，则投资额小的方案为优。

差额净现值 ΔNPV 或差额内含报酬率 ΔIRR 的计算过程和计算技巧同净现值 NPV 或内含报酬率 IRR 完全一样，只是所依据的是 ΔNCF。

【例 5-13】某企业有甲、乙两个投资方案可供选择，甲方案的投资额为 120000 元，每年现金净流量均为 50000 元，可使用 3 年；乙方案的投资额为 80000 元，每年现金净流量分别为 20000 元、20000 元、30000 元，使用年限也为 3 年。甲、乙两方案建设期均为零年，贴现率为 10%。要求：对甲、乙方案作出选择。

解：因为两方案的项目计算期相同，但投资额不相等，所以可采用差额法来评判。

$\Delta NCF_0=-120000-(-80000)=-40000$(元)

$\Delta NCF_1=50000-20000=30000$(元)

$\Delta NCF_2=50000-20000=30000$(元)

$\Delta NCF_3=50000-30000=20000$(元)

$$\begin{aligned}\Delta NPV &= 30000\times(P/F,10\%,1)+30000\times(P/F,10\%,2)+20000\times(P/F,10\%,3)\\&\quad-40000\\&=30000\times0.9091+30000\times0.8264+20000\times0.7513-40000\\&=27091(元)>0\end{aligned}$$

用 $i=40\%$ 测算 ΔNPV：

$$\Delta NPV=30000\times(P/F,40\%,1)+30000\times(P/F,40\%,2)+20000\times(P/F,40\%,3)-40000$$
$$=30000\times0.714+30000\times0.51+20000\times0.364-40000$$
$$=4000(\text{元})>0$$

再用 $i=50\%$ 测算 ΔNPV：

$$\Delta NPV=30000\times(P/F,50\%,1)+30000\times(P/F,50\%,2)+20000\times(P/F,50\%,3)-40000$$
$$=30000\times0.666+30000\times0.444+20000\times0.296-40000$$
$$=-780(\text{元})<0$$

用插入法计算 ΔIRR：

i=40%	△IRR	i=50%
△NPV=4000	△NPV=0	△NPV=−780

$$\Delta IRR=40\%+(4000-0)/[4000-(-780)]\times(50\%-40\%)$$
$$=48.37\%>\text{贴现率}\ 10\%$$

根据以上计算结果表明，差额净现值为 27091 元，大于零，差额内含报酬率为 48.37%，大于贴现率 10%，所以应选择甲方案。

（三）互斥方案的投资额不相等，项目计算期也不相同

此时可采用年回收额法。所谓年回收额法，是指通过比较所有投资方案的年等额净现值指标的大小来选择最优方案的决策方法。在此法下，年等额净现值最大的方案为优。

年回收额法的计算步骤如下：

①计算各方案的净现值 NPV；

②计算各方案的年等额净现值，若贴现率为 i，项目计算期为 n，则

$$\text{年等额净现值}\ A=\frac{\text{净现值}}{\text{年金现值系数}}=\frac{NPV}{(P/A,i,n)}$$

【例 5-14】某企业有两项投资方案，其现金净流量如表 5-8 所示：

表 5-8　　　　单位：元

项目计算期	甲方案		乙方案	
	净收益	现金净流量	净收益	现金净流量
0		−100000		−130000
1	25000	70000	36000	60000
2	30000	72000	36000	60000
3			36000	60000

要求：该企业期望达到最低报酬率为10%，请作出决策。

解：(1)计算甲、乙方案的NPV。

$NPV_{甲}=70000\times(P/F,10\%,1)+72000\times(P/F,10\%,2)-100000$

$=70000\times0.9091+72000\times0.8264-100000$

$=23137.8$(元)

$NPV_{乙}=60000\times(P/A,10\%,3)-150000$

$=60000\times2.4869-130000$

$=19214$(元)

(2)计算甲、乙方案的年等额净现值。

甲方案年等额净现值$=23137.8/(P/A,10\%,2)$

$=23137.8/1.7355$

$=13332.07$(元)

乙方案年等额净现值$=19214/(P/A,10\%,3)$

$=19214/2.4869$

$=7726.08$(元)

(3)作出决策。

因为甲方案年等额净现值>乙方案年等额净现值

$13332.07>7726.08$

所以应选择甲方案。

三、其他方案的对比与选优

在实际工作中，有些投资方案不能单独计算盈亏，或者投资方案的收入相同或收入基本相同且难以具体计量，一般可考虑采用成本现值比较法或年成本比较法来作出比较和评价。所谓成本现值比较法是指计算各个方案的成本现值之和并进行对比，成本现值之和最低的方案是最优的。成本现值比较法一般适用于项目计算期相同的投资方案间的对比、选优。对于项目计算期不同的方案就不能用成本现值比较法进行评价，而应采用年成本比较法，即比较年平均成本现值对投资方案作出选择。

【例5-15】某企业有甲、乙两个投资方案可供选择，两个方案的设备生产能力相同，设备的寿命期均为3年，无建设期。甲方案的投资额为100000元，每年的经营成本分别为3000元、3500元、4000元，寿命终期有5000元的净残值；乙方案投资额为80000元，每年的经营成本均为6000元，寿命终期有6000元的净残值。要求：企业的贴现率为10%，试比较两个方案的优劣。

解：因为甲、乙两方案的收入不知道，无法计算NPV，且项目计算期相同，均为3年，所以应采用成本现值比较法。

甲方案的投资成本现值$=100000+3000\times(P/F,10\%,1)+3500\times(P/F,10\%,2)+4000\times(P/F,10\%,3)-5000\times(P/F,10\%,3)$

$=100000+3000\times0.9091+3500\times0.8264+4000\times0.7513-5000\times$

0.7513

=104868.40(元)

乙方案的投资成本现值=80000+6000×(P/A，10%，3)-6000×(P/F，10%，3)

=80000+6000×2.4869-6000×0.7513

=90413.60(元)

根据以上计算结果表明，乙方案的投资成本现值较低，所以乙方案优于甲方案。

【例5-16】承例5-15，假设甲、乙投资方案寿命期分别为3年和5年，建设期仍为零，其余资料不变。要求：企业的贴现率仍为10%，应选择哪个方案？

解：因为甲、乙两个方案的项目计算期不相同：

甲方案项目计算期=0+3=3(年)

乙方案项目计算期=0+5=5(年)

所以不能采用成本现值比较法，而应采用年成本比较法。

计算步骤如下：

(1)计算甲、乙方案的成本现值。

甲方案成本现值=104868.40(元)　　　(同例5-15一致)

乙方案成本现值=80000+6000×(P/A，10%，5)-6000×(P/F，10%，5)

=80000+6000×3.7908-6000×0.6209

=99019.40(元)

(2)计算甲、乙方案的年均成本。

甲方案的年均成本=104868.40/(P/A，10%，3)

=42168.32(元)

乙方案的年均成本=99019.40/(P/A，10%，5)

=26120.98(元)

根据以上计算结果表明，乙方案的年均成本低于甲方案的年均成本，因此应采用乙方案。

单元小结

(1)项目投资是一种以特定项目为对象，直接与新建项目或更新改造项目有关的长期投资行为。项目投资的程序包括：项目提出、项目的评价、项目的决策、项目的执行、项目的再评价等。

(2)现金流量是指投资项目在其计算期内因资金循环而引起的现金流入和现金流出增加的数量，包括现金流入量、现金流出量和现金净流量三个具体概念。

现金流入量是指投资项目实施后在项目计算期内所引起的企业现金流入的增加额，包括营业收入、固定资产的余值和回收流动资金及其他现金流入量。

现金流出量是指投资项目实施后在项目计算期内所引起的企业现金流出的增加额，包括建设投资、垫支的流动资金、付现成本、所得税额及其他现金流出量。

现金净流量是指投资项目在项目计算期内现金流入量和现金流出量的净额，现金净流量可分为建设期的现金净流量和经营期的现金净流量。

建设期现金净流量=-该年投资额

经营期营业现金净流量=营业收入-付现成本-所得税

=税后利润+折旧额

经营期终结现金净流量=营业现金净流量+回收额

(3)现金流量的假设主要分为：全投资假设、建设期投入全部资金假设、项目投资的经营期与折旧年限一致假设、时点指标假设和确定性假设。为了正确计算投资项目的增量现金流量，要注意沉落成本、机会成本、公司其他部门的影响和净营运资金等因素的影响。

(4)项目投资决策评价指标分为非贴现指标和贴现指标两大类。非贴现指标，也称为静态指标，主要包括投资利润率、投资回收期等指标。贴现指标，也称为动态指标，主要包括净现值、净现值率、现值指数、内含报酬率等指标。贴现评价指标之间的关系为：

当 NPV>0 时，NPVR>0，PI>1，IRR>i；

当 NPV=0 时，NPVR=0，PI=1，IRR=i；

当 NPV<0 时，NPVR<0，PI<1，IRR<i。

这些指标的计算结果都受到建设期和经营期的长短，投资金额及方式，以及各年现金净流量的影响。所不同的是净现值(NPV)为绝对值，其余为相对数指标，计算净现值、净现值率和现值指数所依据的贴现率(i)都是事先已知的，而内含报酬率(IRR)的计算本身与贴现率(i)的高低无关，只是采用这一指标的决策标准是将所测算的内含报酬率与其贴现率进行对比，当 IRR≥i 时，该方案是可行的。

(5)项目投资决策评价指标的决策应用分为：独立方案的对比与选优、互斥方案的对比与选优、其他方案的对比与选优等。

学习情境六　营运资金管理

学习目标： 1. 了解货币收支计划的编制，掌握货币资金最佳持有量的确定方法；
2. 掌握信用政策及应收账款的日常管理；
3. 掌握存货资金定额的核定，了解存货的日常管理。

知识能力： 1. 了解企业持有现金的目的和动机；
2. 熟练掌握现金最佳持有量的计算方法；
3. 掌握现金的日常管理的方法；
4. 掌握信用政策与应收账款成本计算方法；
5. 掌握存货经济批量的计算和管理方法；
6. 描述存货的日常管理方法。

工作任务： 1. 现金及有价证券管理；
2. 应收账款管理；
3. 存货管理。

关 键 词： 现金　持有成本　转换成本　应收账款　信用政策　信用标准　信用条件　存货

案例导入：

海尔的“三个零”

创立于1984年的海尔集团，这些年来持续稳定发展，已成为在海内外享有较高美誉的大型国际化企业集团。海尔集团坚持全面实施国际化战略，已建立起具有国际竞争力的全球设计网络、制造网络、营销与服务网络。

为应对网络经济和加入WTO的挑战，海尔从1998年开始实施以市场链为纽带的业务流程再造，以订单信息流为中心带动物流、资金流的运动，加快了与用户零距离、产品零库存和零营运成本“三个零”目标的实现。

零库存，就是三个JIT(适时生产)，即JIT采购、JIT送料、JIT配送。这使得海尔能实现零库存。这里，海尔的仓库已经不叫仓库了，它只是一个配送中心。它是为了下道工序配送而暂存的一个地方。零库存不仅意味着没有大量的物资积压，不会因这些物资积压形成呆滞物资，而且最重要的是可以为零缺陷铺平道路。就是说，这些物资都是采购最好的，采购最新鲜的。它可以使质量保证有非常牢靠的基础。

所谓零距离，就是拿到用户的订单后，以最快的速度满足用户的需求。包括生产过程，也是柔性的生产线，都是根据订单来进行生产的。海尔在全国有42个配送中心，这些配送中心可以及时地将产品送到用户手中去。通过这种做法，可以实现零距离。零距离对企业来讲，不仅仅是意味着产品不需要积压，赶快送到用户手中，而且它还有更深的一层意思，就是说，企业可以在市场当中不断地获取新的市场，创造新的市场。就像美国的管理大师德鲁克所说的："好的公司是满足需求，伟大的公司是创造市场。"

零营运资本，就是零流动资金占用。海尔因为有了前面的两个零，即零库存和零距离，因此也可以做到零营运资本。也就是说，在给供方的付款期到期前，可以先把用户欠的货款收回来。为什么呢？因为海尔可以做到现款现货。因为它是根据用户的订单来生产的，所以这个产品一到用户手里，用户就可以付给企业。这就使得海尔顺利进入良性运作的过程。

物流带给海尔的就是这三个零。但最重要的是它可以使海尔寻求和获得竞争力。海尔的CEO张瑞敏认为，一只手抓住用户的需求，另一只手抓住可以满足用户需求的全球的供应链，把这两种能力结合在一起，这就是企业的竞争力。到目前为止，海尔通过业务流程的再造，建立现代物流，最后获得的就是在全世界都有能力进行竞争的核心竞争力，最终成为世界名牌，成为一个真正的世界500强的国际化企业。

零营运资金是所有企业营运资金管理追求的目标，但要实现零营运资金占用，只有营运资金管理各个环节整体优化，才能实现营运资金管理的目标。本章就营运资金管理的内容进行学习。

（资料来源：中国软件网，http：//www. soft 6. com/v9/2007/hyzz_ 0810/41658. html）

任务一　现金及有价证券管理

现金是可以立即投入流动的交换媒介。它的首要特点是普遍的可接受性，即可以有效地立即用来购买商品、货物、劳务或偿还债务。因此，现金是企业中流动性最强的资产。属于现金内容的项目，包括企业的库存现金、各种形式的银行存款和银行本票、银行汇票。

有价证券是企业现金的一种转换形式。有价证券变现能力强，可以随时兑换成现金。企业有多余现金时，常将现金兑换成有价证券；现金流出量大于流入量需要补充现金时，再出让有价证券换回现金。在这种情况下，有价证券就成了现金的替代品。获取收益是持有有价证券的原因。

现金及有价证券的管理目的是在保证企业生产经营所需货币的同时，节约使用资金，并从暂时闲置的货币中获得最多的利息收入。持有足够的现金不仅能增强企业资产的流动性，而且还能应付意外事件对现金的需求，从而降低企业的财务风险。加强现金管理是企业流动资产管理中的一项最重要的内容。现金管理的内容主要包括：

(1)编制现金收支计划，以便合理估计未来的货币需求；

(2)对日常的现金收支进行控制，力求加速收款，延缓付款；

(3)用特定的方法确定货币资金最佳持有量。

一、持有现金的动机

(一)支付的动机

支付的动机是指持有现金以便满足日常支付的需要，如用于购买材料、支付工资、缴纳税款、支付股利等。企业每天的现金收入和现金支出很少同时等额发生，保留一定的现金余额可使企业在现金支出大于现金收入时，不致中断交易。支付需要现金的数量，取决于企业的销售水平。正常营业活动所产生的现金收入和支出以及它们的差额，一般同销售量呈正比例变化。其他现金的收支，如买卖有价证券、购入机器设备、偿还借款等，比较难预测，但随着销售数量的增加，都有增加的倾向。

(二)预防的动机

预防的动机是指持有现金，以应付意外事件对现金的需求。企业预计的现金需要量一般是指正常情况下的需要量，但有许多意外事件会影响企业现金的收入与支出。例如，地震、水灾、火灾等自然灾害，生产事故，主要顾客未能及时付款等，都会打破企业的现金收支计划，使现金收支出现不平衡。持有较多的现金，可使企业更好地应付这些意外事件的发生。预防动机所需要现金的多少取决于三个因素：①现金收支预测的可靠程度；②企业临时借款能力；③企业愿意承担的风险程度。

(三)投机的动机

投机的动机是指企业持有现金，以便当证券价格剧烈波动时，从事投机活动，从中获得收益。当预期利率上升、有价证券的价格将要下跌时，投机的动机就会鼓励企业暂时持有现金，直到利率停止上升为止。当预期利率将要下降，有价证券的价格将要上升时，企业可能会将现金投资于有价证券，以便从有价证券价格的上升中得到收益。

二、现金最佳持有量的确定

现金作为企业流动性最强的资产，保持一定量的现金有利于维持企业的支付能力，降低企业的风险水平；但是现金又是非营利性资产，库存现金没有任何盈利能力，银行存款的收益率也远远低于企业资金报酬率，现金余额过大会让企业承担较大的机会成本。因此，考虑到风险与报酬，就必然涉及最佳货币持有量的决策问题。常见的现金持有量决策模式有以下几种：

(一)成本分析模式

成本分析模式是根据现金有关成本，分析预测其总成本最低时现金持有量的一种方法。现金的成本一般由以下三个部分组成：

1. 持有成本

持有成本是指企业因保留一定的现金余额而增加的管理费用及丧失的再投资收益。其中，前者主要是由于对该项现金余额进行管理而增加的费用支出，如管理人员的工资与必要的安全措施费用等。这部分费用具有固定成本性质，它在一定的范围内与现金持有量关系不大。后者是由于企业不能同时用该现金进行有价证券投资所产生的机会成本，它是变动成本，它与现金持有量的额度密切相关，即现金持有量越大，机会成本就越高；反之，就越小。因此，它属于决策的相关成本。机会成本＝现金持有量×有价证券利率(或报酬率)。

2. 转换成本

转换成本是指企业买卖有价证券时付出的交易费用。如委托买卖佣金、委托手续费、证券过户费、实物交割手续费等。转换成本之中有的具有变动成本性质，如委托佣金或手续费，它们一般是按照委托成交金额计算的。在证券总额一定的情况下，无论变现次数多少，所需支付的委托佣金总额是相同的。因此，它们属于决策的无关成本。这样，决策的相关成本只包括转换成本中的固定性转换成本。所以，通常在计算货币最佳持有量的转换成本时我们仅考虑其中的固定性转换成本。转换成本与证券变现次数呈线性关系，与货币最佳持有量呈反比关系。固定性转换成本＝证券变现次数×每次的转换成本。

3. 短缺成本

短缺成本是指企业因缺乏必要的现金，无法应付日常支付可能蒙受的损失。企业的现金短缺成本经常发生，如因缺乏现金无法及时购买原材料，造成生产中断的停工损失；企业缺乏现金不能按期偿还债务造成的信用损失；企业缺乏现金无法在折扣期内支付货款而丧失的现金折扣好处等。现金的短缺成本随现金持有量的增加而减少，随现金持有量的减少而增加。

成本分析模式只考虑持有一定量的现金而产生的持有成本(包括机会成本与管理费用)及短缺成本，而不考虑转换成本。相关成本与现金持有量之间的关系如图 6-1 所示。

从图 6-1 可以看出，最佳现金持有量是总成本最低时的货币持有量。

【例 6-1】某公司现有甲乙丙三种现金持有方案，相关资料如表 5-1 所示。

表 6-1　**现金持有量备选方案**　单位：元

项目	甲方案	乙方案	丙方案
现金持有量	40000	50000	60000
机会成本率(%)	10	10	10
管理费用	1000	1000	1000
短缺成本	3000	1800	600

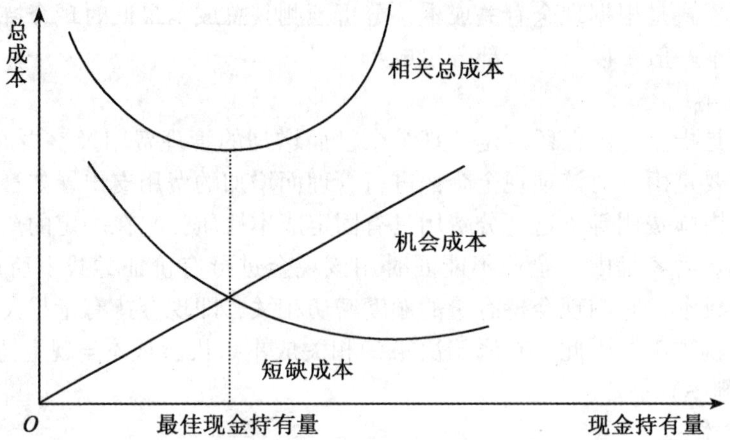

图 6-1 现金持有量与成本关系

根据表 6-1 编制公司最佳现金持有量测算表 6-2。

表 6-2 **公司最佳现金持有量测算** 单位：元

方案	现金持有量	机会成本	管理费用	短缺成本	总成本
甲	40000	4000	1000	3000	8000
乙	50000	5000	1000	1800	7800
丙	60000	6000	1000	600	7600

通过比较可知，丙方案的总成本最低，因此，7600 元即为最佳现金持有量。

(二)存货模式

存货模式认为公司货币持有量在许多方面与存货相似，存货经济订货批量模型可以用于确定目标现金持有量。存货模式的着眼点也是现金相关总成本最低。在这些成本中，管理费用因其相对稳定，同现金持有量的多少关系不大，因此在存货模式中将其视为决策无关成本而不予考虑。现金的短缺成本存在很大的不确定性和无法计量性，也不予考虑。在存货模式中，只对机会成本和固定性转换成本予以考虑。能够使现金管理的机会成本与固定性转换成本之和保持最低的现金持有量，即为最佳现金持有量。

设 A 为预算期内货币(现金)需要总量，Q 为最佳货币持有量，R 为有价证券利率或报酬率，F 为平均每次证券变现的固定费用，即转换成本，TC 为现金管理总成本，则

现金管理总成本＝持有机会成本+固定性转换成本

最低现金管理总成本、持有机会成本和固定性转换成本的关系如图 6-2 所示。

用公式表示为

$$TC=\frac{Q}{2}R+\frac{A}{Q}F$$

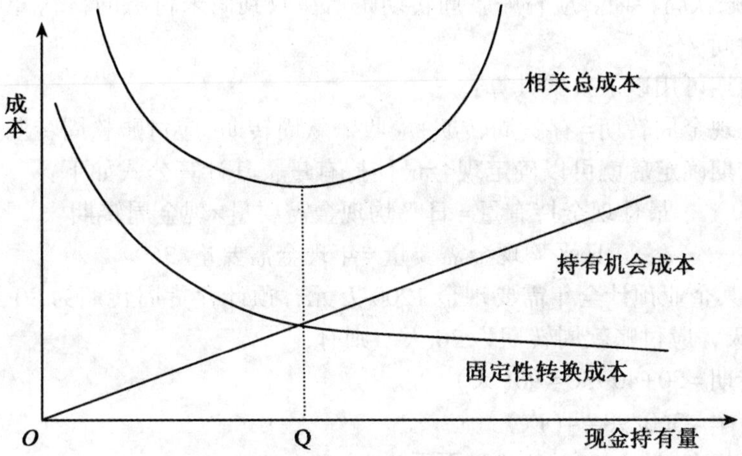

图 6-2　现金持有量与相关成本关系图

上式通过对 Q 求一阶导数，并令其结果为 0，即可以确定出最佳货币持有量 Q 及最低现金管理总成本。

最佳货币持有量 $Q=\sqrt{\dfrac{2AF}{R}}$

证券变现次数为$\dfrac{A}{Q}$

最低现金管理总成本 $TC=\sqrt{2AFR}$

【例 6-2】某公司预计全年现金需要量为 70000 元，每天支出量不变，现金与有价证券的每次转换成本为 280 元，有价证券的利息率为 20%，求该公司的现金最佳持有量为多少？

最佳货币持有量 $Q=\sqrt{\dfrac{2AF}{R}}=\sqrt{\dfrac{2\times70000\times280}{20\%}}=14000$(元)

最低现金管理总成本 $TC=\sqrt{2ARF}=\sqrt{2\times70000\times280\times20\%}=2800$(元)

证券变现次数为$\dfrac{A}{Q}=\dfrac{70000}{14000}=5$(次)

(三)现金周转模式

现金周转模式是根据现金周转速度来确定企业最佳现金持有量的一种方法。当企业一定时期的现金需求总量一定的情况下，现金平均余额的大小将取决于现金本身的周转期的长短，周转期越长，现金持有量越大；周转期越短，现金持有量越小。现金周转期是指自现金投入生产开始到最终又以现金形式回归所需的时间长短。现金周转期取决于以下三个因素：

(1)存货周转期。存货周转期是指将原材料转化成产成品并出售所需要的时间。

(2)应收账款周转期。应收账款周转期是指将应收账款转换为现金所需要的时间，即从产品销售到收回现金的时间。

(3)应付账款周转期。应付账款周转期是指从收到尚未付款的材料开始到现金支出之间所用的时间。

现金周转期可用以下公式计算：

现金周转期=存货周转期+应收账款周转期-应付账款周转期

现金周转期确定后就可以确定现金最佳持有量，其计算公式如下：

最佳现金持有量=日平均现金需要量×现金周转期

日平均现金需要量=年现金需要量/360

【例 6-3】某企业预计全年需要现金 1200 万元，预计存货周转期为 80 天，应收账款周转期为 40 天，应付账款周转期为 30 天。则有，

现金周转期=80+40-30=90(天)

现金周转率=360/90=4(次)

最佳现金持有量=1200/4=300(万元)

现金周转模式简便易行，但是该模式假设企业在采购、生产和销售各环节的现金流量是相等的，否则，计算口径不同就无法按上述公式计算现金周转期，而现实情况与此假设有较大的偏差，从而影响了最佳现金持有量的合理性。

三、现金收支的日常管理

(一)现金收账管理

现金收账管理的目标在于缩短自客户付款(支票)到支票兑现，存入企业存款户为止的时间。设计现金收账方法的要求是：①减少客户付款的邮寄时间；②减少付款到达后取回资金的时间；③使资金能迅速转入企业开户银行的往来账户备用。现金收账方法有以下几种：

(1)设立收账中心，由银行集中收账。企业以客户的地理分布和各销售区的账单量为依据设立多个收款中心，以缩短从顾客寄出账款到资金到手之间的时间。收款中心是企业在该中心所服务的区域内向客户开出发票和账单的中心，客户将付款送到该中心而无须送到公司总办事处。收款中心收到付款后立即存入当地银行，并由当地银行划转该企业开立主要存款账户的商业银行。划转是每日用电汇方式进行的，较之常用的存入转账支票的办法更快，以这种办法划转到集中收账银行的资金，企业立即可用。对于营业地区广大的企业来说，银行集中收账可加速收账时间达 3 天之多，但是，即使全国销售的企业，维持银行集中收账的费用也是很大的。例如，被使用的当地银行将指望它们维持相称的存款金额。因此，采用这种收账制的费用应少于将因之节约的现金进行投资而可获得的额外利润。

(2)设立专用邮政信箱。首先应在各主要城市租用当地的邮政信箱，委托地区银行收取客户寄入该邮政信箱的支票并将收到的支票存入开出发票账单企业的账户。地区银行将存款单和收到的付款单位名单等定期送交开出发票账单的企业。使用该收账方式，可以节约由收账中心收取支票再存入当地银行的时间，但维持这个收账制度代价较昂贵，银行需收取服务费并希望维持相称的存款余额，而且服务费是按收取的支票数计算

的。如果支票的额很小，则成本就比较高。因此，是否采用这一收账方法要根据上述条件平衡考虑。

(3)专人收款。对于金额较大的收账可采用直接派专人前往收取支票并存银行，加速收款。

(4)事先核定记账。这种方法是指在某个指定时间，现金自然从顾客账户转到公司的账户上，在此过程中没有传统的账单，故这种转账叫做无账单交易。因为邮寄和账户结算的时间都减少了，因此，此方法能加速资金周转。虽然这种方法十分有效，而且也可能成为一种发展趋势，但是它被接受的速度比预计的要慢；当然付款者在实行这种方法时失去了弹性付款时间也是不被广泛接受的原因之一。

(二)现金支出管理

加速现金回收固然是现金管理的一个重要方面，但仅仅做好这一工作还不够，还必须加强对现金流出的控制。因此，只有包含有效的现金流入和流出的管理才构成完整的现金管理。现金流出的控制方法有下列几种：

(1)延缓支付应付账款。为了最大限度地利用现金，安排好付款时间是很重要的。企业在不影响自身信誉的前提下，可尽量推迟应付账款周期。如企业采购物资，其支付条件是开出发票日期后 10 天内付款，现金折扣 2%，45 天内按发票额付款。企业应安排在开票后第 10 天付款，使企业能在最大限度的时间内利用现金而又不丧失现金折扣，倘若企业急需现金而放弃折扣的优惠，当然应安排在信用条件规定的最后一天支付款项。另外，企业还可以利用汇票这一结算方式来延缓现金支出的时间，因为汇票和支票不同，不能见票即付，还需由银行经购货单位承兑后方能付现，所以企业的银行存款实际支款的时间迟于开出汇票的时间。

(2)运用现金的“浮游量”。现金的浮游量是指企业账户上存款余额与银行账户上所示的存款余额之间的差额，出现这种情况的主要原因是以企业开出支票、收款人收到支票并将其送交银行，直到银行办理完款项的划转，通常需要一定的时间。因此“浮游量”实际上就是企业与银行双方出账与入账的时间差造成的。也就是在这段时间里，虽然企业已开出支票却仍可动用银行存款账上的这笔资金，以达到充分利用现金的目的，但是，企业使用现金浮游量应谨慎行事，要预先估计好这一差额并控制使用的时间，否则，就会发生银行存款的透支。

(3)工资支付模式。许多企业都开设有支付工资的专门银行存款户。然而，事实上并不是所有员工都在发工资当日就将支票到银行兑现，有的甚至过了好几天才去银行兑换。因此，企业应根据本企业员工支票兑现的历史资料，预测工资支付发生后逐日兑现的百分比，以便把每日的银行存款余额保持在最低额。总之，有效地控制现金支出可以尽可能多地保持现金余额。

任务二　应收账款管理

应收账款是指企业因销售产品或提供劳务等业务，应向购货单位或接受劳务单位收取的款项，是企业流动资产投资的重要组成部分。随着市场经济的发展，商业信用的推行，企业应收账款数额明显增多，应收账款管理已成为流动资产管理中一个重要的问题。企业进行应收账款投资，一方面，可以提高企业的竞争能力，扩大销售，减少存货；另一方面，应收账款的各种成本的增加又不可避免。因此，制定合理的信用政策，权衡应收账款的收益与风险，比较不同方案下的成本与收益，追求应收账款管理效益最大化，就成为应收账款的管理目标。

一、应收账款的成本

应收账款的成本是企业在采用赊销方式促进销售时，因持有应收账款而付出的代价。其内容包括以下几个方面：

(1)机会成本。应收账款的机会成本是指因资金投放在应收账款上而丧失的其他投资收益。如投资于有价证券就会有利息收入。这一成本的大小通常与企业维持赊销业务所需要的资金数量(即应收账款占用的资金)、资金成本率有关。其计算公式为：

应收账款的机会成本=维持赊销业务所需要的资金×资金成本率

上式中资金成本率一般按有价证券利息率或者投资报酬率计算，维持赊销业务所需要的资金数量可以按以下方法计算：

①计算应收账款平均余额。

应收账款平均余额=年赊销额/360×平均收账天数

在年赊销额不易取得时，通常用年销售收入指标代替。

②计算维持赊销业务所需要的资金。

维持赊销业务所需要的资金=应收账款平均余额×变动成本率

在上述分析中，假设企业的单位变动成本和固定成本总额不变，随着赊销业务的扩大，只有变动成本随之上升。

【例 6-4】某公司预测的下一年度赊销额为 3000 万元，应收账款平均收账天数为 60 天，变动成本率为 60%，公司因持有应收账款而放弃的证券投资收益为 8%，一年按 360 天计算。则应收账款的机会成本计算如下：

应收账款平均余额=3000/360×60=50(万元)

维持赊销业务所需要的资金=50×60%=30(万元)

应收账款的机会成本=30×8%=2.4(万元)

(2)坏账成本。应收账款的坏账成本是企业因应收账款无法收回而发生的损失。应收账款基于商业信用而产生，存在无法收回的可能性，应收账款发生坏账的可能性一方面与特定的客户的资信状况和经济实力密不可分，另一方面与收账期的长短有关。一般地，收账期越长，应收账款发生坏账的可能性越大；收账期越短，应收账款发生坏账的可能性越小。其计算公式为：

坏账成本=赊销收入×预计坏账损失率

(3)管理成本。应收账款的管理成本是指对应收账款进行日常管理而发生的各种费用。主要包括了解客户资信状况的信用调查费用、应收账款的收账费用等。管理成本的高低往往会影响到坏账的水平，即企业的管理水平越高，投入的管理费用就越多，则发生的可能性就会相应地降低。

三、信用政策

为了确保企业能一致性地运用信用和保证公平性，企业额必须保持恰当的信用政策，必须明确地规定信用标准、信用条件、信用期间和折扣条件。

(一)信用标准

信用认可标准代表企业愿意承担的最大的付款风险的金额。如果企业执行的信用标准过于严格，则可能会降低对符合可接受信用风险标准客户的赊销额，因此会限制企业的销售机会；如果企业执行的信用标准过于宽松，则可能会对不符合可接受信用风险标准的客户提供赊销，因此会增加随后还款的风险并增加坏账费用。

1. 信息来源

当企业在建立分析信用请求的方法时，必须考虑信息的类型、数量和成本。信息既可以从企业内部收集，也可以从企业外部收集。无论信用信息从哪儿收集，都必须将成本与预期的收益进行对比。企业内部产生的最重要的信用信息来源是信用申请人执行信用申请(协议)的情况和企业自己保存的有关信用申请人还款历史的记录。

企业可以使用各种外部信息来源来帮助其确定申请人的信誉。申请人的财务报表是该种信息主要来源之一。无论是经过审计的还是没有经过审计的财务报表，由于可以将这些财务报表及其相关比率与行业平均数进行对比，因此它们都提供了有关信用申请人的重要信息。

获得申请人付款状况的第二个信息来源是一些商业参考资料或申请人过去获得赊销的供货商。另外，银行或其他贷款机构(如商业贷款机构或租赁公司)可以提供申请人财务状况和可使用信息额度方面的标准化信息，最后，一些地方性和全国性的信用评级机构收集、评价和报告有关申请人信用状况的历史信息。这些信用报告包括诸如以下内容的信息：还款历史、财务信息、最高信用额度、可获得的最长信用期限和所有未了结的债务诉讼。由于还款状况的信息是以自愿为基础提供给评级机构的，因此评级机构所使用的样本量可能较小并且(或)不能准确反映企业还款历史的整体状况。

2. 5C 信用评价系统

信用评价取决于可以获得的信息类型、信用评价的成本与收益。传统的信用评价主要考虑以下五个因素：

(1)品质(Character)：是指个人申请人或企业申请人管理者的诚实和正直表现。品质反映了个人或企业在过去的还款中所体现的还款意图和愿望。

(2)能力(Capacity)：能力反映的是企业或个人在其债务到期时可以用于偿债的当前和未来的财务资源。可以使用流动比率和现金流预测等方法评价申请人的还款能力。

(3)资本(Capital)：资本是指如果企业或个人当前的现金流不足以还债，那么其在短期和长期内可供使用的财务资源。

(4)抵押(Collateral)：抵押是指当企业或个人不能满足还款条款时，可以用作债务担保的资产或其他担保物。

(5)条件(Condition)：条件是指影响顾客还款能力和还款意愿的经济环境，对申请人的这些条件进行评价以决定是否给其提供信用。

3. 信用的定量分析

进行商业信用的定量分析可以从考察信用申请人的财务报表开始。通常使用比率分析法评价顾客的财务状况。常用的指标有：流动性和营运资本比率(如流动比率、速动比率以及现金对负债总额比率)、债务管理和支付比率(利息保障倍数、长期债务对资本比率、带息债务对资产总额比率，以及负债总额对资产总额比率)和盈利能力指标(销售回报率、总资产回报率和净资产收益率)。

将这些指标和信用评级机构及其他协会发布的行业标准进行比较可以洞察申请人的信用状况。定量信用评价法常被像百货店这样的大型零售信用提供商使用。信用评分包括以下四个步骤：

(1)根据信用申请人的月收入、尚未偿还的债务和过去受雇佣的情况将申请人划分为标准的客户和高风险的客户；

(2)对符合某一类型申请人的特征值进行加权平均以确定信誉值；

(3)确定明确的同意或拒绝给予信用的门槛值；

(4)对落在同意给予信用的门槛值或拒绝给予信用的门槛值之间的申请人进行进一步分析。

这些定量分析方法符合成本—效益原则，并且也符合消费者信用方面的法律规定。判断分析是一种规范的统计分析方法，可以有效确定区分按约付款或违约付款顾客的因素。

(二)信用条件

信用条件是销货企业要求赊购客户支付货款的条件，由信用期限和现金折扣两个要素组成。规定信用条件包括设计销售合同或协议来明确规定在什么情形下可以给予信用。企业必须建立信息系统或购买软件对应收账款进行监控以保证信用条款的执行，并且查明顾客还款方式在总体和个体方面可能发生的变化。

1. 约束信用政策的因素

有许多因素影响企业的信用政策。在许多行业，信用条件和政策已经成为标准化的惯例，因此某一家企业很难采取与其竞争对手不同的信用条件。企业还必须考虑提供商业信用对现有贷款契约的影响。因为应收账款的变化可能会影响流动比率，可能会导致违反贷款契约中有关流动比率的约定。

2. 对流动性的影响

公司的信用条件、销售额和收账方式决定了其应收账款的水平。应收账款的占用必须要有相应的资金来源，因此企业对客户提供信用的能力与其自身的借款能力相关。不适当地管理应收账款可能会导致顾客延期付款而导致流动性问题。然而，当应收账款用于抵押贷款或作为债务担保工具或出售时，应收账款也可以成为流动性的来源。

3. 提供信用的收益和成本

因为提供信用可以增加销售额，所以商业信用可能会增加企业的收益。赊销的另一个潜在的收益来源是从分期收款销售安排中获得利息收益。利息可能是一块很大的利润来源，尤其是零售型企业通过自己私有品牌的信用卡或分期收款合同向顾客提供直接融资时更是如此。

另外，提供信用也有成本。应收账款的主要成本是持有成本。一般来说，企业根据短期借款的边际成本或加权平均成本(WACC)确定应收账款的持有成本。运营和维持企业信用部门的成本也是非常高的，其成本包括人员成本、数据处理成本和还款处理成本、信用评估成本和从第三方购买信用信息的成本。

(三)信用期间

监管逾期账款和催收坏账的成本影响企业的利润。根据相关会计准则的规定，不能收回的应收账款应该确认为坏账损失。多数企业根据过去的收款情况来估计坏账损失的数额并建立"坏账准备"账户，同时，将坏账费用记入当期损益。信用政策的一个重要方面就是确定坏账费用和注销坏账费用的时间和金额。

催收逾期账款的成本可能很高。企业可以通过购买各种类型的补偿坏账损失的保险来降低坏账的影响。在评价赊销潜在的盈利能力时，必须对保险费进行成本—效益分析。

信用期间是企业允许顾客从购货到付款之间的时间，或者说是企业给予顾客的付款期间。例如，若某企业允许顾客在购货后的50天内付款，则信用期为50天，信用期过短，不足以吸引顾客，在竞争中会使销售额下降；信用期过长，对销售额增加固然有利，但只顾及销售增长而盲目放宽信用期，所得到的收益有时会被增长的费用抵消，甚至造成利润减少。因此，企业必须慎重研究，确定出恰当的信用期。

信用期的确定，主要是分析改变现行信用期对收入和额成本的影响。延长信用期，会使销售额增加，产生有利影响；与此同时，应收账款、收账费用和坏账损失增加，会产生不利影响。当前者大于后者时，可以延长信用期，否则不宜延长。如果缩短信用期，则情况与此相反。

【例 6-5】A 公司目前采用 30 天按发票金额(即无现金折扣)付款的信用政策，拟将信用期间放宽至 60 天，仍按发票金额付款。假设该风险投资的最低报酬率为 15%，其他有关数据如表 6-3 所示。

表 6-3　　**信用期决策数据**

项　目	信用期间(30 天)	信用期间(60 天)
"全年"销售量(件)	100000	120000
"全年"销售额(单价 5 元)	500000	600000
"全年"销售成本(元)：		
变动成本(每件 4 元)	400000	480000
固定成本(元)	50000	50000
毛利(元)	50000	70000

续表

项　目	信用期间(30天)	信用期间(60天)
可能发生的收账费用(元)	3000	4000
可能发生的坏账损失(元)	5000	9000

注："全年"字样要特别注意，千万不能理解为"30天内销售100000件"及"60天内销售120000件"，正确的理解应为：在30天信用期和60天信用期两种销售政策下，年销售量分别为100000件和120000件。

在分析时，先计算放宽信用期得到的收益，然后计算增加的成本，最后根据两者比较的结果作出判断。

1. 收益增加

收益的增加=销售量的增加×单位边际贡献=(120000-100000)×(5-4)=20000(元)

2. 应收账款占用资金应计利息增加的计算

(1)应收账款平均余额=日销售额×信用期间或平均收现期

(若顾客主动遵守信用而没有延期付款的，则为信用期；若顾客拖延付款，则为平均收现期)

(2)应收账款占用资金=应收账款平均余额×变动成本率

(3)应收账款占用资金的"应计利息"

=应收账款占用资金×资本成本

=应收账款平均余额×变动成本率×资本成本

=日销售额×信用期间或平均收现期×变动成本率×资本成本

=(全年销售额×变动成本率)/360×信用期间或平均收现期×资本成本

=全年销售变动成本/360×信用期间或平均收现期×资本成本

改变信用期间导致的应计利息增加

=60天信用期应计利息-30天信用期应计利息

$$=\frac{600000}{360}\times60\times\frac{480000}{600000}\times15\%-\frac{500000}{360}\times30\times\frac{400000}{500000}\times15\%$$

$$=\frac{480000}{360}\times60\times15\%-\frac{400000}{360}\times30\times15\%$$

=7000(元)

3. 收账费用和坏账费用损失增加

收账费用增加=4000-3000=1000(元)

坏账损失增加=9000-5000=4000(元)

4. 改变信用期的税前损益

改变信用期间的税前损益=收益增加-成本费用增加=20000-7000-1000-4000
=8000(元)

由于收益的增加大于成本增加，故应采用60天信用期。

上述信用期分析的方法比较简略，可以满足一般制定信用政策的需要。如有必要，也可以进行更细致的分析，如进一步考虑：销售增加引起存货增加而占用的资金。

【例 6-6】延续上例数据，假设上述 30 天信用期变为 60 天后，因销售量增加，年平均存货水平从 9000 件上升到 20000 件，每件存货按变动成本 4 元计算，其他情况依旧。

由于增添了新的存货增加因素，需要在原来分析的基础上，再考虑存货增加而多占资金所带来的影响，重新计算放宽信用期的损益。

存货增加而多占用资金的应计利息 = (20000 − 9000) × 4 × 15% = 6600(元)

改变信用期间的税前损益 = 收益增加 − 成本费用增加

= 20000 − 7000 − 1000 − 4000 − 6600 = 1400(元)

因为仍然可以获得税前收益，所以尽管会增加平均存货，还是应该采用 60 天的信用期。

更进一步地细致分析，还应考虑存货增加引起的应付账款的增加。这种负债的增加会节约企业的营运资金，减少营运资金的"应计利息"。因此，信用期变动的分析，一方面，要考虑对利润表的影响(包括收入、成本和费用)；另一方面，要考虑对资产负债表的影响(包括应收账款、存货、应付账款)，并且要将对资金占用的影响用"资本成本"转化为"应计利息"，以便进行统一的得失比较。

此外，还有一个值得注意的细节，就是"应收账款占用资金"应当按"应收账款平均余额乘以变动成本率"计算确定。

(四)折扣条件

如果公司给顾客提供现金折扣，那么顾客在折扣期付款少付的金额产生的"成本"将影响公司收益。当顾客利用了公司提供的折扣，而折扣又没有促使销售额增长时，公司的净收益则会下降。当然，上述收入方面的损失可能会全部或部分地由应收账款持有成本的下降所补偿。宽松的信用政策可能会提高销售收入，但是它也会使应收账款的服务成本、收账成本和坏账损失增加。

现金折扣是企业对顾客在商品价格上的扣减。向顾客提供这种价格上的优惠，主要目的在于吸引顾客为享受优惠而提前付款，缩短企业的平均收款期。另外，现金折扣也能招揽一些视折扣为减价出售的顾客前来购货，借此扩大销售量。

折扣的表示常用如 5/10、3/20、N/30 这样的符号。这三个符号的含义分别为：5/10表示 10 天内付款，可享受 5%的价格优惠，即只需支付原价的 95%，如原价为 10000 元，只需支付 9500 元；3/20 表示 20 天内付款，可享受 3%的价格优惠，即只需支付原价的 97%，若原价为 10000 元，则只需支付 9700 元；N/30 表示付款的最后期限为 30 天，此时，付款无优惠。

企业采用什么程度的现金折扣，要与信用期间结合起来考虑。比如，要求顾客最迟不超过 30 天付款，若希望顾客 20 天、10 天付款，则能给予多大折扣？或者给予 5%、3%的折扣，能吸引顾客在多少天内付款？不论是信用期间还是现金折扣，都可能给企业带来收益，但也会增加成本。现金折扣带给企业的好处前面已经讲过，它使企业增加的成本，则指的是价格折扣损失。当企业给予顾客某种现金折扣时，应当考虑折扣所能带来的收益与成本孰高孰低，权衡利弊。

因为现金折扣是与信用期间结合使用的，所以确定折扣程度的方法与程序实际上与前述确定信用期间的方法与程序一致，只不过要把所提供的延期付款时间和折扣综合起来，计算各方案的延期与折扣能取得多大的收益增量，再计算各方案带来的成本变化，最终确定最佳方案。

【例 6-7】沿用上述信用期决策的数据，假设该公司在放宽信用期的同时，为了吸引顾客尽早付款，提出了 0.8/30，N/60 的现金折扣条件，估计会有一半的顾客(按 60 天信用期所能实现的销售量计算)将享受现金折扣优惠。

1. 收益的增加

收益的增加=销售量的增加×单位边际贡献

$$=(120000-100000)\times(5-4)=20000(\text{元})$$

2. 应收账款占用资金的应计利息增加

$$30\text{天信用期应计利息}=\frac{500000}{360}\times30\times\frac{400000}{500000}\times15\%=5000(\text{元})$$

$$\text{提供现金折扣的应计利息}=\frac{600000\times50\%}{360}\times60\times\frac{480000\times50\%}{600000\times50\%}\times15\%+\frac{600000\times50\%}{360}\times30\times\frac{480000\times50\%}{600000\times50\%}\times15\%$$

$$=6000+3000=9000(\text{元})$$

应收账款占用资金的应计利息增加=9000-5000=4000(元)

3. 收账费用增加和坏账损失增加

收账费用增加=4000-3000=1000(元)

坏账损失增加=9000-5000=4000(元)

4. 估计现金折扣成本的变化

现金折扣成本增加=新的销售水平×新的现金折扣率×享受现金折扣的顾客比例-旧的销售水平×旧的现金折扣率×享受现金折扣的顾客比例

$$=600000\times0.8\%\times50\%-500000\times0\times0=2400(\text{元})$$

5. 提供现金折扣后的税前损益

收益增加-成本费用增加=20000-(4000+1000+4000+2400)=8600(元)

由于可获得税前收益，故应当放宽信用期，提供现金折扣。

【例 6-8】B 公司目前采用 30 天按发票金额付款的信用政策。为了扩大销售规模，公司拟改变现有的信用政策，有两个可供选择的方案，有关数据如表 6-4 所示。

表 6-4　**信用政策决策数据**

项目	当前	方案一	方案二
信用期	n/30	n/60	2/10、1/20、n/30
年销售量(件)	72000	86400	79200
销售单价(元)	5	5	5
变动成本率	0.8	0.8	0.8

续表

项目	当前	方案一	方案二
可能发生的收账费用(元)	3000	5000	2850
可能发生的坏账损失(元)	6000	10000	5400
平均存货水平(件)	10000	15000	11000

如果采用方案二，估计会有20%的顾客(按销售量计算，下同)在10天内付款、30%的顾客在20天内付款，其余的顾客在30天内付款。

假设该项投资的资本成本为10%；1年按360天计算。

方案一(见表6-5)

表6-5　**信用政策方案一**

项目	目前	方案一	差额
销售收入	72000×5＝360000	86400×5＝432000	72000
边际贡献	72000	86400	14400
平均收现期	30	60	
应收账款应计利息	$\frac{360000}{360}\times30\times0.8\times10\%=2400$	$\frac{432000}{360}\times60\times0.8\times10\%=5760$	3360
存货应计利息	10000×(5×0.8)×10%＝4000	15000×(5×0.8)×10%＝6000	2000
收账费用	3000	5000	2000
坏账损失	6000	10000	4000
折扣成本			0
税前损益			3040

方案二(见表6-6)

表6-6　**信用政策方案二**

项目	目前	方案二	差额
销售收入	72000×5＝360000	79200×5＝396000	36000
边际贡献	72000	79200	7200
平均收现期	30	10×20%＋20×30%＋30×50%＝23	
应收账款应计利息	$\frac{360000}{360}\times30\times0.8\times10\%=2400$	$\frac{396000}{360}\times23\times0.8\times10\%=2024$	−376
存货应计利息	10000×(5×0.8)×10%＝4000	11000×(5×0.8)×10%＝4400	400

续表

项目	目前	方案二	差额
收账费用	3000	2850	-150
坏账损失	6000	5400	-600
折扣成本		396000×2%×20%+396000×1%×30%=2772	2772
税前损益			5154

由此可见，方案二增加的税前损益大于方案一增加的税前损益，所以方案二较优。

三、应收账款的监控

在实施信用政策时，企业应当监督和控制每一笔应收账款和应收账款总额。例如，可以运用应收账款周转天数衡量企业需要多长时间收回应收账款，可以通过账龄分析表追踪每一笔应收账款，可以采用ABC分析法来确定重点监控的对象等。

监督每一笔应收账款的理由是：

(1)在开票或收款过程中可能会发生错误或延迟；

(2)有些客户可能故意拖欠到企业采取追款行动才付款；

(3)客户财务状况的变化可能会改变其按时付款的能力，并且需要缩减该客户未来的赊销额度。

企业也必须对应收账款的总体水平加以监督，因为应收账款的增加会影响企业的流动性，还可能导致额外融资的需要。此外，应收账款总体水平的显著变化可能表明业务方面发生了改变，这可能影响公司的融资需要和现金水平。企业管理部门需要分析这些变化以确定其起因并采取纠正措施。可能引起重大变化的事件包括销售量的变化、季节性、信用标准政策的修改、经济状况的波动以及竞争对手采取的促销等行动。最后，对应收账款总额进行分析还有助于预测未来现金流入的金额和时间。

(一)应收账款周转天数

应收账款周转天数或平均收账期是衡量应收账款管理状况的一种方法。应收账款周转天数的计算方法为：将期末在外的应收账款除以该期间的平均日赊销额。应收账款周转天数提供了一个简单的指标，将企业当前的应收账款周转天数与规定的信用期限、历史趋势以及行业正常水平进行比较可以反映企业整体的收款效率。然而，应收账款周转天数可能会被销售量的变动趋势和销售的剧烈波动以及季节性销售所破坏。

【例6-9】下例提供了一个计算90天期应收账款周转天数的基本方法。在没有考虑该期间销售方式的情况下所计算出的平均每日销售额为3444.44元。

假设20××年3月底的应收账款为285000元，信用条件为在60天按全额付清货款，过去3个月的赊销情况为：

1月：90000.00元

2 月：105000.00 元

3 月：115000.00 元

应收账款周转天数的计算：

假设 20××年 3 月底的应收账款为 285000 元，信用条件为在 60 天按全额付清货款，过去 3 个月的赊销情况为：

1 月：90000 元

2 月：105000 元

3 月：115000 元

应收账款周转天数的计算：

$$平均日销售额=\frac{90000+105000+115000}{90}=3444.44(元)$$

$$应收账款周转天数=\frac{期末应收账款}{平均日销售额}=\frac{285000}{34444.44}=82.74(天)$$

平均逾期天数的计算：

平均逾期天数=应收账款周转天数-平均信用期天数=82.74-60=22.74(天)

(二)账龄分析表

账龄分析表将应收账款划分为未到信用期的应收账款和以 30 天为间隔的逾期应收账款，这是衡量应收账款管理状况的另一种方法。企业既可以按照应收账款总额进行账龄分析，也可以分顾客进行账龄分析。账龄分析表可以确定逾期应收账款，随着逾期时间的增加，应收账款收回的可能性变小。假定信用期限为 30 天，账龄分析表(见表6-7)反映出 30%的应收账款为逾期收款。

表 6-7　**账龄分析表**

账龄(天)	应收账款金额(元)	占应收账款总额的百分比(%)
0~30	1750000	70
31~60	375000	15
61~90	250000	10
91 以上	125000	5
合计	2500000	100

账龄分析表比计算应收账款周转天数更能揭示应收账款变化趋势，因为账龄分析表给出了应收账款分布的模式，而不仅仅是一个平均数。应收账款周转天数有可能与信用期限相一致，但是有一些账户可能拖欠很严重。因此，应收账款周转天数不能明确地表现出账款拖欠情况。当各个月之间的销售额变化很大时，账龄分析表和应收账款周转天数都可能发出类似的错误信号。

(三)应收账款账户余额的模式

账龄分析表可以用于建立应收账款余额的模式，这是重要的现金流预测工具。应收账款余额的模式反映一定期间(如1个月)的赊销额在发生赊销的当月末及随后的各月仍未偿还的百分比。企业收款的历史决定了其正常的应收账款余额的模式。企业管理部门通过将当前的模式和过去的模式进行对比来评价应收账款余额模式的任何变化。企业还可以运用应收账款账户余额的模式来进行应收账款金额水平的计划，衡量应收账款的收账效率以及预测未来的现金流。

【例6-10】下面的例子说明1月的销售在3月末的应收账款为50000元(见表6-8)。

表6-8 **各月份销售及收款情况** 金额单位：元

1月销售：			250000.00
1月收款(销售额的5%)	0.05×250000	=	12500.00
2月收款(销售额的40%)	0.40×250000	=	100000.00
3月收款(销售额的35%)	0.35×250000	=	87500.00
收款合计：			200000.00
1月的销售仍未收回的应收账款：	250000-200000	=	50000.00

计算未收回应收账款的另一个方法是将销售3个月后未收回销售额的百分比(20%)乘以销售额250000元，即

0.2×250000=50000(元)

然而，在现实世界中，有一定比例的应收账款会逾期或者会发生坏账。对应收账款账户余额的模式稍作调整可以反映这些项目。

【例6-11】为了简便体现，假设没有坏账费用，收款模式如表6-9所示。

(1)销售的当月收回销售额的5%；

(2)销售后的第1个月收回销售额的40%；

(3)销售后的第2个月收回销售额的35%；

(4)销售后的第3个月收回销售额的20%。

表6-9 **各月份应收账款账户余额模式**

月份	销售额(元)	月销售中于3月末仍未收回的金额(元)	月销售中于3月末仍未收回的百分比(%)
1月	250000	50000	20
2月	300000	165000	55
3月	400000	380000	95
4月	500000		

3月末应收账款余额合计为：50000+165000+380000=595000(元)

4月现金流入估计=4月销售额的5%+3月销售额的40%+2月销售额的35%+1月

销售额的 20%

估计的 4 月现金流入 = (0.05×500000) + (0.40×400000) + (0.35×300000) + (0.20×250000) = 340000(元)

(四) ABC 分析法

ABC 分析法是现代经济管理中广泛应用的一种"抓重点、照顾一般"的管理方法，又称重点管理法。它将企业的所有欠款客户按其金额的多少进行分类排队，然后分别采用不同的收账策略的一种方法。一方面，它能加快应收账款的收回；另一方面，它能将收账费用与预期收益联系起来。

例如，某企业应收账款逾期金额为 260 万元，为了及时收回逾期货款，企业采用 ABC 分析法来加强应收账款回收的监控。具体数据如表 6-10 所示。

表 6-10 **欠款客户 ABC 分类法(共 50 家客户)**

顾客	逾期金额(万元)	逾期期限	逾期金额所占比重(%)	类别
A	85	4 个月	32.69	A
B	46	6 个月	17.69	
C	34	3 个月	13.08	
小计	165		63.46	
D	24	2 个月	9.23	B
E	19	3 个月	7.31	
F	15.5	2 个月	5.96	
G	11.5	55 天	4.42	
H	10	40 天	3.85	
小计	80		30.77	
I	6	30 天	2.31	C
J	4	28 天	1.54	
…	…	…	…	
小计	15		5.77	
合计	260		100	

先按所有客户应收账款逾期金额的多少分类排队，并计算出逾期金额所占比重。从表 6-10 中可以看出，应收账款逾期金额在 25 万元以上的有 3 家，占客户总数的 6%，逾期总额为 165 万元，占应收账款逾期金额总额的 63.46%，我们将其划入 A 类，这类客户作为催款的重点对象。应收账款逾期金额在 10 万~25 万元的客户有 5 家，占客户总数的 10%，其逾期金额占应收账款逾期金额总数的 30.77%，我们将其划入 B 类，欠款在 10 万元以下的客户有 42 家，占客户总数的 84%，但其逾期金额仅占应收账款逾期

金额总额的5.77%，我们将其划入C类。

对这三类不同的客户，应采取不同的收款策略。例如，对A类客户，可以发出措辞较为严厉的信件催收，或派专人催收，或委托收款代理机构处理，甚至可通过法律解决；对B类客户则可以多发几封信函催收，或打电话催收；对C类客户只需要发出通知其付款的信函即可。

四、应收账款的日常管理

应收账款的管理难度比较大，在确定合理的信用政策之后，还要做好应收账款的日常管理工作，包括对客户的信用调查和分析评价、应收账款的催收工作、对坏账的管理等。

（一）调查客户信用

信用调查是指收集和整理反映客户信用状况的有关资料的工作。信用调查是企业应收账款日常管理的基础，是正确评价客户信用的前提条件。企业对顾客进行信用调查主要通过两种方法：

1. 直接调查

直接调查是指调查人员通过与被调查单位进行直接接触，通过当面采访、询问、观看等方式获取信用资料的一种方法。直接调查可以保证收集资料的准确性和及时性，但也有一定的局限，往往获得的是感性资料，若不能得到被调查单位的合作，则会使调查工作难以开展。

2. 间接调查

间接调查是以被调查单位以及其他单位保存的有关原始记录和核算资料为基础，通过加工整理获得被调查单位信用资料的一种方法。这些资料主要来自以下几个方面：

（1）财务报表。通过财务报表分析，可以基本掌握一个企业的财务状况和信用状况。

（2）信用评估机构。专门的信用评估部门，因为它们的评估方法先进，评估调查细致，评估程序合理，所以可信度较高。

（3）银行。银行是信用资料的一个重要来源，许多银行都设有信用部，为其顾客服务，并负责对其顾客信用状况进行记录、评估。但银行的资料一般仅愿意在内部及同行之间进行交流，而不愿向其他单位提供。

（4）其他途径。如财税部门、工商管理部门、消费者协会等机构都可能提供相关的信用状况资料。

（二）评估客户信用

收集好信用资料以后，就需要对这些资料进行分析、评价。企业一般采用“5C”系统来评价，并对客户信用进行等级划分。在信用等级方面，目前主要有两种：一种是三类九等，即将企业的信用状况分为AAA、AA、A、BBB、BB、B、CCC、CC、C九等，其中AAA为信用最优等级，C为信用最低等级。另一种是三级制，即分为AAA、AA、A三个信用等级。

(三)收款的日常管理

应收账款发生后，企业应采取各种措施，尽量争取按期收回款项，否则，会因拖欠时间过长而发生坏账，使企业蒙受损失。因此，企业必须在对收账的收益与成本进行比较分析的基础上，制定切实可行的收账政策。通常企业可以采取寄发账单、电话催收、派人上门催收、法律诉讼等方式进行催收应收账款，然而催收账款要发生费用，某些催款方式的费用还会很高。一般来说，收账的花费越大，收账措施越有力，可收回的账款应越多，坏账损失也就越小。因此制定收账政策，又要在收账费用和所减少坏账损失之间作出权衡。制定有效、得当的收账政策很大程度上靠有关人员的经验；从财务管理的角度讲，也有一些数量化的方法可以参照。根据应收账款总成本最小化的原则，可以通过比较各收账方案成本的大小对其加以选择。

(四)进行应收账款追踪分析

应收账款一旦形成，企业就必须考虑如何按期足额收回的问题。要达到这一目的，企业就有必要在收账之前，对该应收账款进行追踪分析。应收账款是存货变现过程的中间环节，对应收账款的追踪分析主要应放在赊销产品的销售与变现方面。客户以赊销方式购入商品后，如果能实现销售并收回货款，又具有良好的信用，则赊销企业回款一般没有问题。但客户的商品也有可能积压或赊销，此时，客户的现金支付能力相对匮乏。客户能否履行赊销企业的信用条件取决于两个因素：一是客户的信用品质；二是客户现金的持有量与调剂程度。如果客户的信用品质良好，持有一定的现金余额或可调剂程度大，那么他们一般是不会以损失商业信誉为代价而拖欠企业账款的。

(五)加强对坏账的管理

坏账损失是指因应收账款最终无法收回而给企业带来的直接损失。坏账损失有以下两种情况：一是因债务人破产或死亡，以其破产财产或遗产清偿后，仍不能收回的应收款项；二是债务人逾期未履行偿债义务，并有明显特征表明无法收回的款项。在信用社会里，坏账损失对企业来说，无法完全避免，企业应尽力减少损失，同时做好善后处理事宜。

对坏账损失的财务处理有两种方法：一种是直接冲销法，另一种是备抵法。企业应选择备抵法进行谨慎的财务处理，预先按信用标准允许的坏账损失率合理地估计坏账损失，建立坏账准备。

企业对坏账损失应建立严格的审批程序，以防止各种弊端的发生，积极参与客户的破产善后处理事宜，尽可能减少损失，对逾期未收回已作坏账转销的应收款项不能就此放弃收款的权利，仍然要积极关注客户的信用能力的改善情况。

任务三　存 货 管 理

存货是指企业在生产经营过程中为生产或销售而储备的物资，如材料、在产品、产成品等，是流动资产的重要组成部分。存货控制和管理效率的高低，直接影响到企业资产的流动性和生产经营过程的连续性。存货管理的目的在于控制存货投资水平，降低存货成本，加速存货周转率。

一、存货资金定额的核定

企业一定时期内的存货资金需要量，可通过核定存货资金定额来确定。所谓存货资金定额，是指企业为完成生产经营计划所需的最低存货资金占用额。在制定存货资金定额时，要坚持保证生产经营的合理需要和节约使用流动资金相结合、存货资金需要量与生产计划及其他计划相结合的原则，选择合理的存货资金计算方法。

(一)存货资金定额的基本计算方法

存货资金定额应按照存货的构成项目，根据生产经营特点，采用不同的方法。一般对占用数额大，与生产量关系密切，消耗定耗比较准确的存货项目，宜采用细致的计算方法；品种零星、占用数额不大的项目，可采用较粗略的计算方法。存货资金需要量测算的基本方法有：

1. 周转期计算法

周转期计算法是根据存货项目的周转期和周转额来计算该项目资金定额的方法，又称定额日数法。其计算公式为：

存货资金定额=日平均周转额×存货资金周转日数

周转期计算法采用的方法比较精细，计算结果相对精确，适合于原材料、在产品或产成品等存货主要构成项目的资金定额计算。

2. 比例计算法

比例计算法是根据存货资金占用同某一相关指标的比例关系来测定存货资金的占用额，一般可按产值、收入等指标为计算依据。其计算公式为：

存货资金定额=计划产值(或销售收入)总额×预计产值(或销售收入)存货资金率

其中，预计产值(或收入)存货资金率可根据上年度资金率调整计算得出。该方法主要适用于辅助材料、低值易耗品等存货项目资金定额的核定。

3. 因素分析法

该方法一般是以基期的存货实际占用额为基础，结合计划年度有关因素的变动情况，调整计算确定存货资金定额。该方法运用较为灵活，但由于计算过程不够细致，可适用于占用额较小、价值较低的存货构成项目。例如，某企业上年某辅助材料平均占用资金50万元，其中，属不合理占用6万元，计划年度生产预计增长8%，该材料市场价格增长4%，企业要求流动资金加速周转6%。按因素分析法计算的材料资金定额为：

(50-6)×(1+8%)×(1+4%)×(1-6%)= 46.46(万元)

(二)原材料资金定额的计算

原材料是存货的重要组成部分，其需要量与计划生产量存在明显的依存关系。材料资金定额可采用周转期计算法按照材料品种逐个计算确定。基本计算公式如下：

原材料资金定额=原材料每日平均耗用额×原材料资金周转日数

1. 原材料每日平均耗用额

原材料每日平均耗用额反映企业平均每日收入的原材料资金，是由计划产量、单位产品耗料和材料单价确定的，可根据下列公式计算：

原材料日平均耗用额=计划年产量/360×单位产品消耗定额×材料单价

2. 原材料资金周转日数

原材料资金周转日数，是指原材料从采购入库到投入生产为止所占用资金的天数，它是由原材料应计供应间隔日数、整理准备日数和保险日数等组成。

(1)应计供应间隔日数。应计供应间隔日数是根据供应间隔期和供应间隔期系数计算的日数，即

应计供应间隔日数=供应间隔期×供应间隔期系数

供应间隔期是指前后两次进货的时间间隔日数。在企业日平均耗料量一定的情况下，供应间隔期长短取决于每次材料采购批量的大小，采购批量越大，则供应间隔期越长；采购批量小，间隔较短时间就需重新采购。如果企业同时从不同供货单位购货，则要计算加权平均供应间隔期日数。

库存材料占用资金大小与供应间隔关系密切，供应间隔期越长，库存材料就越多，占用资金也就越多。但是，在一个供应间隔期内，库存材料实际占用的资金，并不是一个固定数，在材料采购入库后，随着生产车间的领用会逐渐减少，到下次购料前，库存材料资金占用达到最低点，而重新购料入库后，又达到最高点，如此不断循环往复。可见，库存材料占用资金数总是在最高点与最低点之间变动。

另外，企业材料品种较多，不可能同时达到各种材料的最高占用量。当一种材料处于库存的高点时，另一种材料可能处于库存的低点，各种材料所需资金可调剂使用。因此，不能完全按供应间隔期来计算资金定额，而应对其打个折扣，该折扣率就是供应间隔期系数，即库存材料的日平均占用额与最高库存占用额的比率。公式表示为：

$$供应间隔期系数=\frac{库存材料日平均占用额}{库存材料最高占用额}$$

(2)整理准备日数。整理准备日数是指材料投产前按生产技术要求进行加工整理和生产准备所需的时间。

(3)保险储备日数。保险储备日数是指企业为了防止材料供应中断而建立的储备保证天数，材料储备时间的长短取决于该材料在市场获取的难易程度和供应地采购环境状况。

【例 6-12】某企业计划用甲材料生产 A 产品，计划年产量 3000 件，单位产品耗用甲材料消耗定额为 14 公斤，甲材料市场价格为每公斤 21 元，按供货合同的规定，供货单位每 2 个月供货 1 次，供应间隔期系数为 65%，甲材料的准备日数 4 天，保险储备日数 8 天，在途日数 5 天，则

甲材料资金定额=(计划材料耗用总额/计划期日数)×材料储备定额日数

=(计划材料耗用总额/计划期日数)×(供应间隔日数×系数+在途日数+整理准备日数+保险日数)

= 3000/360×14×21×(60×65%+5+4+8)= 2450×56=137200(元)

(三)在产品资金定额的计算

在产品资金是指从原材料投入生产开始，至产品完工入库为止所占用的资金。一般

地，在产品资金占用额是根据周转期计算法测算的，其基本计算公式为：

在产品资金定额=日平均产量×单位产品计划成本×在产品成本系数×生产周期

1. 单位产品成本与在产品平均单位成本

产品的单位成本是指产品完工入库时的单位制造成本，而在产品的平均单位成本是指产品生产周期内在产品成本的平均水平。在确定在产品资金占用额时，正确的区分两者关系是必要的。

通常，企业对在产品的投资是逐渐进行的，并非一开始就按产品成本把全部资金投进去，除形成产品实体的原材料必须在生产过程开始时投入外，其余费用均是在生产周期内陆续投入的。因此，在产品占用资金额随时间延续呈明显的递增趋势，直到完工产品成本的最终形成。在产品平均单位成本总是小于单位产品成本，两者关系是通过在产品成本系数反映的。

2. 在产品成本系数

在产品成本系数是指在产品平均单位成本与产品单位成本的比率，即在产品成本系数=在产品平均单位成本÷产品单位成本

在产品成本系数可根据产品生产的具体特点，按以下方法计算：

(1)生产费用累计平均法。如果某产品的生产周期较短，生产周期内生产费用发生不均衡，则可以考虑采用逐日累加生产费用的方法来计算在产品成本系数。计算公式为：

在产品成本系数=(每日累计费用额的总和/单位产品的成本)÷生产周期

(2)渐加费用折半法。若产品的大部分费用是于生产开始时投入的，其他费用在生产周期内陆续均衡发生，则可用以下的公式计算在产品成本系数。

在产品成本系数=(一次投入费用+渐加费用/2)÷单位产品成本

式中，一次投入费用是指生产开始时投入的费用，渐加费用是指在随后的生产周期内发生的费用，两者之和即为产品完工成本。

当原材料在产品成本中占较大比重，且属生产开始时一次性投入，也可以按以下公式计算在产品成本系数，即

在产品成本系数=(1+原材料费用比重)÷2

【例 6-13】某企业计划生产 B 产品，计划年产量 20000 吨，产品单位制造成本为 500 元，其中，原材料费用为 300 元，于生产开始时一次性投入，其他费用陆续均衡发生，B 产品的生产周期为 18 天，则 B 产品需占用资金计算如下：

B 产品在产品成本系数=(1+300/500)÷2=80%

B 产品资金定额为：

20000/360×500×80%×18=400000(元)

(四)成本资金定额的计算

成本资金是指产品自完工入库开始至产品发出销售为止所占用的资金，其计算公式为：

成本资金定额=日平均产量×单位产品制造成本×成品资金周转期

成品资金周转期是指产品完工入库开始至产品发出销售成立为止所需时间，主要包

括产品库存日数，发运日数和货款结算日数。库存日数是指产成品自完工验收入库至发运出库为止所占用的天数，是成品资金周转期的主要组成部分；发运日数是指产品出库至交给运输部门办好托运手续所需时间；结算日数是指自办妥托运手续至银行办理收款手续所需的时间。显然，在不同销售方式下，成品资金周转期的构成也不同，如采用现金销售，产品只有库存日数。

以上分别介绍了存货主要构成项目的资金需要量的确定，对于存货的其他项目，要视其占用额的大小及耗用的特点，采用不同的测算方法，如包装物的资金需要量可依据计划期产品销售计划采用比例计算法加以确定：修理用备件与固定资产占用联系密切，可根据计划期固定资产变动的情况，采用因素分析法确定其资金需要量等。

当所有存货项目都按特定的方法测算资金需要量后，就可以列表编制出存货资金占用计划表，据以计算出存货资金定额。

二、存货日常管理

存货日常管理的目标是在保证企业生产经营正常进行的前提下尽量减少库存，防止积压。实践中形成的行之有效的管理方法有经济购进批量控制、存货归口分级控制、存货储存期控制以及存货 ABC 分类管理等多种方法。

(一)存货储存期控制

无论是商品流通企业还是生产制造企业，其商品产品一旦入库，便面临着如何尽快销售出去的问题。即使不考虑未来市场供求关系的不确定性，仅是存货储存本身就要求企业付出一定的资金占用费(如利息成本或机会成本)和仓储管理费。因此，尽力缩短存货储存时间，加速存货周转，是节约资金占用，降低成本费用，提高企业获利水平的重要保证。

企业进行存货投资所发生的费用支出，按照与储存时间的关系可以分为固定储存费与变动储存费两类。前者包括进货费用、管理费用，其金额多少与存货储存期的长短没有直接关系；后者包括存货资金占用费(贷款购置存货的利息或现金购置存货的机会成本)、存货仓储管理费、仓储损耗(为计算方便，如果仓储损耗较小，则将其并入固定储存费)等，其金额随存货期的变动成正比例变动。

基于上述分析，可以将本量利的平衡关系式调整为：

$$利润=毛利-固定储存费-销售税金及附加-每日变动储存费\times储存天数$$

可见，存货的储存成本之所以会不断增加，主要是由于变动储存费随着存货储存期的延长而不断增加的结果，所以，利润与费用之间此增彼减的关系实际上是利润与变动储存费之间此增彼减的关系。这样，随着存货储存期的延长，利润将日渐减少。当毛利扣除固定储存费和销售税金及附加后的差额，被变动储存费抵消到恰好等于企业目标利润时，表明存货已经到了保利期。当它完全被变动储存费抵消时，便意味着存货已经到了保本期。无疑，存货如果能够在保利期内售出，则所获得的利润便会超过目标值。反之，将难以实现既定的利润目标。倘若存货不能在保本期内售出的话，则企业便会蒙受损失。现举例说明如下：

【**例 6-14**】某批发公司购进商品 3000 件，单位进价 70 元(不含增值税)，单位售价 100 元(不含税)，经销该商品的固定性费用为 25000 元。若货款来自银行借款，年利率为 9%，该批存货的月保管费用率为 2%，销售税金及附加为 10000 元。

要求：

(1)计算该批存货保本储存期；

(2)计算在投资利润率为 4%时的保利储存期；

(3)计算实际储存期为 200 天时的实际利润；

(4)若该批存货平均每天销售 30 件，计算经销该批货物的利润。

计算如下：

(1)每日变动储存费=购进批量×购进单价×日变动储存费率

=3000×70×9%/360+3000×70×2%/30=192.5(元)

保本储存天数=(毛利-固定储存费-销售税金及附加)÷每日变动储存费

=[3000×(100-70)-25000-10000]÷192.5=286(天)

(2)保利储存期=(毛利-固定储存费-销售税金及附加-目标利润)÷每日变动储存费

=[3000×(100-70)-25000-10000-3000×70×4%]÷192.5=242(天)

(3)实际利润=每日变动储存额×(保本储存天数-实际储存天数)

= 192.5×(286-200)= 16555(元)

(4)零散售完天数=3000÷30=100(天)

实际利润=每日变动储存费×[平均保本天数-平均实际储存天数]

=每日变动储存费×[平均保本天数-(零散售完天数+1)÷2]

=[286-(100+1)÷2]×192.5=45333.75(元)

可见，通过对存货储存期的分析与控制，可以及时地将企业存货的信息传输给经营决策部门，如有多少存货已过保本期或保利期，金额多大，比重怎样，这样决策者就可以针对不同的情况，采取相应的措施。一般地，已过保本期的商品多数属于积压的存货，对此，企业应当积极推销，压缩库存，将损失降到最低；对超过保利期但没过保本期的存货，应当首先检查销售状况，查明原因，是因为人为原因，还是市场行情已经逆转，有无沦为过期积压存货的可能，如果有，就应该尽早采取措施；对于那些还没过保利期的存货，企业也应该密切监督、控制，以防发生过期损失。从财务管理方面，需要分析哪些存货基本能在保利期内销售出去，哪些存货介于保利期与保本期之间售出，哪些存货直到保本期已过才能售出或根本就没有市场需求。通过以上分析了解，财务部门应当通过调整资金供应政策，促使经营部门调整产品结构和投资方向，推动企业存货结构的优化，提高存货的投资效率。

(二)存货归口分级控制

存货的归口分级控制是加强存货日常管理的一种重要方法。这一管理方法包括以下三项内容：

1. 在厂长经理的领导下，财务部门对存货资金实行统一管理

企业要加强对存货资金的集中、统一管理，促进供产销相互协调，实现资金使用的综合平衡，加速资金周转。财务部门的统一管理主要包括以下几个方面的工作：

(1)根据国家财务制度和企业具体情况制定企业资金各种管理的制度；

(2)认真测算各种资金占用数额，汇总编制存货资金计划；

(3)把有关计划指标进行分解，落实到有关单位和个人；

(4)对各单位的资金运动情况进行检查和分析，统一考核资金的使用情况。

2. 实行资金的归口管理

根据使用资金和管理资金相结合、物资管理和资金管理相结合的原则，每项资金由哪个部门使用就归哪个部门管理。各项资金归口管理的分工一般如下：材料、燃料、包装物等资金归供应部门管理；在产品和自制半成品占用的资金归生产部门管理；产成品资金归销售部门管理；工具用具占用的资金归工具部门管理；修理用备件占用的资金归设备动力部门管理。

3. 实行资金的分级管理

各归口的管理部门要根据具体情况将资金计划指标进行分解，分配给所属单位或个人，层层落实，实行分级管理。具体分解过程如下：原材料资金计划指标可分配给供应计划、材料采购、仓库保管、整理准备等各业务组管理；在产品资金计划指标可分配给各车间、半成品库管理；成品资金计划可分配给销售、仓库保管、成品发运等各业务组管理。

(三)经济购进批量控制

经济购进批量是指能够使一定时期的总成本达到最低点的进货数量。存货的总成本主要由以下三个方面构成：

1. 进货成本

进货成本主要由存货的进价成本、进货费用及采购税金构成。在一定时期，进货总量确定的情况下，无论企业采购次数如何变动，存货的进价成本与采购税金总计数额通常是保持相对稳定的(假设物价与税率不变，无采购数量折扣)，属于决策的无关成本；反之，企业为组织进货而开支的办公费、差旅费、邮资、电报电话费等固定性进货费用则与进货次数成正比例关系，即订货次数越多，需要支付的固定性进货费用就越多；反之则越少。因此，固定性进货费用属于决策的相关成本。

2. 储存成本

存货的储存成本是指企业为持有存货而发生的费用，主要包括存货资金占用费(以贷款购买存货的利息成本)或机会成本(以现金购买存货而丧失的证券投资收益等)、仓储费用、保险费用、存货残损霉变损失等。储存成本可以按照与储存数额的关系分为变动性储存成本与固定性储存成本，固定性储存成本与存货储存数额的多少没有直接联系，属于决策无关成本；变动性储存成本与存货储存数额成正比例变动的关系，属于决策相关成本。

3. 缺货成本

缺货成本是因为存货不足而给企业造成的停产损失、延误发货的信誉损失及丧失销售机会的损失等。如果生产企业能够以替代材料解决库存材料供应中断之急的话，则缺货成本便表现为替代材料紧急采购的额外开支。缺货成本能否作为决策的相关成本，应视企业是否允许出现存货短缺而定。如果允许缺货，则缺货成本与存货数量呈反向关系，即属于决策相关成本；如企业不允许发生缺货，缺货成本为零，也就无须加以考虑。

上述分析可知，决定存货经济批量的成本因素主要包括固定性进货费用(简称进货费用)、变动性储存储存成本(简称储存成本)及允许缺货时的缺货成本。不同的成本项目与进货批量呈现着不同的变动关系。减少进货批量，增加进货次数，在使储存成本降低的同时，却会导致进货费用与缺货成本的提高；相反，增加进货批量，减少进货次数，尽管有利于降低进货费用与缺货成本，但同时却会使储存成本的提高。因此，如何协调各项成本间的关系，使其总和保持最低水平，是企业组织进货过程需解决的主要问题。

在此，仅对经济进货批量的基本模式加以讨论。所谓经济进货批量基本模式，是就如下假设前提而言的：

(1)企业一定时期的进货总量可以较为准确地预测；

(2)存货的耗用或者销售比较均衡；

(3)存货的价格稳定，且不存在数量折扣优惠；

(4)每次的进货数量和进货日期完全由企业自行决定，且每当存货量降为零时，下一批存货均能够马上一次到位；

(5)仓储条件及所需资金不受限制；

(6)不允许出现缺货情形。

由于企业不允许缺货，即每当存货数量降至零时，下一批订货便会随即全部购入，故不存在缺货成本。此时，与存货订购批量、批次直接相关的就只有进货费用和储存成本两项。这样，进货费用与储存成本总和最低水平下的进货批量，就是所谓的经济进货批量。由于确定经济进货批量的模式与确定最佳现金持有量的存货模式基本原理相同，因此可以得出下列计算公式：

$$Q=\sqrt{\frac{2AF}{C}}$$

$$Tc=\sqrt{2AFC}$$

$$W=\frac{QP}{2}=\sqrt{\frac{AF}{2C}}P$$

$$N=\frac{A}{Q}=\sqrt{\frac{AC}{2F}}$$

式中：Q 为经济进货批量；

A 为某种存货年度计划进货总量；

F 为平均每次的进货费用；

C 为单位存货年度储存成本；

Tc 为进货费用与储存成本的最低数额；

W 为经济进货批量平均占用资金；

N 为年度最佳进货批次；

P 为进货单价。

【例 6-15】某企业每年需耗用 A 材料 45000 件，单位材料年存储成本为 20 元，平均每次进货费用为 180 元，A 材料全年平均单价为 240 元。假定不存在数量折扣，不会出现陆续到货和缺货的现象，则

(1) A 材料的经济进货批量 $=\sqrt{\dfrac{2\times45000\times180}{20}}=900$(件)

(2) A 材料年度最佳进货批数 $=\dfrac{45000}{900}=50$(次)

(3) A 材料的相关进货成本 $=50\times180=9000$(元)

(4) A 材料的相关存储成本 $=\dfrac{900}{2}\times20=9000$(元)

上述计算表明，当进货批量为 900 件时，进货费用与储存成本总额最低。大于或小于这一数量时，将对企业产生不利的影响。

需要指出的是，经济进货批量的基本模式只是建立在上述各种假设基础上的一种理想化的进货控制方法。实际工作中，通常还存在着数量优惠(即商业折扣)以及允许一定程度的缺货情形发生等，这就使得上述假设条件很难完全具备。因此，企业不能机械套用这一基本模式来确定存货的经济进货批量，而必须同时结合价格折扣及缺货成本等不同的情况具体分析，灵活运用。

(四) ABC 控制法

ABC 控制法是意大利经济学家巴雷特在 19 世纪首创的，该方法已经广泛用于存货管理、成本管理和生产管理。对于一个大型企业来说，经常有成千上万种存货。在这些存货中，有的价格昂贵，有的不值一文；有的数量庞大，有的寥寥无几。如果不分主次，面面俱到，对每一种存货都进行周密的规划和严格的控制，就会抓不住重点，不能有效地控制主要的存货资金，甚至浪费人力、物力和财力。

ABC 控制法正是针对这一问题而提出来的重点管理方法。这种方法把存货分成 A，B，C 三大类，目的是对存货资金进行有效管理。A 类存货种类虽少，但占用的资金多，应集中主要力量进行管理，应对其经济批量进行认真规划，对收入和发出要进行严格控制；C 类存货虽然种类繁多，但占用的资金不多，不必耗费大量人力、物力和财力去管理，这类存货的经济批量可凭经验确定，不必花费大量的时间和精力去进行规划和控制；B 类存货介于 A 类和 C 类之间，也应给予相当重视，但不必像 A 类那样进行非常严格的控制。

单元小结

本章营运资金的管理介绍了三个方面的内容：现金及有价证券管理、应收账款管

理、存货管理。现金及有价证券管理的内容主要包括：编制货币收支计划，以便合理的估计未来的货币需求；用成本分析模型、存货模型、现金周转模型确定货币资金最佳持有量；现金收支的日常管理。应收账款管理在掌握应收账款相关成本的基础上，掌握信用政策及应收账款的日常管理。存货管理要了解存货资金定额的核定方法，存货的存货储存期控制、存货归口分级控制、经济购进批量控制及 ABC 控制法。

学习情境七　对外投资管理

学习目标： 1. 了解对外投资的含义和种类；了解对外投资的目的和依据；
2. 了解对外直接投资的含义和种类；了解联营投资和兼并投资的概念、形式；
3. 了解对外间接投资的含义和种类；
4. 掌握债券投资的优缺点；掌握债券价值的计算、债券投资收益率的计算；
5. 掌握股票投资的优缺点；掌握股票价值的计算、股票投资收益率的计算；
6. 掌握投资基金的种类及其价值的计算；掌握投资基金投资的优缺点。

知识能力： 理解投资的种类及投资管理在整个财务管理中所处的环节及其地位；熟练掌握和运用长短期投资决策的基本原理和方法；掌握股票、债券估价模型及到期收益率的计算。

工作任务： 通过本单元的学习，使学习者了解和掌握对外投资的相关知识，并具备依据企业发展的战略规划，能够认真分析对外投资项目的收益、风险和环境因素，选择和制定投资风险低，并能获得最大投资收益的投资方案的能力和水平。

关 键 词： 对外投资　联营投资　兼并投资　债券投资　股票投资　投资基金投资　投资收益率

案例导入：

某企业有100万元的闲置资金欲对外进行投资，现有三个投资方案可供选择：A方案购买某公司股票，每股买价为10元，预计年股利为1元，3年后预计售价为12元；B方案投资于某企业债券，现行购价为每张面值为100元，3年期利率为10%，到期还本付息；C方案投资于房产，经测算3年内每年房价能递增10%，预计资金时间价值率为6%，A，B，C 3个方案的投资收差率标准差预计分别为7%、2%、3%，应选择哪个方案？

（资料来源：作者根据资料整理所得）

任务一 对外投资概述

投资是指将财力投放于一定的对象，以期望在未来获取特定收益的行为。投资包括对内投资和对外投资两种。对外投资是指企业为了特定的投资目的，以现金、实物资产、无形资产等方式，或以购买有价证券的方式向企业外部主体进行的投资。与其对应的是对内投资，即把财力投在企业内部，购置各种经营用或服务用资产的投资。广义的投资概念包括对内投资和对外投资，狭义的投资概念仅指对外投资。在本单元的讨论中，主要以狭义的投资概念为基础。

一、对外投资的种类

对外投资是企业在本身主要经营业务以外，以现金、实物、无形资产等方式或以购买股票、债券等有价证券的方式向其他单位进行的投资，以期在未来获得投资收益的经济行为。企业对外投资可按不同的标志进行分类：

1. 按照资金收回期限不用，分为短期投资和长期投资

长期投资是指购进不准备随时变现，持有时间在 1 年或超过 1 年的一个营业周期以上的有价证券投资以及其他投资。短期投资是指能够、也准备在 1 年或超过 1 年的一个营业周期以内收回的投资。如短期投资于股票、债券等。两者相比，具有以下基本特点：

(1) 回收期限不同。以 1 年或超过 1 年的一个营业周期为界限划分短期投资和长期投资。

(2) 风险不同。长期投资因为持有期限较长，不可预测因素增多，其风险也就要大于短期投资风险，与此相适应，长期投资收益也要高于短期投资收益。

(3) 投资目的不同。短期投资的目的在于提高暂时闲置资金的使用效率，谋求短期资金效益；而长期投资除了有谋求长期资金效益的目的外，还有扩大规模效应、扩大销售市场、谋求控股权等特定的目的。

(4) 在特定情形下，两者可以转化。如长期投资随着时间的推移、到期日的逐步临近，变成了 1 年内到期的长期投资，此时，实际上已是短期投资；若在长期投资期间，因企业急需资金或发现被投资单位财务状况恶化，则企业也可将长期投资迅速变现。

2. 按投资形成的产权关系，分为股权投资和债权投资

股权投资是指投资企业以购买股票、兼并投资、联营投资等方式将投资金额形成被投资企业的股本，按股本占被投资企业发行股本的比率，企业拥有被投资企业的所有权，并按投资比率享有相关权益和承担相关风险。债权投资是指投资企业以购买债券和租赁投资等方式将资金额形成被投资单位的负债，企业拥有被投资单位的债权，享有到期收回本息的权益。

股权投资与债权投资的区别在于：

(1)形成的权益不同。股权投资形成企业的所有权，企业能参与被投资企业的管理；债权投资形成企业的债权，没有管理权。

(2)收益水平不同。由于股权投资不能收回本金，所以投资人要求的股权投资收益率要高于债权投资收益率。

(3)风险水平不同。因为股权投资不能收回本金，在公司经营不善时，其本金有可能因资不抵债而丧失殆尽，所以股权投资的风险高于债权投资的风险。

(4)在特定的情况下，两者可以转换。如被投资企业有时会发行可转换债券，在被投资企业预期利润上升时，投资人可选择将可转换债券换成普通股股权投资，进行相应的转换以获取更大的收益。可转换债券是一种可以在特定时间、按特定条件转换为普通股票的企业债券。其本质就是在发行公司债券的基础上，附加了一份期权，并允许购买人在规定的时间范围内将其购买的债券转换成指定公司的股票。可转换债券通常具有较低的票面利率，可以转换成股票的权利是对债券持有人的一种补偿。因为在将可转换债券转换为普通股时，所换得的股票价值一般远大于原债券价值。但是一旦转换成股票就有下跌风险，不再有债券保值特性。

3. 按投资方式不同，分为实体投资和证券投资

实体投资，又称直接投资或实业投资，是指企业以现金、实物、无形资产等投入其他企业，形成实质形态资产的投资，如联营投资、兼并投资等。证券投资，又称间接投资或金融投资，是指企业以购入其他主体的有价证券形成金融资产形态的投资。如投资于股票、债券、基金等。

实体投资与证券投资相比较，有以下几个基本特点：

(1)与生产经营的联系度不同。实体投资是把资金投放于生产经营性资产，直接形成生产经营活动的能力，以便获得投资利润的投资，所以称之为直接投资。证券投资是把资金投放于有价证券等金融资产，以便获得投资收益的投资，所以称之为间接投资。

(2)投资收益的构成不同。在投资收益上，实体投资只能获得投资利润，而证券投资不仅可以获得投资利润，而且还可获得金融资产的买卖价差。

(3)投资风险不同。在实体投资时，最大的风险是商品市场实现的风险，即生产的产品或提供的劳务在商品市场上不能实现变现的风险；而证券投资不仅会面对所投资企业产品或劳务在商品市场上实现的风险，而且还要面对金融工具在金融市场上的风险。即在承担被投资企业商品市场经营风险的同时，还要承担由市场利率和证券流动性等因素所引起的金融市场风险。所以证券投资的风险大，当然其相应的投资报酬率要求也较高。

(4)变现能力不同。实体投资具有投资回收期较长，变现速度慢、流动性差的特点；证券投资则正好相反。

二、对外投资的目的和意义

1. 获取高于银行存款的投资收益

企业可以将暂时闲置的资金购买股票、证券并短期持有，要么出于投机之目的以谋

求高于银行存款利息的收益，要么作为现金的替代品，满足企业未来的财务需求。企业也可将资金长期投资于其他企业，以获得长时期较为稳定的股利收入和较高的债券利息收入。

2. 实现企业外部扩张

企业可通过股票投资达到控制其相关企业的目的，即企业可以通过购买该公司大量股票，直到取得被投资企业的控股权，使被投资企业成为本企业的子公司，通过对其他同类企业的投资，可以优化资源配置，扩充现有产品或劳务市场的份额，扩大和稳固现有的销售渠道，使企业的规模不断扩大；再通过对本企业上、下游企业的投资，可以获得稳定的原材料来源或更好的价格优惠，节约营销费用。国际资本市场上愈演愈烈的兼并浪潮正是这种投资目的的体现。

3. 谋求其他特定的目的

(1)获取先进技术等无形资产。通过并购或联营等长期投资方式，可获取或消化其他企业的专用技术、商标、品牌、土地使用权等无形资产。如某高科技企业可以对另一拥有专利的企业实施控股，以获得垄断技术。

(2)提高财务杠杆效应，增强负债筹资能力。通过兼并等方式实现对其他企业的控股，从而使控股公司拥有更大的举债能力，降低资金成本。

(3)转移投资风险，实现资本转移。当某一企业所处行业进入衰退期，企业可以利用对外战略投资，转移现有行业的经营风险，实现从某一夕阳产业转出的战略转移。

(4)合理避税。税法一般包括亏损递延条款，各种不同收益的税率也不尽相同，企业可以利用这些规定，通过长期投资行为及相应的财务处理合理避税。

三、对外投资决策的依据

(一)对外投资项目的收益分析

尽管对外投资的目的是多种多样的，但是，追求最大的投资收益是企业对外投资的最重要的目标，因此也是进行投资决策的基本依据。对外投资的收益，有投资利润，如投资分回的红利、股息、利息等；还包括资本增值，如股市上扬使企业购买的股票增值或因兼并后企业实力增强使企业价值增加等。对长期对外投资而言，投资利润和资本增值水平超过对内投资利润和资本增值水平是进行对外投资决策的先决条件，这也是企业进行对外投资根本动因。

在投资中考虑投资的收益，要求对外投资方案的选择，必须以投资的收益大小来取舍，选择投资收益相对较大的项目，摒弃投资收益相对较小的项目。为此，要以收益具有确定性的方案为选择对象，细化分析影响对外投资收益的各种因素，并明确这些因素对对外投资收益作用的方向和程度，寻求能获得最大投资收益的方案和途径。

(二)对外投资项目的风险分析

众所周知，投资与风险并存，对外投资中更应注重对风险的分析。在筹资中，筹资风险就是财务风险。与此不同，投资风险是一种市场风险或经营风险。对外投资风险是指企业由于对外投资遭受损失的可能性，或者说不能获得预期投资收益的可能性。它源于投资者对市场预期的不准确性以及被投资主体的经营缺乏效率。

投资风险主要来自于客观经济环境的不确定性。如社会经济是否景气、金融市场利率变化、通货膨胀程度、市场销售和生产技术、各种要素价格的变化等，这些都会造成对外投资收益的不确定。

诱发对外投资风险的因素很多，既有系统的因素，也有非系统因素。具体分析，主要有：

(1)利率风险。由于金融市场资金利率的变动引起证券价格波动而使投资人遭受损失的风险，叫利率风险。一般而言，银行利率与证券价格具有负相关性，即当银行利率上升时，证券价格会下降；当银行利率下降时，证券价格会上升。这样就会导致资本利得的增减变动，证券持有时间越长，这种变动风险越大。

(2)购买力风险。它又称通货膨胀风险。这是指由于物价上涨、通货膨胀而使投资者出售证券时所获得的货币资金的实际购买力降低、实际收益水平下降的风险。投资者的投资收益会随着物价的上涨而相应下降，对于固定收益证券而言，当存在通货膨胀时，实际投资收益会下降，当通货膨胀幅度超过投资收益率时，实际收益会变成负数。如预期对外投资收益率为8%，当年通胀率为6%，企业的实际收益只有2%，一旦通胀率超过8%，对外投资的收益率就变成负数。

(3)违约风险。证券发行人无法按期支付利息或偿还本金的风险，称为违约风险。一般而言，造成企业证券违约的原因主要有以下几个方面：①政治、经济形式发生重大变化；②发生自然灾害；③企业经营管理不善，入不敷出；④企业在市场竞争中失败，收入下滑；⑤企业财务管理失误，不能及时清偿到期债务等。

(4)流动性风险。对外投资所形成的资产不能立即变现的风险，叫做流动性风险。能在短期按市价予以转让的资产，是流动性较高的资产，该种资产的流动性风险小；反之，则是流动性较高的资产。如投资有限责任公司所形成的股权资产要比投资上市公司所形成的股权资产的变现性差；投资房地产行业所形成的资产要比投资证券行业所形成的资产流动性差；投资小公司的债券资产要比投资大公司的债券资产的流动性差。

(5)期限性风险。由于证券期限长而给投资人带来的风险，叫做期限性风险。一项投资，到期期限越长，不确定因素就越多，承担的风险就越大。

(三)对外投资项目的环境分析

对外投资不能脱离一定的投资环境。投资环境是指企业内外各种因素影响企业投资活动的因素总和。在这些因素中，有的属于外部因素，如宏观经济发展状况和行业发展状况；有的属于内部因素，如企业的经营状况。

1. 宏观经济分析

对外投资的宏观经济分析是指从国民经济宏观角度出发考察宏观经济因素对投资的影响。对外投资的成败很大程度上取决于投资者能否不断适应国民经济运行的变化并作出相应决策，而国民经济运行的任何变化，也会在投资市场上得到相应反映。宏观经济分析主要包括以下几个方面：

(1)国民经济情况分析。国民生产总值是反映国家在一定时期内经济发展状况和趋势的综合性指标，它是一定时期内一国所生产的最终商品(包括劳务)的价值总和。如果该国国民生产总值增长较快，则说明该国经济发展较快。这可以通过在整个经济运行中绝大多数的企业包括上市公司的生产经营状况、企业的盈利水平、投资者投资收益率反映出来。相关投资者可以根据整体经济发展状况，选择经济前景最好的行业和企业进行对外投资。

(2)通货膨胀分析。通货膨胀因素对直接投资和间接投资影响都很大。主要表现在以下两个方面：

①通货膨胀会影响证券市场行情，尤其是影响股票的市场价格，从而影响到间接投资决策。一般认为，在通货膨胀率较低的情况下，这时货币供应量增多，一般能刺激生产与消费，增加企业盈利，从而分红增加，促使股市行情上扬；但随着物价持续攀升，企业生产费用不断提高，导致企业经营业绩的波动加大，整个社会经济形势会很不稳定，加之国家会采取抑制通货膨胀措施，股市行情随之下滑。因此，对通货膨胀变动的正确预期，成为投资者进行投资决策的一个基本依据。

②通货膨胀还会降低投资者的实际收益水平。因为投资者在进行投资时，考虑的报酬是实际报酬率，它等于名义报酬率减去通货膨胀率。只有当实际报酬率为正值时，投资才划算。

(3)利率是影响国民经济发展的重要因素，对间接投资有重大影响：①当利率升高时，投资者会将资金从证券市场转出而存入银行，引起证券价格下跌；反之，当利率下调时，投资者又会将资金从银行转入证券市场，以获得更高的证券收益，从而使证券价格上涨。②当利率上升时，企业资金成本增加，利润减少，从而企业派发的股利将减少甚至发不出股利，这会使股票投资风险增大而收益减少，引起股价下跌；反之，当利率下降时，企业的利润增加，派发给股东的股利将增加，从而引起股价上涨。

2. 行业分析

企业的生存与发展受到其所属行业的竞争程度、生命周期等的制约，因此行业分析构成证券投资分析的主要内容之一。行业分析包括行业的市场类型分析和行业的生命周期分析。

(1)行业的市场类型分析。根据行业中拥有的企业数量、产品性质、进入的难易程度等因素可将行业市场类型的分为四种：完全竞争、不完全竞争或垄断竞争、寡头垄断、完全垄断。一般来说，竞争程度越高的行业，其产品价格和企业利润受到市场供求状况的影响越大，因而投资风险较大；垄断程度越高的行业，其产品价格和企业利润受企业控制程度越高，投资风险较小。

(2)行业的生命周期分析。行业的生命周期一般分为初创期、成长期、成熟期和衰退期四个阶段。行业生命周期不同阶段的特征显示其不同风险水平与盈利水平，对行业生命周期分析有利于投资者把握产品未来的发展趋势。

3. 企业经营状况分析

在同一行业中，又有很多企业，应该选择哪个企业投资呢？这就需对单个企业经营状况进行分析，主要包括以下几个方面：

(1)企业竞争能力分析。竞争能力是评价企业经营管理状况的重要指标。企业竞争能力越强，发展前途越好，获取的利润就可能越多，对其进行投资的收益就可能越大。

竞争能力可用销售额、销售额增长率、市场占有率等几个指标进行分析。

(2)企业盈利能力分析。企业盈利能力越强，企业所发行的证券就越安全，投资报酬率也会越高。盈利能力可通过利润总额、利润增长率、销售利润率、成本费用利润率、投资报酬率等指标进行分析。

(3)企业营运能力分析。能否充分利用生产能力，提高企业营运能力，是衡量企业经营管理水平的重要标志。企业的生产效率越高，企业越有发展前途，在资本市场上就越被看好。企业营运能力可用固定资产周转率、流动资产周转率等指标来衡量。

(4)企业财务状况分析。企业财务状况是影响投资的重要因素，在进行投资之前，必须认真分析企业财务状况。企业财务状况可通过流动比率、速动比率、负债比率等指标进行分析和评价。

一个良好的投资环境，应该有比较多的投资机会、比较健全的投资管理体制、完善的金融市场，政治稳定、法律公平、硬件适应、软件优良。然而，现代市场经济条件下的投资环境具有构成复杂、变化多端等特点。这就要求企业理财人员在对外投资决策分析时，必须熟知投资环境的要素、性质，认清投资环境的特点，要预测外部投资环境的变化趋势和影响作用，增强其对外部投资环境的适应能力、应变能力和利用能力，根据投资环境的发展变化，采取相应的对外投资策略。

任务二　对外直接投资

一、对外直接投资的概念

对外直接投资是指投资者将货币资金直接投入投资项目，形成实物资产或者购买现有企业的投资，通过直接投资，投资者便可以拥有全部或一定数量的企业资产及经营的所有权，直接进行或参与投资的经验管理。直接投资包括对现金、厂房、机械设备、交通工具、通信、土地或土地使用权等各种有形资产的投资和对专利、商标、咨询服务等无形资产的投资。

二、对外直接投资的特点

对外直接投资的主要特征是投资者对被投资的企业拥有永久利益。永久利益意味着直接投资者和被投资的企业之间存在着长期的关系，并对企业经营管理能施加相当大的影响。

第一，投资者以其所投资的资本大小取得所投资企业部分或全部管理控制权，方便企业贯彻经营策略与管理措施。

第二，投资者可以为被投资方提供资金、技术和管理经验，同时，获取被投资方的市场、人力和资源。

第三，对被投资方来说，直接投资可带来较先进的技术和管理经验，可带来不同形态的资本，如果被投资方能够正确对待、运用直接投资的话，则将会在很大程度上推动其经济的发展。

三、对外直接投资的主要形式

（一）联营投资

1. 联营投资的概念

联营投资是指与有关单位共同出资、组成联合经营体的对外投资活动。联合经营是由若干个主体在自愿、平等、互利的基础上组成的经济组织。联合经营各方共同协商签订章程或契约合同，履行相应的手续、程序，承担相应的经济、社会责任。参加联合经营的各单位一般都具有一定的协作关系。

2. 联营投资的形式

联合经营企业是按照自愿平等、互惠互利，共同发展的原则，根据生产经营发展需要，采取多种形式建立起来的。就联营投资企业的经济联系程度来划分，可以分为如下三种形式：

（1）紧密型联营投资。它是联营投资各方通过联合注资组成新的法人实体，即联营企业。其主要特点有：①它是具有法人资格的有限责任公司，对外独立承担民事责任，实行独立核算，自负盈亏；②参加联营企业的各联营方与联营企业具有平等的法律地位，都是独立的法人；③联营企业实行董事会领导下的经理负责制，董事会是联营企业生产经营、财务管理的权力机构，具有独立的法人财产的经营权；④联营各方按联营企业章程以出资比例享有经营管理权，利润分配权，并承担相应的亏损风险。

（2）半紧密型联营投资。半紧密型联营是一种合伙型的联合经营，其主要特征是：与紧密型联营投资不同，半紧密型联营体不具备法人资格，各联营方仍然保留法人地位；参与联营的各方共同经营、共同承担民事责任。

（3）松散型联营投资。它是指联营各方按联营协议协作生产和经营，承担风险和分配利润的联营形式。其主要特征是：各联营方各自独立进行核算、自负盈亏；各联营方签订联营合同或协议，按协议进行协作生产或协作经营，承担相应风险和享受利润。

3. 联营投资的过程

（1）进行联营投资的可行性研究。根据企业发展战略的需要，选择联营企业，并对联营投资进行可行性研究。在分析时，要对影响联营的各项因素进行调查，反复研究联营投资方案，综合考虑国家产业政策、财税政策、资本市场、技术水平等因素的状况及未来动态；联营项目是否满足企业发展战略的需要；联营项目规模是否经济；联营方的生产经营状况及其背景等，在此基础上选出投资收益最大化的方案。

（2）进行联营投资前的资产评估，筹集联营投资所需资金。联营企业各方以现金、实物资产、无形资产等投入到联营企业，如货币资金、房屋、机器设备、技术图纸、专利权等，应该委托资产评估机构来评估各方投入的资产。根据规定，先进的技术成果、商标、专利、现有的固定资产和原材料存货、未分配利润、盈余公积等自有资金可以向联营企业进行投资，而应上交国家的税收、国家拨付的指定用途的专款则不得直接用于联营投资。另外，根据《公司法》的规定，企业对外投资的总额不得超过其净资产的一半。

(3)加强对联营企业的财务监管，实现联营投资的目标。联营企业成立以后，可以依法独立开展生产经营活动。生产经营决策，联营投资方不能随意干预联营企业的生产经营管理的权力。但联营投资方作为联营企业的股东，有权决定联营企业的经营者，审议企业重大的筹资、投资和利润分配方案，实行必要的财务监管，从各方面支持联营企业的生产经营，实现联营投资的目标。

(4)合理分配联营企业的利润，正确核算投资收益。联营企业实现的净利润，应按国家规定的利润分配程序，在依法交纳企业所得税、提取盈余公积后，才能根据联营协议的规定来分配各方应得的利润。联营企业在利润分配时，应在平等互利的前提下，由参与联营投资的各方共同商定利润分配方法。在分配利润时，应充分考虑联营企业未来发展，确定留分比例。对于不同形式的联营企业实行不同的利润分配方法。

(5)依法进行投资回收清算。联营企业因联营期满自动停业或因经营不善发生重大亏损被迫停业，应依法进行解散清算。清算工作由清算小组来完成。在清算时，要清算联营企业的各项资产和债权债务，在支付清算费用后，按下列顺序进行清偿：支付未付的职工工资、劳动保险等；支付未缴的税金；清偿联营企业的债务；根据联营协议分配剩余财产。联营投资方应对收回的各项投资与长期投资的账面价值比较，其差额部分作为投资收益处理。

(二)兼并投资

1. 兼并投资的概念

兼并投资通常是指一家企业以现金、证券或其他形式购买其他企业的产权，使其他企业丧失法人资格或改变法人实体，并取得对这些企业决策控制权的投资行为。它是市场经济条件下优胜劣汰、优势企业对外投资扩充的结果。兼并投资的基本目的是：扩大企业市场占用率；扩大经营规模，实现规模经营；扩大企业经营范围，分散经营或综合化经营；谋求管理上和财务上的协同效应等。

2. 兼并投资的类型

企业兼并的形式多种多样，按不同的分类标准可划分为不同的类型：

(1)按双方产品和产业的联系划分，分为横向兼并、纵向兼并、混合兼并。

横向兼并是指兼并方与被兼并方处于同一行业、生产或经营同一产品，兼并使资本在同一市场领域集中。横向兼并能确立和巩固兼并企业在行业内的优势地位，扩大了企业规模。纵向兼并是生产工艺或经营方式上有前后关联的企业进行的兼并，是生产、销售的连续过程中互为购买者和销售者的兼并，也即上、下游企业间的兼并。混合兼并是对处于不同产业领域、产品属于不同市场，且与其产业部门之间不存在特别的生产技术联系的企业进行的兼并。

(2)按兼并的实现方式，分为承担债务式、现金购买式和吸收股份式。

承担债务式兼并是指在被兼并方资不抵债或资产债务相等的情况下，兼并方以承担被兼并方全部或部分债务为条件接受其资产，获得被兼并方的资产所有权和经营权。通过这种兼并，使被兼并方的生产要素转入兼并企业，成为兼并企业生产要素的一部分。现金购买式兼并有两种方式：一是兼并方通过出资现金购买被兼并企业的全部资产取得被兼并企业的资产所有权，从而使被兼并方成为兼并企业的分支机构或隶属企业，被兼并方成为除了现金以外没有其他资产的空壳，不得不从法律意义上消失；二是兼并方以现金通过股权市场协商购买被兼并公司的全部股权，以实现兼并的目的。吸收股份式兼并是被兼并企业的所有者以被兼并企业的净资产作为股本投入到兼并方，成为兼并方企业的一个股东。兼并企业从而享有被兼并企业资产的占用、使用和处置的各种权利，同时承担相应的责任。

3. 兼并投资的过程

(1)进行市场调研，选择被兼并企业。根据企业所需的内外部环境和企业的发展战略，进行市场调查，选择目标公司。

(2)在选择好目标公司之后，则需对被兼并企业的价值进行评估。对目标企业进行价值评估时，应聘请有资产评估资格的会计事务所或投资银行进行，根据被兼并企业的不同类型和特点，选择合适的评估方法，以确定目标公司的企业价值。

(3)对兼并投资的风险进行分析。企业兼并是高风险的经营，应在关注各种收益、成本的同时，重视和规避兼并过程中的各种风险，包括营运风险、融资风险、法律风险和体制风险等。

(4)兼并的筹资安排。应根据兼并要实现的目标和兼并企业的资金结构现状合理选择增资扩股、发行债券、银行贷款等融资方式来筹集兼并所需要的资金，在时间上、数量上、资金成本水平等方面满足兼并的需要。

(5)决策机关进行决策。在科学论证分析的基础上，兼并方与被兼并方要进行谈判，形成兼并方案，包括兼并的方式、债权债务的安排、职工的安置等，然后提供企业权力机关进行决策。

(6)执行兼并方案，办理相关产权转移和财务交接手续；兼并完成后，依法办理工商注销和变更手续。

任务三　对外间接投资

一、对外间接投资的概念

对外间接投资是指投资者以其资本购买公司债券、金融债券或公司股票等各种有价证券，以预期获取一定收益的投资，由于其投资形式主要是购买各种各样的有价证券，因此也被称为证券投资。证券是有价证券的简称，是根据有关法律法规发行的，代表财产所有权或债权的一种信用凭证或金融工具。一般来说，证券可以在证券市场上有偿转让。如股票、债券、大额存单、认股权证等。证券投资是指企业通过购买证券的形式进行的投资，它是企业对外投资的重要组成部分。合理地进行证券投资，可以充分地增加企业的收益，减少风险，有利于实现企业的财务目标。

二、对外间接投资的特点

与直接投资相比，间接投资的投资者除股票投资外，一般只享有定期获得一定收益的权利，而无权干预被投资对象对这部分投资的具体运用及其经营管理决策；间接投资的资本运用比较灵活，可以随时调用或转卖，更换其他资产，谋求更大的收益；可以减少因政治经济形势变化而承担的投资损失的风险；也可以作为中央银行为平衡银根松紧而采取公开市场业务时收买或抛售的筹码。

对外间接投资实际是对预期会带来收益的有价证券的风险投资，在投资者持有证券期间带来与其所承担的风险相对称的收益。投资收益与风险呈正向运动，若收益高，则风险大；若收益低，则相应的风险小。收益获得和风险规避又可以通过证券的流通加以实现。因此，收益性、风险性、流动性构成了证券投资的基本特征。

三、对外间接投资的主要形式

企业对外间接投资包括债券投资、股票投资、基金投资三种方式。债券投资是企业通过购入债券成为有关方面的债权人，并获取债券利息收益的投资行为。股票投资是企业通过认购股票成为股份有限公司股东，并获取股利收益的投资。基金投资是一种大众化的证券投资方式，它通过发行基金证券，将分散的资金集中起来，再分散投资于股票、债券、货币或贵金属市场，获得的收益按基金证券的份额平均分配给投资者。

四、债券投资

债券投资是企业通过购入债券成为有关方面的债权人，并获取债券利息收入的投资行为。企业购买国库券、公司债券和短期融资券等都属于债券投资。

(一)债券投资的对象和特点

1. 债券投资的对象

债券投资的对象就是各种社会经济主体发行的债券。债券是依照法定程序发行，约定在一定期限内还本付息的有价证券。它是国家或地区政府、金融机构、企业等机构在直接向社会借债筹措资金时，向投资者发行，并且承诺按特定利率支付利息并按约定条件偿还本金的债权债务凭证。

(1)债券的基本要素。

债券尽管种类多种多样，但是在内容上都要包含一些基本的要素。这些要素是指发行的债券上必须载明的基本债券内容，这是明确债权人和债务人权利与义务的主要约定，具体包括：

①票面价值。

债券的面值是指债券的票面价值，是发行人对债券持有人在债券到期后应偿还的本金数额，也是企业向债券持有人按期支付利息的计算依据。债券的面值与债券实际的发行价格并不一定是一致的，发行价格大于面值称为溢价发行，小于面值称为折价发行。

②偿还期。

债券偿还期是指企业债券上载明的偿还债券本金的期限，即债券发行日至到期日之间的时间间隔。公司要结合自身资金周转状况及外部资本市场的各种影响因素来确定公司债券的偿还期。

③付息期。

债券的付息期是指企业发行债券后的利息支付的时间。它可以是到期一次性支付，或1年、半年或者3个月支付一次。在考虑货币时间价值和通货膨胀因素的情况下，付息期对债券投资者的实际收益有很大影响。到期一次付息的债券，其利息通常是按单利计算的；而年内分期付息的债券，其利息是按复利计算的。

④票面利率。

债券的票面利率是指债券利息与债券面值的比率，是发行人承诺以后一定时期支付给债券持有人报酬的计算标准。债券票面利率的确定主要受到银行利率、发行者的资信状况、偿还期限和利息计算方法以及当时资金市场上资金供求情况等因素的影响。

⑤发行人名称。

发行人名称指明债券的债务主体，为债权人到期追回本金和利息提供依据。

上述要素是债券票面的基本要素，但在发行时，并不一定全部在票面印制出来，例如，在很多情况下，债券发行者是以公告或条例形式向社会公布债券的期限和利率。

(2)债券的特征。

债券作为一种债权债务凭证，与其他有价证券一样，也是一种虚拟资本，而非真实资本，它是经济运行中实际运用的真实资本的证书。

债券作为一种重要的融资手段和金融工具具有如下特征：

①偿还性。

债券一般都规定有偿还期限，发行人必须按约定条件偿还本金并支付利息。

②流通性。

债券一般都可以在流通市场上自由转让。

③安全性。

与股票相比，债券通常规定有固定的利率。与企业绩效没有直接联系，收益比较稳定，风险较小。此外，在企业破产时，债券持有者享有优先于股票持有者对企业剩余资产的索取权。

④收益性。

债券的收益性主要表现在两个方面：一是投资债券可以给投资者定期或不定期地带来利息收入；二是投资者可以利用债券价格的变动，买卖债券赚取差额。

(3)债券的种类。

①按发行主体划分，可以分为政府债券、金融债券、企业债券。

政府债券。政府债券是指由中央政府或地方政府发行的债券，如国库券、国家重点建设债券等。

金融债券。金融债券是指由银行或者非银行性金融机构为筹集信贷资金而向投资者发行的债券。

企业债券。企业债券又称公司债券，它是由企业发行的债券。如重点企业债券、企业短期融资债券、企业内部债券等。

②按偿还期限不同划分，可以分为短期债券、中期债券、长期债券。

短期债券，偿还期限在1年以内的债券为短期债券。中期债券，偿还期限在1年到10年之间的为中期债券。长期债券，偿还期限在10年以上的为长期债券。

③按财产担保划分，可以分为长期债券、信用债券。

抵押债券是以企业财产作为担保的债券，按抵押品的不同又可以分为一般抵押债券、不动产抵押债券、动产抵押债券和证券信托抵押债券。以不动产如房屋等作为担保品，称为不动产抵押债券；以动产如适销商品等作为提供品的，称为动产抵押债券；以有价证券如股票及其他债券作为担保品的，称为证券信托债券。一旦债券发行人违约，信托人就可将担保品变卖处置，以保证债权人的优先求偿权。

信用债券是不以任何公司财产作为担保，完全凭信用发行的债券。政府债券属于此类债券。这种债券由于其发行人的绝对信用而具有坚实的可靠性。除此之外，一些公司也可发行这种债券，即信用公司债。与抵押债券相比，信用债券的持有人承担的风险较大，因而往往要求较高的利率。

④按债券形态划分，可以分为实物债券、凭证式债券、记账式债券。

实物债券是一种具有标准格式实物券面的债券。它与无实物债券相对应，简单地说，就是发给你的债券是纸质的而非电脑里的数字。

凭证式国债是指国家采取不印刷实物券，而用填制“国库券收款凭证”的方式发行的国债。我国从1994年开始发行凭证式国债。凭证式国债具有类似储蓄，但又优于储蓄的特点，通常被称为“储蓄式国债”，是以储蓄为目的的个人投资者理想的投资方式。从购买之日起计息，可记名、可挂失，但不能上市流通。与储蓄类似，但利息比储蓄高。

记账式债券指没有实物形态的票券，以电脑记账方式记录债权，通过证券交易所的交易系统发行和交易。我国近年来通过沪、深交易所的交易系统发行和交易的记账式国债就是这方面的实例。如果投资者进行记账式债券的买卖，就必须在证券交易所设立账户。所以，记账式国债又称无纸化国债。

⑤按是转换可否划分，可以分为可转换债券、不可转换债券。

可转换债券是指在特定时期内可以按某一固定的比例转换成普通股的债券，它具有债务与权益双重属性，属于一种混合性筹资方式。由于可转换债券赋予债券持有人将来成为公司股东的权利，因此其利率通常低于不可转换债券。若将来转换成功，在转换前发行企业达到了低成本筹资的目的，则转换后又可节省股票的发行成本。根据《公司法》的规定，发行可转换债券应由国务院证券管理部门批准，发行公司应同时具备发行公司债券和发行股票的条件。

不可转换债券是指不能转换为普通股的债券，又称为普通债券。由于其没有赋予债券持有人将来成为公司股东的权利，所以其利率一般高于可转换债券。

2. 债券投资的特点

我国债券发行有严格的发行条件，信用等级高，大部分债券都上市交易，因此投资债券的风险较小，安全性高。投资者在选择债券进行投资时，要对债券的主要特点进行分析比较，以决定是否进行债券投资和选择哪种债券投资。

(1)债券投资的优点。

①本金安全性高。政府债券有国家财力作保障，其本金的安全性非常高，通常视为无风险证券；政府债券的信用度高，一般也不存在本金不能偿还的问题；企业债券有优先求偿权或其他的保证措施，其本金损失的可能性也小。

②收入稳定性强。债券有固定的票面利率，在一般情况下，债券投资人都能获得比较稳定的利息收入。政府债券投资收益相对较低，但是免交所得税；企业债券能够获得比政府债券和金融债券高的收益，但要交纳所得税；金融债券的收益则介于政府债券和企业债券之间。

③市场流动性好。流动性是指债券具有能够按市场价格出售的属性。发行债券的企业一般资产条件较好，信用度高，其发行的债券一般能在金融市场上出售或抵押，流动性强。

政府债券和金融债券也是如此。

(2)债券投资的缺点。

①利率风险大。债券的利率大部分为固定利率，当后期市场利率上升时，早先发行的债券价格会下跌，甚至跌破面值，若此时转让，则可能会丧失部分利息收入甚至部分本金；若不予变现，则投资者又会丧失再投资的机会收益。

②购买力风险较大。在通货膨胀率较高时，债券因其固定的利息收入，必然会产生购买力的损失。

③没有经营管理权。投资债券是一种债权投资行为，投资人不能对债券发行企业给予影响和控制。

(二)债券购入价格的估算

债券作为一种投资，现金流出量是其购买价格，现金流入量是利息和归还的本金或者在出售时获得的现金。债券未来现金流入量的现值，称为债券的价值或债券的内在价值。债券价值是债券投资决策时使用的一项主要指标。只有当债券的价值大于购买价格时，才值得投资。

1. 不计复利到期一次性还本付息债券价值的估算

债券如不计复利到期一次性还本付息，其价值估算公式为：

$$V=(M+M\times r\times n)\times(P/F,\ i,\ n)$$

式中，V 为债券内在价值；M 为债券面值；r 为票面利率；n 为债券到期前的年数；(P/F，i，n)为复利现值系数，其中，i 为贴现率，一般采用当时的市场利率或投资人要求的最低报酬率。

【例 7-1】某企业准备购买另一家公司发行的利随本清的企业债券，该债券面值为 1000 元，期限为 5 年，票面利率为 10%，当前市场利率为 8%，该债券的市场价格为多少时，企业才能购买？由以上公式可计算该债券的内在价值。

该债券内在价值 V =(1000+1000×10%×5)×(P/F，8%，5)

=1500×0.6806=1020.9(元)

即该债券的内在价值为1020.9元，如果现行市价高于1020.9元，即现行市价高于债券内在价值，则说明该债券市价虚高，企业不应该投资购买；如果现行市价低于1020.9元，即现行市价低于债券内在价值，则说明该债券市价低估，企业应该投资购买该证券。

2. 每年付息、到期还本的债券价值的估算

债券如每年支付利息、到期归还本金，其债券价值的估算公式为：

$$V=\frac{I_1}{(1+i)^1}+\frac{I_2}{(1+i)^2}+\cdots+\frac{I_n}{(1+i)^n}+\frac{M}{(1+i)^n}$$

当每年的利息保持不变时，

$$V=I\times(P/A,\ i,\ n)+M\times(P/F,\ i,\ n)$$

式中，V为债券内在价值；I为每年的利息；M为到期的本金；i为贴现率，一般采用当时的市场利率或投资人要求的最低报酬率；n为债券到期前的年数；(P/A，i，n)为年金现值系数；(P/F，i，n)为复利现值系数。

【例7-2】某公司拟于2002年2月1日购买另一家公司面值为1000元的债券，其票面利率为8%，每年2月1日计算并支付一次利息，并于5年后的1月31日到期，到期时支付本金，当时的市场利率为10%，债券的市价是920元，应否购买该债券？

该债券价值可按以上公式计算为：

债券内在价值 V =1000×8%×(P/A，10%，5)+1000×(P/F，10%，5)

=80×3.791+1000×0.621=924.28(元)

该债券的内在价值为924.28元，而债券的市价是920元，即现行市价低于其内在价值，说明该债券市价低估，企业应该投资购买该证券。

3. 折价发行时债券的估算

有些债券以折价方式发行，没有票面利率，到期按面值偿还。其价值估算公式为：

$$V=\frac{F}{(1+k)^n}=F\times(P/S,\ k,\ n)$$

式中，V为债券价值；i为债券的票面利率；F为到期的本金；k为贴现率，一般采用当时的市场利率或投资人要求的最低报酬率；n为债券到期前的年数。

【例7-3】某公司的债券面值为1000元，期限为5年，以折现方式发行，期内不计利息，到期按面值偿还，当时市场利率为8%，其价格为多少时，企业才能购买？

由以上公式可知：

债券内在价值 V=1000×(P/S，8%，5)= 1000×0.681=681(元)

即当债券价格必须低于681元时，企业才能购买。

(三)债券投资收益的计算

企业进行债券投资的主要目的是为了获得投资收益。债券收益包括债券交易现价与原价的价差以及定期的利息收益。收益的高低是影响债券投资的主要因素。债券投资的收益有绝对数和相对数两种表示方法，在财务管理中通常用相对数，即收益率来表示。

债券投资收益率是一定时期内债券投资收益与投资额的比率，通常用年率表示。债券收益不同于债券利息。债券利息仅指债券票面利率与债券面值的乘积。但由于在债券持有期内，还可以在债券市场进行买卖，赚取价差，因此，债券收益除债券利息收入外，还包括买卖盈亏差价，即债券的价差收益。债券的价差收益是债券到期得到的偿还金额(即债券面额)或到期前出售债券的价款与投资时购买债券的金额之差。债券投资额是投资时购买债券的金额，包括购买价格和购买时发生的佣金、手续费等。

决定债券收益率的主要因素，有债券的票面利率、期限、面值和购买价格。

1. 短期债券到期收益率

对处于最后付息周期的附息债券、贴现债券和剩余流通期限在 1 年以内(含 1 年)的到期一次性还本付息债券，到期收益率计算公式为：

到期收益率=(到期本息和-债券买入价)÷(债券买入价×剩余到期年限)×100%

各种不同债券到期收益率的具体计算方法分别列示如下：

(1)息票债券的计算。

债券到期收益率=(债券年利息+债券面值-债券买入价)÷(债券买入价×剩余到期年限)×100%

【例 7-4】某公司于 2003 年 1 月 1 日以 102 元的价格购买了面值为 100 元、利率为 10%、每年 1 月 1 日支付 1 次利息的 1999 年发行 5 年期国库券，持有到 2004 年 1 月 1 日到期，则

$$\text{债券收益率}=\frac{100\times10\%+(100-102)}{102\times1}\times100\%=7.84\%$$

(2)一次性还本付息债券到期收益率的计算。

债券到期收益率=[债券面值(1+票面利率×债券有效年限)-债券买入价]÷(债券买入价×剩余到期年限)×100%

【例 7-5】甲公司于 2004 年 1 月 1 日以 1250 元的价格购买了乙公司于 2000 年 1 月 1 日发行的面值为 1000 元、利率为 10%、到期一次性还本付息的 5 年期公司债券，持有到 2005 年 1 月 1 日，计算其投资收益率。

$$\text{债券收益率}=\frac{1500-1250}{1250\times1}\times100\%=20\%$$

(3)贴现债券到期收益率的计算。

债券到期收益率=(债券面值-债券买入价)÷(债券买入价×剩余到期年限)×100%

2. 长期债券到期收益率

长期债券到期收益率采取复利计算方式(相当于求内部收益率)。

$$PV=\frac{I}{(1+Y)^1}+\frac{I}{(1+Y)^2}+KK+\frac{I}{(1+Y)^t}+\frac{M}{(1+Y)^t}$$

式中，Y 为到期收益率；PV 为债券买入价；M 为债券面值；t 为剩余的付息年数；I 为当期债券票面年利息。

【例 7-6】H 公司于 2004 年 1 月 1 日以 1010 元价格购买了 TTL 公司于 2001 年 1 月 1 日发行的面值为 1000 元、票面利率为 10%的 5 年期债券。要求：

(1)该债券为一次性还本付息，计算其到期收益率。

(2)该债券为分期付息、每年末付一次利息，计算其到期收益率。

(1)一次性还本付息。

根据上述公式 1010=1000×(1+5×10%)(P/F，i，2)

可得：(P/F，i，2)=1010/1500

=0.6733

查复利现值系数表可知：

当 i=20%，=0.6944

当 i=24%，=0.6504

采用插值法求得：i=21.92%

(2)分期付息，每年末付一次利息。

根据上述公式 1010=1000×10%×(P/A，i，2)+1000×(P/F，i，2)

=100×(P/A，i，2)+1000×(P/S，i，2)

当 i=10%时，NPV=100×(P/A，10%，2)+1000×(P/F，10%，2)-1010=100×1.7355+1000×0.8264-1010=-10.05(元)

由于 NPV 小于零，需进一步降低测试比率。

当 i=8%时，NPV=100×(P/A，8%，2)+1000×(P/F，8%，2)-1010=100×1.7833+1000×0.8573-1010=25.63(元)

即求得：i=9.44%。

(四)债券投资的决策

债券投资决策的一种方法就是先确定债券的内含价值，然后将债券的内含价值与债券市价进行比较。债券价值是投资者在购买该债券时可接受的最高市价，若前者大于后者，则说明债券的市场价格还有上涨空间，投资者现在投资购买可能获得价差利益；若前者小于后者，则说明债券的内含价值高估，其价格随时可能下跌，作为债券持有者可以出售该债券，而投资者此时则不宜购买该债券。这种债券投资决策的关键是合理确定计算债券价值所需要的折现率。

债券投资的决策的另一种方法就是确定债券的内含投资报酬率，将债券的内含投资报酬率与企业要求的最低收益率对比来决定是否进行投资。当内含投资报酬率高于企业要求的最低收益率时，可以投资；当内含投资报酬率低于企业要求的最低收益率时，则不宜投资。

五、股票投资

股票投资是企业通过认购股票成为股份有限公司的股东，并获取股利收入和价差收益的投资行为。企业将资金投向于优先股、普通股都属于股票投资。投资者在选择股票进行投资时，要了解股票的主要特点，以决定是否进行股票投资和选择哪种股票投资。

(一)股票投资的对象和特点

1. 股票投资的对象

股票投资的对象就是股份有限公司公开发行股票。股票是股份公司在筹集资本时向出资人公开或私下发行的、用以证明出资人的股本身份和权利，并根据持有人所持有的股份数享有权益和承担义务的凭证。股票是一种有价证券，代表着其持有人(股东)对股份公司的所有权，每一股同类型股票所代表的公司所有权是相等的，即“同股同权”。

2. 股票的基本特点

(1)不返还性，股票一旦发售，持有者不能把股票退回给公司，只能通过证券市场上出售而收回本金。股票发行公司也不能收回已发行的股票。

(2)风险性，购买股票是一种风险投资。

(3)流通性，股票作为一种资本证券，是一种灵活有效的集资工具和有价证券，可以在证券市场上通过自由买卖、自由转让进行流通。

(4)收益性。

(5)参与权。

3. 股票投资的优点

(1)投资收益高。股票投资是一项高风险的投资活动，股票价格变动频繁，既受宏观经济状况的影响，也受到行业、公司经营状况的影响；既承受商品市场风险，又要承受资本市场的风险等。但风险大，收益也高。其收益主要来自资本利得和红利所得，优质股票的价格长期趋势总是上涨的居多，只要选择得当，能取得优厚的投资回报。同时，股票市场也可进行适度的投机活动，操作得当，也能带来较高的收益。

(2)购买力风险低。能较好地抵御通货膨胀的影响。第一，普通股股利不固定，在通货膨胀情况下，公司的产品销售价格也会上升，公司盈利增加，分红额也随之增加。第二，普通股股东是企业的所有者，在通货膨胀情况下，企业的资产价格会上升，尤其是不动产，这样普通股股东的权益也随之增加。因此，与固定收益的证券相比，普通股能有效地降低购买力风险。

(3)拥有经营控制权。普通股股东是股份公司的所有者，有权监督和控制企业的生产经营情况。因此，欲控制一家企业，最好是收购这家企业的股票。投资普通股能控制发行企业的生产经营状况，优化资源，整合资产，获取资本运作的相应收益。

4. 股票投资的缺点

(1)求偿权居后。普通股对企业资产和盈利的求偿权均居于最后。企业在清算时，普通股的求偿权居于债权人、优先股股东之后，相应的投资可能得不到全额补偿，甚至一无所有。

(2)价格不稳定。普通股的价格受众多因素影响，很不稳定。政治因素、经济因素、投资人心理因素、企业的盈利情况、风险情况，都会影响股价，这也使股票投资具有较高的风险。

(3)收入不稳定。企业经营受多种因素的影响，盈利状况不够稳定，分红多少受企业盈利状况的影响；股利不仅受发行企业盈利状况的影响，而且也受制于公司采取什么样的股利政策，其有无、多寡一般没有法律上的强制规定。所以相对于固定收益证券而言，股利收入不够稳定。

（二）股票的种类

1. 普通股

普通股是指在公司的经营管理和盈利及财产的分配上享有普通权利的股份，代表满足所有债权偿付要求及优先股东的收益权与求偿权要求后对企业盈利和剩余财产的索取权。普通股构成公司资本的基础，是股票的一种基本形式。目前，在上海和深圳证券交易所上进行交易的股票都是普通股。

普通股股东按其所持有股份比例享有以下基本权利：

（1）公司决策参与权。普通股股东有权参与股东大会，并有建议权、表决权和选举权，也可以委托他人代表其行使其股东权利。

（2）利润分配权。普通股股东有权从公司利润分配中得到股息。普通股的股息是不固定的，由公司盈利状况及其分配政策决定。普通股股东必须在优先股股东取得固定股息之后才有权享受股息分配权。

（3）优先认股权。当公司需要扩张而增发普通股股票时，现有普通股股东有权按其持股比例，以低于市价的某一特定价格优先购买一定数量的新发行股票，从而保持其对企业所有权的原有比例。

（4）剩余资产分配权。当公司破产或清算时，若公司的资产在偿还欠债后还有剩余，则其剩余部分按先优先股股东、后普通股股东的顺序进行分配。

2. 优先股

优先股相对于普通股。优先股在利润分红及剩余财产分配的权利方面优先于普通股。

（1）优先分配权。在公司分配利润时，拥有优先股票的股东比持有普通股票的股东，分配在先，但是享受固定金额的股利，即优先股的股利是相对固定的。

（2）优先求偿权。公司在清算并分配剩余财产时，优先股在普通股之前分配。备注：当公司决定连续几年不分配股利时，优先股股东可以进入股东大会来表达他们的意见，保护他们自己的权利。

（三）股票投资价格的估算

股票作为一种投资，现金流出量是其购买价格，其带给持有者的现金流入量包括两个部分：股利收入和出售时的资本利得。股票未来现金流入量的现值，称为股票的价值或股票的内在价值。股票价值是股票投资决策时使用的一项主要指标。只有股票的价值大于购买价格时，才值得投资。股票投资价格的测算就是计算其价值，然后和股票市场价格比较，视其低于、高于或等于市场价格，决定买入、卖出或继续持有。

1. 长期持有、股利每年不变的股票价值的估算

在每年股利稳定不变，投资人持有时间很长的情况下，股票内在价值的计算公式可以简化为：

$$V=\frac{D}{K}$$

式中，V 为股票内在价值；

D 为每年获得的固定股利；

K 为投资人要求的最低投资报酬率。

【例 7-7】华特公司准备购买某公司股票，该公司普通股预计年股利额每股为 0.8 元，期望收益率为 10%，长期持有。要求该公司股票的内在价值为多少？

V = 0.8÷10% = 8(元)

即该股票的内在价值为 8 元，如果现行市价高于 8 元，即股票现行市价高于其内在价值，则说明该股票价值高估，企业此时不应该投资购买；如果现行市价低于 8 元，即股票现行市价低于其内在价值，则说明该股票还有上涨空间，企业此时应该投资购买该证券。

2. 长期持有、股利固定增长的股票价值的估算

如果一个公司的股利不断增长，投资人的投资期限又非常长，则股票的估价就比较困难了，只能计算其近似数。在股利按固定的年增长率增长的情况下，设 D_0 为上年股利，每年股利比上年增长率为 g，则

$$V=\frac{D_1}{K-g}=\frac{D_0(1+g)}{K-g}$$

其中，D_1 为第 1 年的股利。

【例 7-8】华成公司准备投资购买海达文化传播股份有限公司的股票，该公司普通股上年每年股利为 0.2 元，估计年增长率为 3%，华成公司分析后认为，必须得到 12% 的期望收益率，才能购买海达文化传播股份有限公司的股票，则该种股票的内在价值应为：

$$V=0.2\times(1+3\%)\div(10\%-3\%)\approx 2.94(\text{元})$$

即海达文化传播股份有限公司的股票价格为 2.94 元以下时，华成公司才能购买。

3. 短期持有、未来准备出售的股票价值的估算

在一般情况下，投资者投资于股票，不仅希望得到股利收入，而且还希望在未来出售股票时从股票价格的上涨中获得好处。此时，股票的内在价值为：

$$V=\sum_{t=1}^{n}\frac{d_t}{(1+K)^t}+\frac{V_n}{(1+K)^n}$$

式中，V 为股票价值；V_n 为未来出售时预计的股票价格；K 为投资者要求的必要报酬率；d_t 为第 t 期的预计股利；n 为预计股票持有的期数。

【例 7-9】2004 年 4 月，长江公司欲投资购买华特股份有限公司普通股，短期持有，然后出售以获取价差收益。预计华特股份有限公司普通股两年后股价将上升到每股 6.20 元，长江公司将在两年后按该价格出售该股票；在持有的两年中，长江公司估计被投资公司会于 2005 年 4 月和 2006 年 4 月两次分配股利，其中，2005 年 4 月每股能分得红利 0.3 元，2006 年 4 月每股能分得红利 0.4 元。经过分析长江公司认为，必须得到 12% 的期望收益率，投资购买该公司股票才划算。根据以上内容，可求得华特股份有限公司普通股的内在价值为：

$$\begin{aligned}V&=6.20\times(P/F,12\%,2)+0.3\times(P/F,12\%,1)+0.4\times(P/F,12\%,2)\\&=6.20\times0.7972+0.3\times0.8929+0.4\times0.7972\\&\approx 5.53(\text{元})\end{aligned}$$

即华特股份有限公司普通股购买日的内在价值应为5.53元，当现行股价低于5.53元时，长江公司应该购买，这样可以得到超过12%以上的报酬率。在财务管理实践中，为简化计算，投资期间短于1年的，可以不考虑资金时间价值，直接比较不同时点的价格，或计算持有期间收益率来进行决策。

(四)股票投资收益的衡量

债券投资能够用投资收益率来衡量债券投资效益，同样，股票投资也能用股票投资收益率来衡量其投资收益。计算考核股票投资收益必须将股价与收益结合起来进行衡量。

1. 短期股票投资持有期收益率

考虑时间价值因素，其基本的测算公式与债券到期收益率相同：

$$\text{短期股票投资持有期收益率}=\frac{(\text{出售价格}-\text{购买价格})\div\text{持有年限}+\text{年现金股利}}{\text{本期股票价格}}$$

一般而言，以年为单位的短期股票持有年限≤1年。

在财务管理实践中，为简化计算，投资期间短于1年的，也可以不考虑资金时间价值，即不考虑持有年限，将买卖差价和现金股利直接作为收益除以股票购买价格，也可以得到短期股票投资持有期收益率。

2. 长期股票投资持有期收益率

企业进行股票投资，每年获得的股利是经常变动的，当企业出售股票时，也可收回一定资金。股票投资收益率可按下式估算：

$$V=\sum_{t=1}^{n}\frac{d_t}{(1+K)^t}+\frac{F}{(1+K)^n}$$

其中：V为股票的购买价格；d_t为每年获得的股利；F为股票的出售价格；K为股票投资收益率；n为投资期限。

【例7-10】时代公司于2000年6月1日投资600万元购买某种股票100万股，在2001年、2002年、2003年的5月30日每股各分得现金股利0.6元、0.8元、0.9元，并于2003年5月30日以每股8元的价格将股票全部卖出，试计算该项投资的投资收益率。

先逐步测试：

第一次先用20%的收益率进行测算

此时，V = 60×(P/F，20%，1)+80×(P/F，20%，2)+890×(P/F，20%，3)

= 60×0.8333+80×0.6944+890×0.5787

= 620.59(万元)>600(万元)

第二次先用24%的收益率进行测算

此时，V = 60×(P/F，24%，1)+80×(P/F，24%，2)+890×(P/F，24%，3)

= 60×0.8065+80×0.6504+890×0.5245

= 567.23(万元)<600(万元)

现在可以用插值法来计算该投资到期收益率

i = 20%+(620.59−600)×4/(620.59−567.23)

=21.54%

(五)股票投资的决策

股票投资的决策包括股票投资对象的决策、股票投资时机的决策、股票投资结构的决策等内容。股票投资决策从严格的角度来讲是非常复杂的，但是对于投资来说是非常重要的。一般而言，股票投资决策方法与债券投资相似，基本方法有两种：其一，计算股票价值，然后将股票价值与股票市价比较以确定是否购买该股票；其二，计算股票投资的内含报酬率将之与该股票必要报酬率比较，以作出合理的投资决策。

六、投资基金投资

(一)投资基金概念

基金是一种间接的证券投资方式。基金管理公司通过发行基金单位，集中投资者的资金，由基金托管人(即具有资格的银行)托管，由基金管理人管理和运用资金，从事股票、债券等金融工具投资，然后共担投资风险、分享收益。

投资基金(Investment Funds)是一种利益共享、风险共担的集合投资制度。它通过发行基金证券，集中投资者的资金，由基金托管人委托职业经理人员管理，专门从事证券投资活动，以获取投资收益，企业或个人则按基金证券份额分得基金管理机构向外投资的收益，这种投资形式可以规避投资风险。可以说，投资基金是对所有以投资为形式的基金的统称。

投资基金的设立，须经中国证券监督管理委员会审查批准。经批准设立的投资基金，应当委托商业银行作为基金托管人托管基金资产，委托基金管理公司作为基金管理人管理和运用基金资产。基金托管人、基金管理人应在行政上、财务上相互独立。基金管理人管理和运用资金，主要从事股票、债券等金融工具投资。

根据组织形态的不同，可分为公司型基金和契约型基金。基金通过发行基金股份成立投资基金公司的形式设立，通常称为公司型基金；由基金管理人、基金托管人和投资人三方通过基金契约设立，通常称为契约型基金。我国的证券投资基金均为契约型基金。

(二)投资基金分类

1. 按投资基金的组织形式不同，分为契约型基金与公司型基金

(1)契约型投资基金。

契约型投资基金，也称信托型投资基金，它是根据一定的信托契约组织起来的代理投资机构。也就是由委托者、受托者和受益者三方订立信托投资契约，由经理机构(委托者)根据契约，运用信托财产进行投资，由受托者(信托公司或银行)负责保管信托财产，而投资成果则由投资者(受益者)享有的一种基金类型。

契约型投资基金一般由基金管理公司作为发起人，并且负责对所筹集的投资基金进行具体的投资营运。受托者一般由信托公司或银行担任，办理有关证券和现金的管理、核算等日常业务。投资者购买基金发起人发行的受益证券后，就成为该投资基金的受益人，在约定的投资基金存续期内凭所持证券分享投资收益。契约型投资基金没有法人机

构，受益人不是股东，而是基金持有人。

(2)公司型投资基金。

公司型基金不是按照一定的信托契约，而是按照公司法组成的、以盈利为目的、主要投资于有价证券的投资机构。公司型投资基金本身就是投资公司，它主要通过发行股票的方式来筹集资金。投资者经由购买公司股份成为股东，由股东大会选出董事、监事，再由董事、监事投票选出该公司的总经理，负责管理公司的投资业务。公司型投资基金具有法人资格，基金受益人是基金公司的股东，可以享有股东应有的权利。

2. 按照投资基金变现方式的不同，分为封闭型投资基金和开放型投资基金

(1)封闭型投资基金。

封闭型投资基金是指在基金的封闭期内基金单位总数不变，基金上市后投资者可以通过证券市场转让、买卖基金单位的一种投资基金。在基金的存续期内，不允许证券持有人赎回基金证券，不得随意增减基金证券，证券持有人只能通过证券交易所买卖证券。买卖基金单位的价格，由证券市场的供求关系决定。我国前几年发行的投资基金，大多属于这类基金。这种基金证券的资产比较稳定，便于经营，但价格受市场供求关系的影响较大。公司型的封闭型投资基金，其经营业绩对基金股东来说至关重要，在其经营业绩好时，股东可以通过超过基金净资产价值的证券价格而获得较高的收益，但在其经营业绩不好时，投资人则会承担较大的亏损，因此其风险也较大。

(2)开放型投资基金。

开放型投资基金是指基金发行总额不固定，基金单位总数随时增减，投资者可以按基金的报价在国家规定的营业场所申购或赎回基金单位的一种投资基金。基金单位的申购价格包括要支付的单位基金资产净值和一定的销售附加费。在基金发行新证券时，一般按基金的净资产价值加经销手续费出售基金证券；持有人在赎回基金证券时，则按净资产价值减除一定比例的手续费作为赎回价格。开放型投资基金由于允许赎回，因此其资产经常处于变动之中，一般要求投资于变现能力较强的证券。

3. 按投资基金的投资对象不同，分为股权式投资基金和证券式投资基金

(1)股权式投资基金是指投资基金以合资或参股的形式投资于实业，以获取投资收益为主要目的，它可以参与被投资企业的经营，但一般不起控制支配作用。股权式投资基金的流动性和变现能力较差，一般要求采用封闭型投资基金。

(2)证券式投资基金是指以投资于已经公开发行上市的股票和债券为主的投资基金。这种投资基金的流动性较好，容易变现，可以采用开放型投资基金。

(三)投资基金投资价格的测算

测算基金证券投资价格的主要指标，是基金单位净值。基金单位净值是投资基金在发行期满后买卖价格的计算依据，它是指在某一时点每一基金单位所具有的市场价值。它的计算公式为：

$$\text{基金单位净值}=\frac{\text{基金净资产价值总额}}{\text{基金单位总份额}}$$

其中，基金净资产价值=基金总资产市场价值-基金负债总额，而基金总资产市场价值是指该投资基金所拥有的资产(包括现金、股票、债券和其他有价证券及其他资

产)于每个营业日收市后根据收盘价格及账面余额计算出来的资产总市值。

单位基金资产净值是基金单位价格的内在价值。因此，基金单位价格与其资产净值一般是趋于一致的，基金单位资产净值增长，基金单位价格也跟着提高。一般而言，对封闭式基金来说，由于它的基金证券在证券交易所上市交易，其价格除了受基金单位资产净值影响外，还要受到市场供求情况、经济形势、政治环境等多方面因素的影响；而对开放型基金，基金单位的申报和赎回都主要根据基金单位资产净值计算。

开放型基金的柜台交易价格完全以基金单位净值为基础，通常采用两种报价形式：

(1)在基金发行新证券时，一般按基金的净资产价值加经销手续费出售基金证券，即

基金认购价=基金单位资产净值+首次认购费

(2)持有人在赎回基金证券时，则按净资产价值减除一定比例的手续费作为赎回价格，即

基金赎回价=基金单位资产净值-基金赎回费

(四)投资基金的特点

1. 投资基金证券与股票、债券的区别

投资基金证券是投资基金发行人向不特定的投资者发行的，表示持有人对基金享有相关权利，并承担相应义务的一种有价证券。它与股票、债券的区别，主要体现在以下几个方面：

(1)发行的主体不同，体现的权利关系不同。投资基金证券是由基金发起人发行的，投资基金证券投资人与发起人之间是一种契约关系。基金发起人和投资者都不参与投资基金的运作，而是委托基金管理公司营运，投资者只分享基金的收益，不干预基金资产的管理和运用。股票是由股份有限公司发行的，股票持有人是股份有限公司的股东，股东与股份有限公司的关系是一种股权关系，通过发行股票筹集到的资金，完全由发行股票的股份有限公司掌握和运用，股票投资者有权参与公司的经营管理决策。债券是由政府、银行及企业等发行主体发行的、债券持有人与发行者的关系是一种债权债务关系，通过发行债券筹集到的资金，由发行债券的发行主体自主支配，债券投资者无权干预债券资金的运用。

(2)风险和收益各不相同。投资基金是委托专门从事证券投资的基金管理公司进行分散投资组合，因而可以分散和降低投资风险。从风险程度上看，投资基金要小于股票投资，但大于债券投资。基金证券投资的收益是不固定的，这一点不同于债券投资而类似于股票投资。从投资收益水平上看，由于基金管理公司配备有较多专业操作证券买卖的人员，基金管理公司进行分散投资组合，这能够降低风险，提高收益，所以基金证券的投资收益不低于股票投资，且一般都会大于债券投资。因此，基金证券投资是一种风险低于股票投资，收益高于债券投资的证券投资。

(3)存续期间不同。投资基金都规定有一定的存续时间，期满即终止，这一点类似于债券投资，但是与债券投资不同的是，基金证券经基金持有人大会决议，可以提前终止，也可以期满后再延续，这一点与债券、股票都有明显区别。

2. 投资基金投资的优缺点

投资基金投资起点小，投资机会多，投资者管理费用少，基金种类多，可选择性大，流动性强。具体来说，将资金投向投资基金的最大优点是能够在不承担太大风险的情况下获得较高收益，这是因为：①投资基金具有专家理财优势。投资基金的管理人都是投资方面的专家，他们在投资前均进行多种研究，这能够降低风险，提高收益。②投资基金具有资金规模优势。我国的投资基金一般拥有资金20亿元以上，这种资金优势可以进行充分的投资组合，能够降低风险，提高收益。

尽管进行投资基金投资有上述优点，但是该种投资也有不足的地方，表现在：①无法获得很高的投资收益。投资基金在投资组合过程中，在降低风险的同时，也丧失了获得巨大收益的机会。②受大盘整体影响较大。在大盘整体大幅度下降的情况下，进行基金投资也可能会损失较多，投资人承担较大风险。

单元小结

对外投资是企业财务管理的一项重要内容，对企业发展和资金的有效利用有重要的影响。了解对外投资的种类、目的和相关影响因素，是提高对外投资效果的重要基础。

对债券投资应在了解债券投资特点的基础上，掌握债券价格的确定、债券投资收益的计算、债券投资风险的管理等投资决策内容。

购买股票是企业对外投资的另一种重要形式，在了解股票投资特点的基础上，掌握股票价格的确定、股票投资的收益、证券投资组合等重要的投资决策内容和方法。

投资基金是一种利益共享、风险共担的集合投资方式。相对于债券投资和股票投资而言，投资基金具有专家理财优势和资金规模优势；测算基金证券投资价格的主要指标，是基金单位净值，它是投资基金在发行期满后买卖价格的计算依据。

学习情境八　收益分配管理

学习目标： 学生通过本情景模块的学习，对企业利润的构成、利润分配的程序应能够熟练掌握，并且会运用股利分配政策对股份制企业的利润进行分配和分析。

知识能力： 1. 了解股利的概念及种类，掌握股利发放的程序，明确股利宣告日、股权登记日、除息日与股利支付日；

2. 理解股票回购的动机、股票回购的方法及股票分割的影响、股票分割的意义；

3. 掌握股利无关论与股利相关论的基本观点；

4. 掌握股利分配政策的选择策略，理解并掌握影响股利分配的各种制约因素；

工作任务： 1. 了解并掌握企业利润分配的基本原则和利润分配的程序；

2. 能够利用股利分配政策对股份制企业的利润进行分配和分析。

关 键 词： 利润分配原则　股票回购　股票分割　股利理论　股利政策

案例导入：

丽珠集团于1993年10月28日在深圳证券交易所挂牌上市。公司经营范围以医药为主，兼营化工、食品、房地产、旅业、信息等。公司是1992年成立的股份公司，主要生产和经营医药产品等，现生产的主要产品有丽珠得乐、丽珠肠乐、丽珠康泰必妥等。1993年成为医药行业首家A股和B股股票均挂牌上市交易的股份公司。2008年6月初，沉寂已久的B股市场被丽珠B的一则公告激起波澜，丽珠集团宣称，其B股价格被严重低估，影响企业形象，为了提振股价，该公司拟以总额不超过1.6亿港元回购部分B股，回购价格不超过16港元/股，约1000万股。回购股份分别约占公司已发行B股股份和总股本的8.18%和3.27%。丽珠B股2008年6月19日收盘时价仅11.7港元，16港元的回购价加比溢价达36.7%。在集团6月20日的股东大会上，回购案获得了99.72%的高票通过，丽珠集团成了中国市场首家实施B股回购的公司。

（资料来源：MBA智库文档．关于股票回购的案例分析．http：//doc.mbalib.com/view/5ffbeec9cc877b7657406e0119e3fdc9.html）

任务一　利润分配概述

企业年度决算后实现的利润总额，要在国家、企业的所有者和企业之间进行分配。利润分配关系着国家、企业、职工及所有者各方面的利益，是一项政策性较强的工作，必须严格按照国家的法规和制度执行。利润分配的结果，形成了国家的所得税收入，投资者的投资报酬和企业的留用利润等不同的项目。由于税法具有强制性和严肃性，缴纳税款是企业必须履行的义务，从这个意义上看，财务管理中的利润分配，主要是指企业的净利润分配。利润分配的实质就是确定给投资者分红与企业留用利润之间的比例。

一、利润分配的基本原则

1. 依法分配原则

为规范企业的利润分配行为，国家制定和颁布了若干法规，这些法规规定了企业利润分配的基本要求、一般程序和重大比例。企业的利润分配必须依法进行，这是正确处理企业各项财务关系的关键。

2. 兼顾职工利益原则

企业的净利润归投资者所有，是企业的基本制度。企业的职工不一定是企业的投资者，却是企业利润的创造者，他们除了获得工资和奖金等劳动报酬以外，还应该以适当的方式参与企业净利润的分配。

3. 分配与积累并重原则

企业的利润分配，要正确处理长期利益和近期利益的关系，坚持分配与积累并重的原则。企业应适当留存一部分净利润作为积累，这部分积累的净利润不仅可以为企业的扩大再生产筹措资金，增强企业的发展能力和抵抗风险能力，而且还可以满足未来分配之需，起到以丰补歉、平抑利润分配数额波动、稳定投资报酬率的作用。

4. 投资与收益对等原则

企业利润分配应当体现“谁投资谁收益”、收益大小与投资比例相适应的原则，即投资与收益对等原则，这是正确处理企业与投资者利益关系的立足点。投资者因投资行为，以出资额为限依法享有企业利润的分配权。企业在向投资者分配利润时，要遵守公开、公平、公正的“三公”原则，不搞幕后交易，不帮助大股东侵蚀小股东利益，一视同仁地对待所有投资者，这样才能从根本上保护投资者的利益。

二、企业利润分配的程序

利润分配程序是指公司制企业根据适用的法律、法规或规定，对企业一定期间实现的净利润进行分派必须经过的先后步骤。

1. 非股份制企业的利润分配程序

根据我国《公司法》等有关规定，非股份制企业当年实现的利润总额应按国家有关税法的规定作相应的调整，然后依法缴纳所得税。缴纳所得税后的净利润按下列顺序进行分配：

(1)弥补以前年度的亏损。按我国财务和税务制度的规定，企业的年度亏损，可以由下一年度的税前利润弥补，下一年度税前利润尚不足于弥补的，可以由以后年度的利润继续弥补，但用税前利润弥补以前年度亏损的连续期限不超过5年。5年内弥补不足的，从第6年起用年度税后利润弥补。

由于企业可供分配的利润等于本年净利润加上年初未分配利润之和，因此，只有当可供分配的利润大于零时，企业才能进行后续的利润分配。

(2)提取法定盈余公积金。企业可供分配的利润大于零是计提法定盈余公积金的必要条件。

法定盈余公积金提取额=(净利润-以前年度亏损)×10%

即当企业年初未分配利润为借方余额时，法定盈余公积金计提基数为：本年净利润-年初未分配利润(借方)余额；当企业年初未分配利润为贷方余额时，法定盈余公积金计提基数为本年净利润，未分配利润贷方余额在计算可供投资者分配的净利润时计入。

当企业法定盈余公积金达到注册资本的50%时，可不再提取。法定盈余公积金主要用于弥补企业亏损和按规定转增资本金，但转增资本金后的法定盈余公积金一般不低于注册资本的25%。

(3)提取法定公益金。法定公益金是以法定盈余公积金相同基数的5%~10%计提的职工公共利益资金，主要用于企业职工的福利设施支出。

(4)向投资者分配利润。企业本年净利润扣除弥补以前年度亏损、提取法定盈余公积金和公益金后的余额，加上年初未分配利润的贷方余额，即为企业本年可供投资者分配的利润，企业应按照分配与积累并重的原则，确定应向投资者分配的利润数额。

企业分配给投资者的利润，是投资者从企业获得的投资回报。企业向投资者分配利润应遵循纳税在先、企业积累在先、无盈余不分利的原则。

2. 股份制企业的利润分配程序

(1)弥补以前年度亏损；

(2)提取法定盈余公积金；

(3)提取法定公益金；

(4)支付优先股股息，一般优先股按事先约定的股息率取得股息，不受企业盈利与否或多少的影响；

(5)提取任意盈余公积金，任意盈余公积金是根据企业发展的需要自行提取的公积金，其提取基数与计提盈余公积金的基数相同，计提比例由股东会根据需要决定；

(6)支付普通股股利。

从上述利润分配程序看，股利来源于企业的税后利润，但净利润不能全部用于发放股利。股份制企业必须按照有关法规和公司章程规定的顺序、比例，在提取了法定盈余公积金、公益金后，才能向优先股股东支付股息，在提取了任意盈余公积金之后，才能向普通股股东发放股利。如股份制企业当年无利润或出现亏损，原则上不得分配股利，但为维护企业股票的信誉，经股东大会特别决议，该企业可按股票面值较低比率用盈余公积金支付股利，支付股利后留存的法定盈余公积金不得低于注册资本的25%。

任务二　股利及股利支付

一、股利的概念及其种类

1. 股利的概念

股利是指公司制企业按发行的股份分配给股东的利润。股份公司通常在年终结算后，将盈利的一部分作为股息按股额分配给股东。股利是按资分配的一种形式，投资者虽然不直接参与现实的生产经营过程，但作为物化劳动的资金却参与了生产过程，应参与劳动成果分配。投资人向企业投资的目的之一，就是为了多获取股利。

2. 股利的种类

按支付方式的不同，股利可分为：

(1)现金股利。现金股利是指企业以现金形式支付股利的支付方式。这是最常见的股利分派方式。现金股利发放的多少主要取决于公司的股利政策和经营业绩。企业选择现金股利的条件主要是，企业有充足的可以派发的现金，资产流动性较强；企业有较强的外部筹资能力。现金股利的派发有利于支撑和刺激企业的股价，增强投资者的投资信心。

(2)财产股利。财产股利是企业以现金类资产以外的其他资产的形式发放给股东的股利。这种股利分派方式在现实中很少采用。企业支付财产股利的动机主要是：企业可动用的现金较少，资产流动性较差，无力派发现金股利；企业持有的其他单位有价证券较多，且暂时无法变现，影响了企业的财务状况，派发有价证券有利于减轻企业负担。可见，发放财产股利对企业来说比发放现金股利更为有利，但财产股利由于变现能力较差，会受到投资者的反对，从而影响到企业的市场形象。

(3)股票股利。股票股利是企业将应分配给股东的股利以股票的形式发放。企业派发股票股利时，账面上只需将未分配利润转化为股本即可，并未造成企业现金的流出和其他财产的减少。对股东来说，股票股利能保证所有者在无任何权益资本投入情况下，仍能维持现有的股权结构，也不会导致企业控制权的稀释，因而比较迎合股东的意愿，有利于股东财富增加。

股票股利对企业的影响是多方面的，例如，①股票股利的发放会增加企业市场流通股票的规模，导致每股净资产和股价的下降，有利于企业股票的市场流通性，特别是在股票价格较高，并造成投资者的心理压力时，其作用更为显著。②股票股利还向市场传递一种信息，企业未来盈利能力将会有较大幅度的提高，从而刺激股价的上扬。③股票股利的发放也会被某些投资者认为是企业现金周转不灵的先兆，会对股价产生不良影响。④企业还要承担一定的收益风险，因为股票股利使股票的流通数量增加，而净资产没有增加，要保持每股收益的稳定，需大幅度地提高资产报酬率；否则，企业将面临每股收益大幅度下降的风险，并导致股价下滑。

3. 股利发放的程序

企业分配股利必须遵守法定的程序，一般先由董事会宣布发放股利的日期。在宣布分配方案时，要公布股权登记日、除息日和股利发放日。

(1)股利宣告日。即股东大会决议通过并由董事会宣布发放股利的日期。在宣布分配方案时，要公布股利额大小、股利支付方式、股权登记日、除息日和股利发放日。我国上市企业一般分年度派发股利，但也有部分企业分半年派发股利。在西方，一般按季度派发。例如，A 企业的董事会在有关报纸上公布："经企业董事会 2006 年 3 月 5 日会议决定，将于 2006 年 3 月 22 日向 2006 年 3 月 20 日登记在册的所有股东发放每股 0.5 元的股利。"2006 年 3 月 5 日即为股利宣告日。

(2)股权登记日。在股利发放过程中，首先需要确认的是谁有权享有股利，股权登记日明确了有权领取本期股利的股东资格登记截止日期，股权登记日的股票交易结束后在册股东才有资格领取股利。在上面的例子中，假设 A 企业将在 2006 年 3 月 20 日这一天停止营业后，编制出当天企业所有在册的股东名单，在册股东享有股利分配权。2006 年 3 月 20 日即为股权登记日。

(3)除息日(除权日)。即从股价中扣除股利的日期，一般来说，扣除现金股利为除息日，扣除股票股利为除权日。在除息日之前购买的股票，才能领取本次股利，在除息日当天及以后买入股票的股东都无权再分享股利。股权登记日的下一个交易日为除息日(除权日)。在上例中，除息日应为 2006 年 3 月 20 日往后算的第 1 天，即 3 月 21 日。若某投资者想要获得 A 企业的股利，则他必须于 2006 年 3 月 20 日或 3 月 20 日以前购买 A 企业的股票。

(4)股利发放日(付息日)。即企业将股利正式发放给股东的日期。上例中的 A 企业只有在 2006 年 3 月 22 日才会将股利支票寄给名字已列入"股权登记日股东名册"上的股东手中。2006 年 3 月 22 日即为股利发放日。

二、现金股利及股票回购

股票回购是指企业出资将其发行的流通在外的股票以一定价格购回予以注销或作为库存股的一种资本运作方式。

1. 股票回购的动机

企业回购股票的动机主要有：

(1)提高财务杠杆比例，改善企业资本结构。当企业权益资产比重过高，资本结构失衡时，企业可以通过股票回购来达到优化资本结构的目的。在此情况下，企业回购的股票一般作为库藏股票处理。在特殊情况下，企业还可以通过股票的回购，使企业由上市企业转化为非上市企业。

(2)满足企业兼并与收购的需要。在市场经济条件下，企业间的兼并和收购行为频繁发生，作为兼并方或收购方要达到其对目标企业的兼并或收购目的，可以通过现金支付方式，也可以通过吸收股份的方式，即以兼并方的股票来交换目标企业股东手中的股票，使目标企业股东成为兼并方的股东。无疑，库藏股票有利于达此目的，避免企业巨额现金流出。

(3)股份回购是企业股利分配的替代手段。股东收益包括股票分红派息收入与股票转让的资本利得收入，一般来说，国家对前者课以较高的个人所得税，而对后者课以较低的资本利得税，若企业分派现金股利，则股东不得不缴纳个人所得税，而企业实行股份回购，股东拥有选择权，具有流动性偏好的股东，转让股票取得现金形态的资本利得，而继续持股的股东由于所持股票的每股盈余提升，使个人财富增加，并且相关的资本利得税递延到股票出售时缴纳，因此基于税收的考虑，企业常以股份回购替代现金股利的分配。

(4)满足企业行使认股权的需要。在企业发行可转换证券或附认股权证券的情况下，企业可以通过股票回购形成的库藏股票来满足认股权计划对企业股票的要求，企业无须再发行新的股票。此外，股票回购还能满足企业对股票的其他需求，如雇员福利和分配方案的实施对股票的需要。

2. 股票回购的方法

企业一旦通过股票回购方案，就必须选择实施股票回购的具体方法。一般股票回购的具体方法有，公开市场购买、固定价格购买、荷兰式招标收购、议价购买和转换回购。

(1)公开市场购买。该办法是指企业直接在股票市场上以现行价格回购企业股票。公开市场购买是股票回购的最基本方法，统计资料显示，美国90%以上的股票回购是在公开市场上购买的，由于采用公开市场购买要受到证券交易委员会实务规则中有关回购数量、股价等方面的制约，回购时间相对较长，且回购期间企业股价又有大幅上升的可能性。

(2)固定价格购买。固定价格购买是指企业发布公告向市场宣布将以某一固定价格收购本企业股票，并详细说明要收购的股票数量。这种收购使所有股东都具有向企业出售股票的同等机会，与公开市场购买相比，该收购方法对市场的影响更为深远，但这种方法的回购成本通常要比在公开市场上回购成本高，且交易成本也比较高，如果超额认股或不足认股，则将会使企业陷入尴尬不利的境地。

(3)荷兰式招标收购。在该方法下，企业首先向市场发布企业进行股票回购计划，包括回购时间安排、回购股票数量、最高和最低收购价格等内容。接到股东报价后，企业按由低到高的顺序排列并决最终股票的回购价格。可见，相对比较固定价格购买，该方法在股票价格方面有更大的灵活性。在一定程度上避免固定价格购买的超额认购的风险。

(4)议价购买。议价购买是企业通过与有意出售股票的大股东达成协议而实施的回购。采用此方法，股票协议价格要求以现行市价为基础，且通常能够以低于市价的价格收购，但企业也经常以溢价方式从潜在威胁的股东手中购买大宗股票，以保平安。如果企业的协议价格太高，那么与部分股东签订的优先协议将会引起企业其他股东的损失和不满。

(5)转换回购。转换回购是指企业以新发行的债券或优先股来回购企业市场流通的股票。该方法有利于企业现金流量的保持，但由于股票的流动性较强，为弥补替代证券的流动性较低的问题，转换回购往往要支付高额溢价。

3. 股票回购的负效应

股票回购可能对上市企业经营造成的负面影响有：①股票回购需要大量资金支付回购的成本，易造成资金紧缺，资产流动性变差，影响企业发展后劲；②回购股票可能使企业的发起人股东更注重创业利润的兑现，而忽视企业长远的发展，损害公司的根本利益；③股票回购容易导致内部操纵股价。

三、股票股利及股票分割

随着我国证券市场的不断发展，上市企业为了各种不同目的运用股票股利与股票分割的情况日益增多。现对股票股利与股票分割作以下分析：

1. 股票股利

股票股利是上市企业采用最为频繁的一种股利政策。企业发放股票股利不会导致企业资产的减少或负债的增加，也不会引起股东所持股票比例的变化，只会导致股东权益各项目间的增减变化。股票股利以发放比例大小，可分为小比例股票股利和大比例股票股利。以下分别加以分析：

(1)小比例股票股利。如果股票股利的发放比例低于原发行在外普通股的20%，则一般称之为小比例股票股利。我国《证券法》规定，“企业一次配股发行股份总数，不得超过该企业前一次发行并募足股份后普通股股份总数的30%”。因而，我国上市企业较多采用小比例股票股利政策。小比例股票股利由于其发放比例比较小，一般不会造成股价的大幅度波动，发放小比例股票股利会造成以下影响：

①引起留存收益减少，普通股股本和资本公积增加，所有者权益总额不变。

②由于税后净利润不会因发放股票股利而增加，而发行在外的普通股数量却由于股票股利的发放而上升，从而导致普通股每股收益的降低。

(2)大比例股票股利。如果股票股利的发行比例大于或等于原发行在外普通股数量20%，就称为大比例股票股利。小比例股票股利发放不会对股价产生较大的波动，大比例股票股利的发放却足以引起股价的变化。一般来说，大比例股票股利政策会产生以下影响：

①引起普通股股本的增加，留存收益减少以及每股收益的降低；

②资本公积和所有者权益总额保持不变。

【例8-1】某上市公司2009年末股东权益账户情况如下：普通股10000万元，面值10元，发行在外1000万股，资本公积10000万元，盈余公积5000万元，未分配利润8000万元，股东权益总额33000万元，现假设股票市价20元，该公司宣布发放10%的股票股利。发放后股东权益有何变化？每股净资产是多少？

依据所给资料计算：

发放股票股利后普通股的金额为：1000×(1+10%)×10=11000(万元)

发放股票股利后资本公积的金额为：1000×(1+10%)×(20-10)=11000(万元)

发放股票股利后盈余公积不变，其金额为：5000(万元)

发放股票股利后未分配利润的金额为：8000-1000×10%×20=6000(万元)

发放股票股利后股东权益总金额为11000+11000+5000+6000=33000(万元)，股东权益未发生变化

每股净资产为：33000÷(1000+100)=30(元)

2. 股票分割

股票分割是指通过成比例地降低股票面值而增加普通股的数量，它是一种将面额较高的股票转换成面额较低股票的行为。在股票分割后，由于普通股数量的增加，普通股面值相应降低，其造成的影响将与股票股利不尽相同，归纳起来主要有以下两点：

(1)普通股股本、资本公积、留存收益都保持不变，股东权益总额也不变；

(2)每股面值和每股收益由于普通股数量的增加而降低。

相对于增加流通在外普通股数量的股票分割政策，企业在某个时期如希望减少流通在外普通股的数量，可通过股票合并来实现。股票合并作为股票分割的反向操作行为，又称为“反分割”。它造成的影响可以归纳为：

(1)由于普通股数量的减少，导致普通股面值相应提高；

(2)与股票分割一样，股票合并后，普通股股本总额、资本公积、留存收益都保持不变，股东权益总额也保持不变；

(3)由于普通股数量减少，而本年税后净利润不变，导致普通股每股收益增加。

【例8-2】接上例，假设该公司按照1∶2的比例进行股票分割。股票分割后，股东权益有何变化？每股净资产是多少？

依据所给资料计算：

该公司按照1∶2的比例进行股票分割，普通股股数增加为1000×2=2000(万股)

每股面值为：10000÷2000=5(元)

每股净资产为：33000÷(1000×2)=16.5(元)

3. 股票股利和股票分割的意义

首先，股票股利与股票分割使企业的股票处于一个价位更低的交易范围，从而可以吸收更多的购买者购买企业的股票，扩大个人投资者持有股票的数量，有利于扩大企业的影响。

其次，在投资者看来，股票股利与股票分割是成长中企业的行为，因而能提高投资者对企业的信心，在一定程度上可稳定甚至提高企业股票的价格。

再次，发放股票股利可使股东分享企业的盈余而企业不支出大量的现金，便于企业扩大规模进行再投资，有利于企业的长期稳定发展。

最后，股票股利与股票分割都能达到降低企业股价的目的。但一般来说，只有在企业股价剧涨且预期难以下降时，才采用股票分割的办法；而在企业股价上涨幅度不大时，往往通过股票股利将其股价维持在一个理想的范围之内。

股票分割对企业的资本结构和股东权益不会产生任何影响，但会引起每股面值降

低，并由此引起每股收益和每股市价下跌。

任务三　股利理论及分配政策

一、股利理论

企业理财的目标是追求企业价值最大化。因此，企业的任何理财活动必须以此为中心来开展，股利分配是企业财务活动的重要内容，股利政策应建立在最大限度增加股东财富或公司价值的基础上。但是，股利政策是否会影响企业价值或股东财富呢？长期以来，人们围绕这一焦点展开了激烈的争论，并由此形成了不同的股利理论。归结起来，股利理论可分为股利无关论和股利相关论两大类。

1. 股利无关论

股利无关论是由美国学者莫迪格莱尼(F. Modigliani)和米勒(H. Miller)(简称 MM)于 1961 年在他们的著名论文《股利政策、增长和股票价值》中提出的。MM 认为，股利政策对企业的股票价格或资金成本没有任何影响，即股利政策与企业价值无关，该理论亦因此称为 MM 理论。他们认为，企业的价值完全是由企业本身的未来获利能力和风险水平所决定的。因此，它取决于企业的投资政策，而不是收益的分配与否或留存收益比例的高低，在企业当期实现利润一定的情况下，如果企业发放较高的股利给股东，则为保持目标的资本结构，企业就不得不发行更多的股票，使支付股利对股票价格所产生的积极影响完全被增发股票方式所抵消。对投资者而言，即使企业不发放股利，投资者也完全可以靠出售部分股票的方式来套取现金。因此，股东对股利与资本所得无任何偏好。

MM 理论的成立是建立在一定假设基础之上的。该理论的主要假设有：①不存在任何个人或企业所得税；②资本市场是一个完善资本市场，该市场不存在任何股票的发行和交易成本，任何投资者都无法左右证券价格；③股利政策的选择不会改变企业的权益资本成本；④企业的投资政策独立于股利政策；⑤关于未来的投资机会，投资者和管理者可获取相同的信息。可见，MM 理论是以完美无缺的资本市场为前提的，但现实的资本市场并不像 MM 理论所描述的那样完善，且构成该理论的主要假设都缺乏现实性，因此，该理论自面世以来，就引起了广泛的争议。

2. 股利相关论

股利相关论认为企业股利政策与企业的价值大小或股价高低有一定的相关性。该理论的流派较多，其中具有代表性的观点主要有：

(1)“在手之鸟”理论。

该理论是由美国经济学家迈伦·戈登和哈佛大学教授约翰·林特纳首先提出的，理论称谓来源于英国一句名言“双鸟在林不如一鸟在手”。该理论认为，用留存收益再投资带给投资者的收益具有很大的不确定性，并且投资风险随着时间的推移将进一步加大。投资者更喜欢现金股利，而不大喜欢将利润留给企业。

(2)信号传递理论。

该理论认为，股利政策会向投资者传递有关企业未来盈利能力的信息，因为投资者和企业管理者存在着明显的信息不对称，管理者对企业未来投资机会和收益的信息，比投资者要了解得更为丰富和具体，企业的股利分配是投资者获取信息的重要途径。稳定和增长的股利会向投资者发出未来收益良好的信号，表明企业未来创造现金流量的能力在不断地增强，企业管理者有充分的信心和把握，该股票就会受到投资者的青睐，股票价格就会上涨；反之，股利的减少，人们就会对企业前景产生怀疑而抛售股票，该股票价格就会下降。另外，股利的派发从一定程度上来说，也是对企业盈余能力和现金流量充足程度的一种反映，因为企业的每股收益指标容易被操纵和粉饰，而现金流量和股利往往无法加以粉饰。

(3)差别税收理论。

最早提出差别税收理论的是布伦南。这种理论认为，当股利与资本利得存在税收差异时，投资者往往偏好资本利得。一般来说，政府对股利征收的所得税要比对资本利得征收的所得税高。比如，我国税法中规定股东因股票投资所获得的现金股利，必须按照20%的固定税率缴纳所得税；而对股东买卖股票而获得的资本利得不征资本收益税，即使把股票买卖过程中的5‰的佣金和3‰的印花税考虑在内，股东获得现金股利的成本要比获得资本利得收益的成本高出20倍，所以，企业发放高股利实质上有损于投资者的利益。基于差别税收的考虑，企业保留盈余少发股利或不发股利对投资者更有利，或者说对这两种所得均须纳税的投资者更倾向于选择资本利得而非现金股利。另外，资本利得的税收可以递延到股票真正出售时才支付，考虑到货币的时间价值，这种延期支付税收的特点成为资本利得的另一优点。因此，当存在税收差异时，企业采用高股利政策会损害投资者的利益，而采用低股利政策则会抬高股价，增加企业的市场价值。

二、股利分配政策

1. 影响股利分配政策的因素

企业在制定股利分配政策时，应考虑客观存在的股利分配制约因素，这些因素主要有法律因素、股东因素、企业内部因素、其他因素等。

(1)法律因素。为了保护债权人和股东的利益，各国法律都对企业股利分配予以一定的限制，包括：①资本保全约束。它要求企业发放的股利或投资分红不得来源于原始投资(或股本)，而只能来源于企业当期利润或留存收益。②资本积累约束。它要求企业在分配收益时，必须按一定的比例和基数提取各种公积金。另外，它要求在具体的分配政策上，贯彻“无利不分”原则，即当企业出现亏损时，一般不得分配利润。③偿债能力约束。对股份制企业而言，当其支付现金股利后会影响企业偿还债务和正常经营时，公司发放现金股利的数额就要受到限制。④超额累计利润约束。此约束是为了防止股东避税。由于大多数国家一般对股票交易的资本利得征税较低，而投资者接受股利缴纳的所得税较高，因此许多上市企业通过少发股利、积累利润使股价上涨，以此方式帮助股东避税。于是许多国家在法律上明确规定企业不得超额累计利润，一旦企业留存收益超过法律认可的水平，将被加征额外的税款。目前，我国法律对上市企业超额累计利润尚未作明确的限制性规定。

(2)股东因素。对企业管理者来说，股利分配政策的制定一定要考虑股东方面的意愿，特别是股权份额较大的股东利益，因为企业股利分配方案最终要交由股东大会批准通过。股东对股利政策的意愿主要体现在以下几个方面：①控制权考虑。企业支付较高的股利，必然会导致留存收益减少，这就加大了将来发行新股的可能性，而发行新股会稀释企业的控制权。企业的老股东往往主张限制股利的支付，而愿意较多地保留盈余，以防止控制权旁落他人。②避税考虑。税负是影响股东财富的重要因素，也是企业在进行股利分配时需要考虑的主要因素。由于股利收入的所得税高于股票交易的资本利得税，一些高收入的股东出于避税的考虑，往往要求限制股利的支付。对股东来说，股价上涨获得的收益比分得股利更具有吸引力。③稳定收入考虑。如果企业绝大多数股东属于低收入阶层，而这些股东往往靠定期的股利维持生活，那么他们必然希望企业定期地支付稳定的现金股利，反对留存较多的利润。相反，富有的大股东则不会特别关注企业是否发放定期、稳定的现金股利。④规避风险考虑。在某些股东看来，通过增加留存收益引起股价上涨而获得的资本利得是有风险的，而目前所得股利是确定的，因此他们往往要求较多地支付股利。

(3)企业内部因素。从企业管理者的角度来看，制约股利政策的因素较多，主要包括资产的流动性、投资机会、筹资能力、收益的稳定性等因素。①资产的流动性。所谓资产流动性是指企业资产转化为现金的难易程度。因为支付股利代表着现金流出，所以企业的现金越充足，资产的流动性越强，其支付现金股利的能力就越强；如果企业因扩充或偿债已消耗大量现金，资产的流动性较差，则支付现金股利的能力就比较弱。由此可见，企业现金股利的支付能力，在很大程度上受其资产流动性的限制。②投资机会。投资意味着对资金的需求，而留存收益是企业内部筹资的重要方式。当企业有较好的投资机会需要大量资金时，往往会采用低股利支付率政策，从而把大部分利润留下来进行再投资，这在许多成长型企业中较为普遍；如果企业暂时无较好的投资机会，则很多企业倾向于向股东支付高股利。③筹资能力。筹资能力对股利分配政策的影响表现在：外部筹资能力强的企业对留存收益(内部筹资)依赖性较弱，因而会采用较为宽松的股利分配政策；相反，外部筹资能力较弱的企业往往会倾向于更多的使用留存收益，而采用较紧的股利分配政策。④收益的稳定性。从一个较长时期来看，企业的股利分配政策应具有一定的稳定性，而稳定的股利分配政策要根据企业收益的稳定性程度而定。一般来说，收益不稳定的企业，股利支付水平较低，因为企业担心是否有能力维持高股利的支付；而收益稳定且可以预期的企业则可支付较高的股利。

(4)其他因素。主要包括债务合同限制、通货膨胀约束等。①债务合同限制。债权人为保护其合法权益，防止企业股东以发放股利为名减少企业资本，增大债权人的风险，在企业举债时，债权人通常在债务合同中对债务人的股利支付做出某种程度的限制。②通货膨胀约束。在通货膨胀的情况下，企业固定资产折旧的购买水平会下降，会导致没有足够的资金来源重置固定资产。这时，较多的留存收益就会当做弥补固定资产折旧购买力水平下降的资金来源，因此，在通货膨胀时期，企业股利政策往往偏紧。

2. 股利分配政策的类型

企业应根据当期可供分配利润的大小，全面考虑影响股利分配的因素，制定出符合企业实际情况的股利分配政策。目前，常见的股利分配政策有：

(1)剩余股利政策。

剩余股利政策，就是在企业确定的目标资本结构下，留存收益先要满足投资的需求，然后，若有剩余才用于分配股利。这是一种投资优先的股利政策。采用剩余股利政策的先决条件是企业有良好的投资计划，并且该投资计划的预计报酬率要高于股东要求的必要报酬率才能为股东所接受。采用剩余股利政策的企业，因其有良好的投资机会，投资者会对企业未来的获利能力有较好的预期，因而其股票价格会上升。并且以留存收益来满足最佳资本结构下对股东股权资本的需要，可以降低企业的资本成本，也有利于企业提高资本的利用效率。

由于留存收益是股东权益，而投资所需资金除了股东权益资金以外，还包括负债资金，即投资资金由股权资金和负债资金所构成。因此，需要在确定投资资金需要量的基础上确定股东权益资金的需要量。用企业本年盈利额减去股东权益资金的需要量之后的余额，就是可以用于股利支付的盈利剩余额。具体应遵循四个步骤：①设定目标资本结构；②确定目标资本结构下投资所需的股东权益数额；③尽可能地使用保留盈余来融通投资方案中所需的股东权益资本；④投资方案所需股东权益资本已经满足后若有剩余盈余，再将其作为股利发给投资者。

【例 8-3】假设企业现有盈利 7000 万元，企业的目标资本结构为 45%的负债和 55%的股东权益资本，现有一投资项目计划需要投入资金 9000 万元。假设公司采用剩余股利政策。要求：确定该企业本年的股利支付额和股利支付率。

依据所给资料计算：

该投资项目需要由留存收益提供的资金为：9000×55%＝4950(万元)

剩余部分可用于股利发放，因此，可作为股利发放的最大限额为：

$$7000-4950=2050(\text{万元})$$

股利支付率为 2050/7000×100%＝29. 29%

从上述分析可知，按照剩余股利政策，企业每期支付的股利随企业投资机会和盈利水平的变动而变动，在盈利水平不变的情况下，投资机会越多，企业发放股利越少或者不发放股利；反之，投资机会越少，企业发放股利越多。剩余股利政策的优点是将股利分配作为投资机会的因变量，从而降低筹资成本、优化资本结构。它的主要缺点是用于股利分配的盈余随投资机会的递增呈反向变化，而且，在企业销售额波动、资本投资项目波动的情况下，股利支付也处于剧烈的波动之中，企业难以形成一个稳定、持久的股利政策，从某种意义上讲，这不利于企业形象的培养。当然，在现实生活中，很少有企业完全机械地采用剩余股利政策，而是在企业进行长期财务规划时，结合企业未来时期的资本投资机会，确定企业未来 5 年、10 年或更长时期内的股利分派比例。

(2)固定或稳定增长股利政策。

这种政策要求企业在较长时间内支付固定的股利额，只有当企业对未来利润增长确有把握，并且这种增长被认为不会发生逆转时，才增加每股股利额，该股利额一旦确定之后，又在相当长的时期内保持不变。稳定增长股利政策的主要优点是：①股利稳定说明该企业经营业绩比较稳定，经营风险小。这样投资者要求的必要报酬率就会降低，有利于股票价格上升；②稳定的股利政策有利于投资者有规律地安排收入和支出；③如果企业确定一个稳定的增长率，实际上是传递给投资者该企业经营业绩稳定增长的信息，则可增加企业信誉，提高股票价格。稳定增长股利政策的主要缺点是，该政策可能会给企业带来较大的财政压力。而且为了维持稳定的股利水平可能会使企业的某些投资方案延期，或者使企业资本结构暂时偏离目标资本结构。

(3)固定股利支付率股利政策。

这是一种变动的股利政策，企业每年都从净利润中按固定的股利支付率发放股利。这一股利政策的主要优点是保证企业的股利支付与企业的盈余状况之间保持稳定，股利支付额随盈余额的变动而相应变动，能使股利支付与企业盈余得到很好的配合。这种股利政策不会给企业带来较大的财务负担，但是其股利可能忽高忽低，传递给投资者该企业经营不稳定的信息，容易使该企业股票价格发生较大波动，不利于树立良好的企业形象。因此，在实践中很少有企业采用这种股利政策，在西方，甚至有人称这种股利支付策略是令企业倒闭的策略。

(4)低正常股利加额外股利政策。

该政策介于稳定股利政策与变动股利政策之间。这种股利政策每期都支付稳定的较低的股利额，当企业盈利较多时，在根据实际情况发放额外股利。这种股利政策有较大的灵活性，尤其是对那些利润水平在各年之间波动较大的企业，提供了一种较为理想的股利分配政策。既不会给企业带来较大的财务压力，又保证股东定期得到一笔固定的股利收入。这样既维持了股利的一定稳定性，又有利于使企业的资本结构达到目标资本结构，为许多企业采用。

单元小结

(1)利润分配是企业按照国家有关规定，对实现的净利润所进行的划分。企业在进行利润分配时，应遵循以下原则：依法分配原则、兼顾职工利益原则、分配与积累并重原则、投资与收益对等原则。

(2)企业缴纳所得税后的利润，除国家另有规定外，要按照一定的顺序分配。

(3)股利支付程序需要确定股利宣告日、股权登记日、除息日与股利支付日。

(4)企业股利支付的基本方式主要有现金股利、财产股利和股票股利。

(5)股票回购是指企业出资将其发行流通在外的股票以一定价格购回予以注销或作为库存股的一种资本运作方式。股份回购是企业股利分配的替代手段。

(6)股票分割是指通过成比例地降低股票面值而增加普通股的数量，它是一种将面额较高的股票转换成面额较低股票的行为。

(7)股利理论包括股利无关论和股利相关论。

(8)影响股利支付的各种制约因素包括法律因素、股东因素、企业内部因素、其他因素等。

(9)股利政策有四种，它们分别是剩余股利政策、稳定增长股利政策、固定股利支付率股利政策与低正常股利加额外股利政策。

学习情境九　财务预算

学习目标： 1. 阐述财务预算的概念、功能及在全面预算体系中的地位；
2. 了解预算编制基本方法以及现金预算和预计财务报表的编制方法；
3. 掌握现金预算的编制依据、编制流程和编制方法；
4. 掌握预计利润表和预计资产负债表的编制方法。

知识能力： 1. 学习和掌握全面预算编制的基本程序；
2. 掌握各种预算的编制；
3. 预计财务报表的编制和分析。

工作任务： 运用“财务预算”的理论与实务知识研究相关案例，培养和提高在特定业务情景中分析问题和决策设计的能力。

关 键 词： 财务预算　编制方法　现金预算　预计财务报表

案例导入：

预算管理是否过时?

一场关于预算管理是否过时的争论起因于世界上最大的提供技术和服务业务的跨国公司——通用电气公司(General Electric Company，简称GE公司)的前CEO杰克·韦尔奇对预算管理效果的评价。他说，预算是美国公司的祸根，它根本不应该存在。制定了预算就等于最求最低业绩，你永远只能得到员工最低水平的贡献，因为每个人都在讨价还价，争取制定最低指标。

（资料来源：杰弗瑞·A. 克雷姆. 预算. 北京：机械工业出版社，2012）

任务一　财务预算的含义与种类

一、财务预算的含义与功能

财务预算是指反映企业未来一定预算期内的预计现金收支、经营成果和财务状况的各种预算，具体包括现金预算、预计损益表、预计资产负债表和预计现金流量表。

财务预算是计划工作的成果，在企业经营管理和实现目标利润中发挥着重大作用，既是决策的具体化，又是控制生产经营活动的依据，概括起来有以下几点功能：

1. 财务预算确定了企业各级各部门工作的目标

财务预算是以各项业务和专门决策预算为基础编制的综合性预算，整个预算体系全面、系统地规划了企业主要技术经济指标和财务指标的预算数。因此，通过编制财务预算，不仅可以确定企业整体的总目标，而且也明确了企业内部各级各部门的具体目标，如销售目标、生产目标、成本目标、费用目标、收入目标和利润目标等。各级各部门根据自身的具体目标安排各自的经济活动，设想达到各目标拟采取的方法和措施，为实现具体目标努力奋斗。如果各级各部门都完成了自己的具体目标，那么企业的总目标也就有了保障。

2. 财务预算可以协调企业各级各部门工作

企业内部各级各部门必须协调一致，才能最大限度地实现企业的总目标。企业内部各级各部门因其职责的不同，对各自经济活动的考虑可能会带有片面性，甚至会出现相互冲突的现象。譬如，企业的销售、生产、财务等各部门可以分别编出对自己来说是最好的计划，而该计划在其他部门不一定能行得通。销售部门根据市场预测提出一个庞大的销售计划，生产部门可能没有那么大的生产能力。生产部门可以编制一个充分发挥生产能力的计划，但销售部门却可能无法将这些产品推销出去。克服片面、避免冲突的最佳办法是进行经济活动的综合平衡。财务预算运用货币度量来表达，具有高度的综合能力。编制财务预算的过程也是企业内部各级各部门的经济活动密切配合、相互协调、统筹兼顾、全面安排、搞好综合平衡的过程。在这一过程中，各级各部门可以发现解决冲突的最佳办法，从而使各部门工作在此基础上协调起来。

3. 财务预算整合，分配企业财务资源

企业的资源有很多方面，与实现企业目标直接相关的资源主要包括两个方面：人力资源和财务资源。人力资源就是企业所拥有的人才队伍及其人才和未来要发展的业务之间的匹配程度。财务资源就是企业所拥有的现金，未来可预期的利润，未来可以获得的债权或股权融资等。财务资源一般用于企业资金投入，增加流动资金或者与实现企业总体目标相关的现金支出。财务资源是支撑企业发展的最关键的资源，而财务预算正是企业规划、整合企业财务资源的重要工具。由于企业的财务资源有限，要更好地实现企业总体目标就必须将有限的资源分配给获利能力相对较高的部门、项目或产品上去。通过编制财务预算，企业可以分析确定获利能力较高的部门、项目或产品、同时协调、整合企业的财务资源，让资源配置真正符合企业的发展目标。

4. 财务预算为企业各级各部门的工作提供控制依据

财务预算在使企业各级各部门明确奋斗目标的同时，也为其工作提供了控制依据。计划一经确定，就进入了实施阶段，各级各部门管理工作的重心转入控制过程，即设法使经济活动按预算进行。各级各部门应以各项预算为标准，通过计量对比，及时提供实际偏离预算的差异数额，并分析原因，以便采取有效措施，挖掘潜力，巩固成绩，纠正缺点，保证预定目标的完成。

5. 财务预算为企业各级各部门工作提供业绩考核的依据

在预算实施过程中，实际偏离预算的差异，不仅是控制企业日常经济活动的主要标准，而且也是考核、评定各级各部门和全体职工工作业绩的主要依据。通过考核，对各级各部门和全体职工进行评价，并据此实行奖惩、安排人事任免等，促使人们更好地工作，完成奋斗目标。为了让有关部门和职工及时了解自己的业绩，财务预算经起草、修改、定稿以后，必须发给各级各部门和全体职工。

二、财务预算在全面预算体系中的地位

全面预算是关于企业未来一定预算期内，企业全部经济活动各项目标的行动计划相应措施的预期数值说明，其实质是一套以货币及其他数量形式反映的预计财务报表和其他附表，主要用来规划预算期内企业的全部经济活动及其成果。

全面预算是由一系列预算构成的体系，各项预算之间相互联系，关系比较复杂，很难用一个简单的办法准确描述。图 9-1 反映了各预算之间的主要联系。

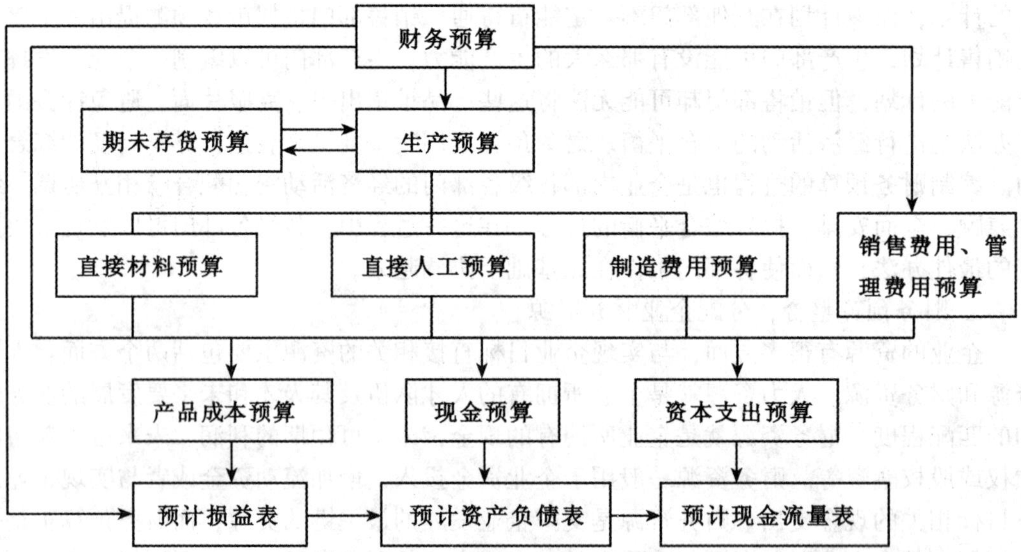

图 9-1　各预算之间的主要联系

全面预算按其涉及的内容分为总预算和专门预算。总预算是指预计损益表、资产负债表和现金流量表，它们反映企业的总体状况，是各种专门预算的综合。专门预算是指其他反映企业某一经济活动的预算，包括日常业务预算和专门决策预算。日常业务预算是指与企业日常经营活动直接相关的经营业务的各种预算。专门决策预算是指企业为不经常发生的长期投资决策项目或一次性专门业务所编制的预算。

全面预算按其涉及的业务活动领域分为销售预算、生产预算和财务预算。销售预算和生产预算是日常业务预算。销售预算是年度预算的编制起点，根据“以销定产”的原

则确定生产预算，同时确定所需要的销售费用。生产预算的编制，除了考虑计划销售量外，还要考虑现有存货和年末存货。根据生产预算来确定直接材料、直接人工和制造费用预算。产品成本预算和现金预算是有关预算的汇总。财务预算是现金筹措和使用的预算，具体有短期现金收支预算，长期资本支出预算和长期资金筹措的预算，以报表形式体现出来有现金预算、预计损益表、预计资产负债表和预计现金流量表。前段所述各种日常业务预算和专门决策预算最终大都可以综合反映在财务预算中，这样财务预算就成为企业各项经营业务和专门决策的整体计划。

由此可见，财务预算全面反映企业未来一定预算期内的预计现金收支、经营成果和财务状况，是企业全面预算的一个重要组成部分，它和其他预算紧密联系在一起，构成一个数字相互衔接的、完整的预算体系。

任务二　预算的编制方法

一、固定预算方法与弹性预算方法

编制预算的方法按其业务量不同，可分为固定预算和弹性预算两种方法。

(一)固定预算方法

1. 固定预算方法的含义。固定预算方法又称为静态预算法，是指在编制预算时，只以预算期内正常的、可实现的某一固定业务量(如生产量、销售量)水平作为唯一基础来编制预算的一种方法。

2. 固定预算方法的优缺点。固定预算编制方法简单、易行、易于操作。但是固定预算法有其不可避免的两个缺点：一是适应性差。固定预算方法只根据预算期内一种可能达到的预计业务量水平编制预算，而不管未来预算期内实际业务量水平、是否发生波动，因此编制基础机械、呆板。二是可比性差。一旦预计业务量与实际业务量水平相差甚远，必然导致有关成本费用及利润的实际水平与预算水平因业务基础不同而失去可比性，不利于开展控制和考核。

3. 固定预算方法的适用范围。固定预算方法只适用于业务量水平较为稳定的企业或非营利组织的预算编制。

(二)弹性预算方法

(1)弹性预算方法的含义。弹性预算方法又称为变动预算方法和滑动预算方法。它是为克服固定预算的缺点而设计的，以业务量、成本和利润之间的依存关系为依据，以预算期可预见的各种业务量水平为基础而编制的，能够适应多种情况预算的一种方法。弹性预算的基本原理是，将成本费用按照成本习性划分为固定成本和变动成本两大部分，编制弹性预算时，对固定成本不予调整，只对随业务量改变的变动成本进行调整。

(2)弹性预算方法的优缺点。弹性预算方法克服了固定预算方法不足，具有如下两个显著的优点：一是预算适应性强。弹性预算根据预算期内一系列可能达到的预计业务量水平编制预算，能够适应各种不同的业务量水平，从而扩大了预算的适应范围。二是可比性强。因为弹性预算在成本性态分析的基础上，对固定成本不进行调整，只对随业务量改变的变动成本进行调整，所以弹性预算能够随着业务量的变动而变动，使预算执行情况的评价和考核建立在更加客观可比的基础上，可以充分发挥预算在管理中的控制作用。弹性预算方法的缺点是编制比较复杂，工作量较大。

(3)弹性预算方法的适用范围。弹性预算适用于全面预算体系中与业务量有关的，特别是受业务量变动影响较大的各种预算，如收入预算、成本费用预算、利润预算等。从理论上讲，弹性预算适用于所有与业务量相关的预算的编制，但从实务角度看，主要用于编制弹性成本费用预算和弹性利润预算等。

(4)弹性成本预算的编制。在编制弹性成本预算时，首先要选择业务量的计量单位，如产销量、直接人工工时等；其次要预测可能达到的各种业务量水平，将全部成本区分为变动成本和固定成本两大类；最后要根据各项成本和业务量之间的数量关系，采用公式法或列表法编制成本预算。

弹性成本预算的方法主要有公式法和列表法两种。

第一，公式法。它是指通过确定成本公式中的“固定成本预算数”和“单位变动成本预算数”来编制弹性成本预算的方法。

因为任何成本都可以用公式“$y=a+bx$”来近似地表示，所以只要在预算中列示 a(固定成本)和 b(单位变动成本)，便可随时利用公式计算任一业务量(x)的预算成本(y)。

①当 $b=0$ 时，y 为固定成本项目，则 $a=y$；

②当 $a=0$ 时，y 为变动成本项目，则 $b=y/x$；

③当 a 和 b 均不为零时，y 为混合成本项目，可采用适当的数学方法将其加以分解，分别确定 b 和 a。其成本预算公式如下：

$$弹性预算成本 = 固定成本预算数 + \sum(单位变动成本预算数 \times 预计业务量)$$

在此基础上，按事先选择的业务量计量单位和确定的有效业务量范围，根据该业务量与有关成本费用项目之间的关系即可编制弹性成本预算。可见，弹性成本预算的质量主要取决于选择适当的业务量计量单位和业务量范围。业务量的计量单位代表了预算企业经营活动的特点和水平；而业务量范围的大小决定了编制预算工作量的大小和控制成本的准确性。

弹性成本预算的计量单位要选用一个最能代表本部门生产经营水平的业务量单位。例如，以手工操作为主的车间，就应选用人工工时；制造单一产品或零件的部门，可以选用实物数量；制造多种产品或零件的部门，可以选用人工工时或机器工时；修理部门可以选用直接修理工时等。

弹性成本预算的业务量范围，视企业或部门的业务量变化情况而定，务必使实际业务量不至超出确定的范围。一般来说，可定在正常生产能力的70%～110%之间，或以历史上最高业务量和最低业务量为其上下限。

【例 9-1】胜利公司按公式法编制的一车间制造费用弹性预算如表 9-1 所示。其中，较大的混合成本项目已经被分解。

表 9-1　　**胜利公司制造费用弹性预算(公式法)**

业务量范围(人工工时)	70000～120000	
项目	固定成本(元)	变动成本(元/小时)
辅助工人工资		7.50
检验人员工资		1.70
维修费	500	0.50
水电费	1500	0.20
辅助材料	1500	0.10
管理人员工资	5000	
保险费	1000	
设备租金	2500	2.72
合计	12000	10.00

根据表 9-1 可以得出，一车间的制造费用预算公式为 y＝12000+10x，计算出人工工时在 70000～120000 的范围内，任一业务量基础上的制造费用预算总额。如假设胜利公司预算期内一车间的生产工时为 80000 小时，则在该生产工时下的制造费用预算总额为 812000 元，即 y＝12000+10×80000；也可以计算出在该人工小时变动范围内，任一业务量的制造费用中某一费用项目的预算额，如修理费用预算公式为 y＝500+0.5x，因此当生产工时为 80000 小时时，维修费用预算为 40500 元。

公式法的优点是：便于计算任何业务量的预算成本，在一定范围内不受业务量波动影响，而且编制预算的工作量小。缺点是：①成本分解复杂、缺乏准确性，如成本须按细目进行分解，较为麻烦，且存在一定误差。阶梯成本和曲线成本只能用数学方法修正为直线，以便用“y＝a+bx”公式来表示。②固定成本预算数受业务量限制，若业务量超过一定范围则要采用不同的固定成本金额和变动成本金额。③预算总额需要计算，由于预算总额由公式“y＝a+bx”表示，所以在进行预算控制和考核时，不能直接查出特定业务量下的总成本预算额。

第二，列表法。它又称为多水平法，是指通过列表的方式，在一定范围内划分为若干不同业务量水平，来分别计算各项预算成本，以此来编制弹性成本预算的方法。

采用列表法，首先要在确定的业务量范围内划分出若干个不同水平，在预算中，业务量的间隔一般为 10%，间隔较大，水平级别就少一些，可简化编制工作，但太大了就会失去弹性预算的优点；间隔较小，用以控制成本较为准确，但会增加编制的工作量。

【例 9-2】胜利公司以 5 种业务量水平来列示成本预算数据，如表 9-2 所示。

表 9-2　　**胜利公司制造成本预算(列表法)**　　金额单位：元

业务量(直接人工工时)	70000	80000	90000	100000	110000	110000
生产能力利用	70%	80%	90%	100%	110%	110%
变动成本：						
辅助工人工资	525000	600000	675000	750000	825000	900000
检验人员工资	119000	136000	153000	170000	187000	204000
混合成本：						
维修费	35500	40500	45500	50500	55500	60500
水电费	15500	17500	19500	21500	23500	25500
辅助材料	8500	9500	10500	11500	12500	13500
固定成本：						
管理人员工资	5000	5000	5000	5000	5000	5000
保险费	1000	1000	1000	1000	1000	1000
设备租金	2500	2500	2500	2500	2500	2500
合计	712000	812000	912000	1012000	1112000	1212000

列表法的优点是：①不管实际业务量是多少，不必经过计算即可找到与业务量相近的预算成本，用以控制成本比较方便；②混合成本中的阶梯成本和曲线成本，可按其性态计算填列，不必用数学方法修正为近似的直线成本。

列表法的缺点是：①计算工作量大；②适用范围较窄。列表法是根据一定的业务量范围内所编制的预算，不能包括所有业务量条件下的费用预算，当业务量水平超出所定范围时，就要重新编制预算，所以适用范围较为狭窄。

(5)弹性利润预算的编制。弹性利润预算是在弹性成本预算的基础上，根据量、本、利之间的依存关系，为适应多种业务量变化而编制的利润预算。弹性利润预算是以弹性成本预算为基础编制的，常见的方法有因素法和百分比法两种。

第一，因素法。它是指根据量本利分析，列表反映影响利润的有关业务量水平和收入成本的关系。

【例 9-3】胜利公司预计 2012 年 A 产品单位变动成本是 50 元，固定成本 10000 元。当年的产品销售量的有效变动范围是 300~500 件。产品的销售单价为 180 元，采用 50 件为销售量的间隔单位编制该产品的弹性利润预算，如表 9-3 表示。

表 9-3　　**胜利公司 A 产品弹性利润预算表**　　单位：元

销售量(件)	300	350	400	450	500
单价	180	180	180	180	180
单位变动成本	50	50	50	50	50

续表

销售收入	54000	63000	72000	81000	90000
减：变动成本	15000	17500	20000	22500	25000
减：固定成本	10000	10000	10000	10000	10000
利润总额	29000	35500	42000	48500	55000

在实际应用中，如果销售量适用范围、单价、单位变动成本和固定成本等因素发生变动，也可以分别编制在不同销售量、单价、单位变动成本和固定成本条件下的弹性利润预算。从而形成一个完整的利润预算和绩效考核体系。

因素法主要适用于单一品种经营的企业，多品种经营的企业常采用百分比法编制弹性利润预算。

第二，百分比法。它又称为销售百分比法，是指按不同项目占销售额的百分比，列表反映在销售业务量的有效变动范围内，不同销售收入百分比相应的预算利润水平。百分比法假设固定成本不变，变动成本随着销售收入百分比而同比例变动。

【例 9-4】胜利公司 2011 年利润表及各项目占销售额的百分比如表 9-4 所示。根据表 9-5 的资料，采用百分比法编制胜利公司 2012 年销售弹性利润预算，如表 9-5 所示。

表 9-4　　**胜利公司 2011 年实际利润简表**　　单位：万元

项　目	金　额	占销售百分比(%)
销售收入	8000	100
变动成本	5200	65
固定成本	1600	20
利润总额	1200	15

表 9-5　　**胜利公司 2012 年弹性利润预算表**　　单位：万元

销售收入百分比	……	70%	80%	90%	100%	110%	……
销售收入	……	5600	6400	7200	8000	8800	……
变动成本	……	3640	4160	4680	5200	5720	……
固定成本	……	1120	1280	1440	1600	1760	……
利润总额	……	840	960	1080	1200	1320	……

应用百分比法的前提条件是销售收入必须在相关范围内变动，即销售收入的变化不会影响企业的单位变动成本和固定成本。这种方法主要适用于多品种经营企业。

二、增量预算方法与零基预算方法

编制成本预算的按是否考虑基期成本费用水平这一特征，可分为增量预算和零基预算两种方法。

（一）增量预算方法

（1）增量预算方法的含义。增量预算方法又称为调整预算方法，是指以基期实际水平为基数，结合预算期业务量水平的变动情况，通过调整有关项目数值而编制预算的一种方法。

（2）增量预算方法的假定。增量预算方法假定：第一，现有的业务活动是企业所必需的。只有保留企业现有业务活动，企业的经营过程才能够正常进行。第二，原有的各项开支都是合理的，必须予以保留，有关成本项目的调整只能在原有各项开支的基础上进行。

（3）增量预算方法的优缺点。增量预算方法在基期成本费用水平的基础上，对预算值进行增减调整，使预算工作简单、工作量小。主要缺点是：①增量预算法不加分析地保留或接受原有成本费用项目，对原有的开支项目一般难以压缩，造成各种成本费用项目水平普遍不断上升；②受原有项目制约，不利于根据企业的内外环境的变化调整预算，阻碍企业的长远发展。

（二）零基预算方法

（1）零基预算方法的含义。零基预算其全称为“以零为基础编制计划和预算的方法”它是指在编制预算时，不考虑以往会计期间所发生的费用项目或费用数额，而是将所有的预算支出均从零为出发点，根据企业的实际需要重新考察每一项的收入及支出是否合理，在综合平衡的基础上编制预算。零基预算方法由美国得州仪器公司的彼得·派尔在20世纪70年代提出来的，现已成为管理间接费用的一种行之有效的方法。

（2）零基预算方法的优缺点。零基预算的优点是克服了增量预算方法的不足，不再以历史资料为基础进行调整，而是一切以零为基础。在编制预算时，一切从现实出发分析企业的各项收支，能调动各方面降低费用的积极性，有助于企业的长远发展。缺点是工作量大。

（3）零基预算方法的适用范围。零基预算方法适用间接成本和费用都较高的企业，如游乐场、电影院等服务性企业，以及制造费用较高，投入产出较难辨认的生产企业和服务性部门，如发电站，自来水公司等企业及财务科、办公室等部门的费用预算编制。

（4）零基预算方法的编制。零基预算方法编制步骤：第一步，确定基本预算单位；第二步，设计相应费用预算方案。预算单位依据企业在预算年度的总体目标以及由此确定的各基本预算单位的具体目标和业务活动水平，提出相应的费用预算方案，并说明每一项费用开支的理由和数额；第三步，进行成本和效益分析。比较每一项费用及相应效益，评价每项费用开支计划的重要程度，区分不可避免成本与可延缓成本；第四步，决定预算项目资金分配方案。将预算期可运用的资金在预算单位内各项目之间进行分配，对不可避免成本项目优先安排资金，对可延缓成本项目根据可动用资金情况按轻重缓急、收益大小分配资金；第五步，编制明细成本费用预算。预算单位根据由企业统一协调安排的有关指标，逐项下达费用预算。

【例 9-5】胜利公司采用零基预算法编制 2012 年销售费用预算。第一步，由销售部门全体职工，根据预算期全公司的总目标和本部门的具体目标，进行反复讨论，提出预算期可能发生的一些费用项目及金额，如表 9-6 所示。

表 9-6　**胜利公司预计销售费用项目及开支**　单位：元

费用项目	开支金额
业务招待费	40000
广告费	60000
差旅费	10000
办公费	40000
销售人员工资	60000
合计	210000

第二步，对广告费和业务招待费(可延缓成本项目)根据历史资料进行"成本-效益"分析，作出评价。其结果如下：广告费投入成本 1 元，可获得收益 40 元；业务招待费投入成本 1 元，可获得收益 20 元。至于差旅费、办公费和销售人员工资，经研究列入不可避免成本费用项目，应全额得到保证。

第三步，假定胜利公司在预算期内可用于销售的费用资金为 200000 元，则该部门分配资金时首先满足差旅费、办公费和销售人员工资等不可避免成本费用支出，共计 110000(10000+40000+60000)元，剩余 90000(190000−110000)元，按收益大小在业务招待费和广告费之间分配：

费用分配率＝90000÷(40+20)＝1500

广告费用项目可分配的资金＝40×1500＝60000(元)

业务招待费用项目可分配的资金＝20×1500＝30000(元)

第四步，编制零基销售费用预算表，如表 9-7 所示。

表 9-7　**2012 年胜利公司销售费用零基预算表**　单位：元

项目	广告费	业务招待费	差旅费	办公费	销售人员工资	合计
预算额	60000	30000	10000	40000	60000	200000

备注：在实际工作中，某些成本—效益的关系并不容易确定，按零基预算方法编制预算时，不能机械地平均分配资金，而应根据企业的实际情况，有重点、有选择地确定预算项目，保证重点项目的资金需要，同时，要合理地确定可避免项目的成本费用分配率。

三、定期预算方法与滚动预算方法

编制预算的方法按其预算期的时间特征不同，可分为定期预算方法和滚动预算方法两大类。

(一)定期预算方法

(1)定期预算方法的含义。定期预算方法是指在编制预算时，以不变的会计期间(一般以一个会计年度为一个完整的预算期)作为预算期的一种编制预算的方法。

(2)定期预算方法的优缺点。定期预算方法的优点是预算期与会计期间相等，能合理利用预算管理和考核企业；缺点是：①远期指导性差。定期预算的编制时间是年初甚至提前2~3个月，对于整个预算年度的生产经营活动很难作出准确的预算，尤其是对预算后期的数据只能进行笼统地估算，数据不准确，缺乏远期指导性；②预算滞后性。由于定期预算不能根据情况的变化及时调整，当预算中各经营活动在预算期内发生重大变化时，就会造成预算与现实的脱节；③预算时间的间断性。由于受预算时间的限制，致使经营管理人员只能依据本期规划进行决策，不能适应连续不断的经营过程，在时间上不连贯，不利于企业的长远发展。

(二)滚动预算方法

(1)滚动预算方法的含义。滚动预算方法又称为连续预算方法，是指预算的编制随着预算的执行不断补充，逐期向后滚动，而预算期保持不变的预算编制方法。

滚动预算滚动的时间单位分为逐月滚动、逐季滚动和逐年滚动。滚动预算滚动的方式有等时滚动和混合滚动两种方式。等时滚动是指在编制预算过程中，以相等的会计期间作为预算的编制和滚动单位。混合滚动是指在预算编制过程中，同时使用两种或两种以上会计期间作为预算的编制和滚动的单位。

(2)滚动预算的优缺点。滚动预算的优点是透明度高，及时反映企业的变化，而且预算编制完整、连续性强；缺点是预算工作量大。

任务三　财务预算的编制

一、预算和财务费用预算的编制

(一)现金预算的概念

现金预算亦称为现金收支预算，它是以日常业务预算和专门决策预算为基础编制的反映企业预算期间现金收支情况的预算。现金预算的内容中，包括现金收入、现金支出、现金剩余或短缺的计算，以及剩余部分的融通方案和短缺部分的筹措方案等。

现金收入包括预算期间的期初现金余额加上本期预计可能发生的现金收入，其主要来源是销售收入和应收账款的回收，可以从销售预算中获得有关资料。现金支出包括预算期间预计可能发生的一切现金支出，包括各项经营性现金支出，用于缴纳税金、股利分配的支出，购买设备等资本性支出，可以从直接材料、直接人工、制造费用、销售及管理费用及专门决策预算中获得有关资料。现金剩余或短缺是将现金收入总额与现金支出总额相抵，如果收入大于支出，则出现剩余；如果收入小于支出，则出现短缺。现金融通是指当出现现金剩余时，企业可用它来归还以前的借款或进行短期投资；当出现现金短缺时，企业应向银行或其他单位借款，发行债券、股票等。企业不仅要定期筹措到抵补收支差额的现金，而且还必须保证有一定的现金储备，应注意保持期末现金余额在合理的上下限度内波动。

(二)现金预算的编制

现金预算实际上是其他预算有关现金收支部分的汇总，以及收支差额平衡措施的具体计划。它的编制，要以其他各项预算为基础，或者说其他预算是编制现金预算的必不可少的程序。下面系统介绍现金预算的编制。为了与会计年度相配合，本节所列举的例题中，各种日常业务预算、专门决策预算和现金预算的编制期间，均以一年为期，划分季度来具体编制，并且采用预算数值相对稳定不变的固定预算法来编制各种预算。为简化起见销售预算、采购预算未考虑增值税，销售费用预算也未考虑销售税金及附加。

(1)销售预算的编制。销售预算是规定企业预算期内销售目标和实施计划的一种业务预算。它是编制企业预算的出发点，也是编制其他日常业务预算的基础。通过市场预测预计销售量和单价以后，便可根据产品的品种、数量、单价确定预算期销售收入，并根据预算期现金收入与回收赊销货款的可能情况反映现金收入，从而编制现金收入预算。

【例 9-6】北海公司 2012 年的销售预算如表 9-8 所示。

表 9-8　　**北海公司 2012 年度销售预算**　　单位：元

季　度	一	二	三	四	全年
预计销售量(件)	180	220	300	200	900
预计销售单价	500	500	500	500	500
销售收入	90000	110000	150000	100000	450000

本例中，销量是根据市场预测或销货合同并结合企业生产能力确定的。单价是通过价格决策确定的。销售收入是两者的乘积。

根据销售预算可以计算现金收入，如表 9-9 所示。第一季度的现金收入包括两个部分，即上年应收账款在本年第一季度收到的货款，以及本季度销售中可能收到的货款部分。在本例中，假设每季度销售收入中，本季度收到 70%的现金，另外 30%的现金要到下季度才能收到。

表 9-9　　**北海公司 2012 年度现金收入预算**　　单位：元

季　度	一	二	三	四	全年	资料来源
销售收入	90000	110000	150000	100000	450000	见表 9-8
期初应收账款	28500				28500	上年末销售收入为 95000 元
一季度现金收入	63000	27000			90000	
二季度现金收入		77000	33000		110000	
三季度现金收入			105000	45000	150000	
四季度现金收入				70000	70000	
现金收入合计	91500	104000	138000	115000	448500	年末应收账款 30000 元

(2)生产预算的编制。生产预算是在销售预算基础上编制的，其主要内容有销售量、期初和期末存货、生产量。在确定产销量关系时，必须考虑产品的存货水平。通常，企业的生产和销售不能做到"同步同量"，需要设置一定的存货，以保证能在发生意外的需求时按时供货，并可均衡生产，节省赶工时间的额外支出。各预算期末存货数量通常按下期销售量的一定百分比确定。

【例 9-7】按下季度销售量 15%安排期末存货，年初存货是根据库存货量填列的，年末存货是根据长期销售趋势来确定的，本例年初库存产品有 27 件，年末预计留存 30 件。

表 9-10　　**北海公司 2012 年生产预算**　　单位：元

季　度	一	二	三	四	全年	资料来源
预计销售量	180	220	300	200	900	见表 9-8
加：预计期末存货	33	45	30	30	30*	全年期末存货就是第四季度期末存货
合计	213	265	330	230	930	
减：预计期初存货	27	33	45	30	27*	全年期初存货就是第一季度期初存货
预计生产量	186	232	285	200	903	

本表数据计算公式如下：

预计生产量=(预计销货量+预计期末存货量)-预计期初存货量

预计期末存货=下季度销售量×15%

预计期初存货=上季度期末存货

生产预算的实际编制是比较复杂的，产量受到生产能力的限制，存货数量受到仓库容量的限制，只能在生产能力和储存能力范围内来安排存货数量和各项生产量。此外，有的季度可能销量很大，可以用赶工方法增产，为此要多付加班费。如果提前在淡季生产，则会因增加存货而多付资金利息。因此，要权衡两者得失，选择成本最低的方案。

(3)直接材料消耗和采购预算的编制。直接材料消耗和采购预算是指为规划一定预算期内因组织生产活动和材料采购活动预计发生的直接材料需用量、采购数量和采购成本而编制的一种业务预算。此种预算以生产预算为基础编制，同时要考虑原材料的存货水平，其主要内容有直接材料单位产品用量、生产需用量、期初和期末存货量等。

【例 9-8】北海公司 2012 年直接材料和采购预算如表 9-11 所示，其中，“预计生产量”的数据来自生产预算，“单位产品需用量”的数据来自标准成本资料或消耗定额资料，本例中单位材料消耗定额是 6 公斤，“生产需用量”是上述两项的乘积。

生产需用量=预计生产量×单位产品需用量

年初和年末的材料存货量，是根据当前情况和长期销售预测估计的。各季度“期末材料存货量”根据下季度生产量的一定百分比确定，本例中按 25%计算。即

期末材料存货量=下季度生产需用量×25%

各季度“期初材料存货量”是上季度的期末材料存货。第一季度的期初材料存货量是 280 公斤，第四季度期末材料存货量是 310 公斤。预计各季度“材料采购量”根据以下公式计算确定：

预计材料采购量=(生产需用量+期末存货量)-期初存货量

预计各季度“材料采购金额”根据以下公式计算确定，其中，“材料采购单价”根据历史采购数据、采购合同定价和市场平均价格决定，本例中材料采购单价为 65 元/公斤。

材料采购金额=预计材料采购量×材料采购单价

表 9-11　　**北海公司 2012 年直接材料和采购预算**　　单位：公斤、元

季　度	一	二	三	四	全年	资料来源
预计生产量(件)	186	232	285	200	903	见表 9-10
单位产品材料用量	6	6	6	6	6	材料消耗定额
生产需用量	1116	1392	1710	1200	5418	
加：预计期末存货量	348	427.5	300	310	310*	全年期末存货量就是第一季度期末存货量
合计	1464	1819.5	2010	1510	5728	
减：预计期初存货量	280	348	427.5	300	310*	全年期初存货量就是第一季度期初存货量
预计材料采购量	1184	1471.5	1582.5	1210	5418	
单价	65	65	65	65	65	
预计采购金额(元)	76960	95647.5	102862.5	78650	352170	

为了便于编制现金预算，通常要预计材料采购各季度的现金支出。根据预算期现购材料支出和偿还前期所欠材料款的可能情况反映现金支出。每个季度的现金支出包括偿

还上期应付账款和本期应支付的采购货款，两个项目占现金支出的百分比通常根据经验确定。本例中假定材料采购的货款有60%在本季度内付清，另外40%在下季度付清。表9-12是北海公司材料采购现金支出预算。

表9-12　　**北海公司材料采购现金支出预算**　　单位：元

季　度	一	二	三	四	全年	资料来源
上年应付账款	28600				28600	2011年度材料采购总账
第一季度应付采购款	46176	30784			76960	见表9-11
第二季度应付采购款		57388.5	38259		95647.5	
第三季度应付采购款			61717.5	41145	102862.5	
第四季度应付采购款				47190	47190	
合计	74776	88172.5	99976.5	88335	351260	

备注：本表中第四季度应付采购款是根据第四季度采购金额与付现百分比得到的，即第四季度应付采购款=78650×60%=47190(元)；相应的2012年末应付账款金额=78650×40%=31460(元)。

本例是单个材料品种的预算，在实际应用中，如果材料品种很多，则需要单独编制材料存货的预算。

(4)直接人工预算的编制。直接人工预算是指为反映一定预算期内人工工时的消耗水平和规定人工成本开支而编制的一种业务预算。这种预算也是以生产预算为基础编制，其主要内容有预计产量、单位产品人工工时、人工总工时、小时工资率和直接人工工资成本、按直接人工工资成本一定百分比计算的其他直接支出(如应付福利费)和人工总成本。"预计产量"数据来自生产预算。单位产品人工工时和小时工资率数据，来自标准成本资料和消耗定额资料。在编制预算时，各要素之间的关系如下：

人工总工时=预计生产量×单位产品人工工时

直接人工工资成本=人工总工时×小时工资率

预计其他直接支出=直接人工工资成本×提取百分比

人工总成本=直接人工工资成本+预计其他直接支出

【例9-9】北海公司的直接人预算如表9-13所示，本例中，假定北海公司期初期末在产品没有发生变动；单位产品人工工时为8小时；小时工资率为5元/小时；其他直接支出占直接人工成本的提取比例为10%。

表9-13　　**北海公司2012年直接人工预算**　　单位：元

季　度	一	二	三	四	全年	资料来源
预计生产量(件)	186	232	285	200	903	见表9-10
单位产品人工工时(小时)	8	8	8	8	8	标准成本资料
人工总工时(小时)	1488	1856	2280	1600	7224	

续表

季　度	一	二	三	四	全年	资料来源
小时工资率(元/小时)	5	5	5	5	5	单位消耗定额资料
人工工资成本(元)	7440	9280	11400	8000	36120	
其他直接支出(元)	744	928	1140	800	3612	
人工总成本(元)	8184	10208	12540	8800	39732	

备注：由于人工工资均由现金开支，所以表 9-13 中的人工总成本也就是北海公司 2012 年直接人工现金支出金额，可直接参与现金预算的汇总。

(5)制造费用预算的编制。制造费用预算是指为规定预算期内除直接材料和直接人工预算以外预计发生的其他生产费用开支而编制的一种业务预算。制造费用按成本习性划分为变动制造费用和固定制造费用两个部分。变动制造费用以生产预算为基础来编制。如果有完善的标准成本资料，则用单位产品的标准成本与产量相乘，即可得到相应的预算金额；如果没有标准成本资料，就需要逐项预计计划产量需要的各项制造费用。固定制造费用按实际需要的支付额逐项预计，通常与本期产量无关。

【例 9-10】北海公司 2012 年制造费用预算如表 9-14 所示，本例中除折旧费用之外都需要支付现金。

表 9-14　　**北海公司 2012 年制造费用预算**　　单位：元

季　度	一	二	三	四	全年	资料来源
变动制造费用：						
间接人工	100	105	180	175	560	
间接材料	105	102	150	130	487	
修理费	205	198	230	210	843	
水电费用	120	150	170	140	580	
小计	530	555	730	655	2470	根据计划产量逐项预计
固定制造费用：						
折旧	1200	1200	1200	1200	4800	
管理人员工资	1500	1500	1500	1500	6000	
保险费	100	100	100	100	400	
小计	2800	2800	2800	2800	11200	
合计	3330	3355	3530	3455	13670	

由于折旧是非付现成本，因此制造费用的现金支出如表 9-15 所示。

表 9-15 **北海公司 2012 年制造费用的现金支出预算** 单位：元

季　度	一	二	三	四	全年	资料来源
制造费用	3330	3355	3530	3455	13670	
减：折旧	1200	1200	1200	1200	4800	见表 9-14
现金支出的费用	2130	2155	2330	2255	8870	

为了便于编制产品成本预算，还要确定制造费用分配率，将变动或固定制造费用在产品之间进行分配。

变动(或固定)制造费用分配率＝变动(或固定)制造费用÷相关分配标准预算数

本例以人工总工时作为制造费用相关分配标准预算数，根据表 9-13 可知人工总工时为 7224 小时，计算制造费用分配率如下(保留小数点后两位)：

$$变动制造费用分配率=\frac{2470}{7224}=0.34(元/小时)$$

$$固定制造费用分配率=\frac{11200}{7224}=1.55(元/小时)$$

(6)产品成本预算。产品成本预算是生产预算、直接材料预算、直接人工预算和制造费用预算的汇总。其主要内容是产品的单位成本和总成本。单位产品成本的有关数据来自材料消耗及采购预算、生产量、期末存货量来自生产预算，销售量来自销售预算。

【例 9-11】北海公司 2012 年产品成本预算如表 9-16 所示，生产成本、期末存货成本和销售成本计算均保留整数。

表 9-16 **北海公司 2012 年产品成本预算**

成本项目	单耗	单价	单位成本	资料来源
直接材料	6 公斤	65 元/公斤	390	见表 9-11
直接人工	8 小时	5 元/小时	40	见表 9-13
变动制造费用	8 小时	0.34 元/小时	2.72	
固定制造费用	8 小时	1.55 元/小时	12.4	
单位总成本(合计)	—	—	445.12	
生产成本	903(件)×445.12＝401943			见表 9-10
期末存货成本	30(件)×445.12＝13354			见表 9-10
销售成本	900(件)×445.12＝400608			见表 9-8

其中：生产成本＝预计生产量×单位总成本

期末存货成本＝预计期末存货×单位总成本

销售成本＝预计销货量×单位总成本

(7)销售费用和管理费用预算的编制。销售费用预算是指为了规划一定预算期内企业在销售阶段预计发生各项费用支出而编制的一种日常业务预算，它以销售预算为基础，分析销售收入、销售利润和销售费用的关系，力求实现销售费用的最有效使用。在编制销售预算时，可将销售费用分为变动性和固定性两个部分，变动性销售费用是与销售量成正比例的那部分费用，而固定性销售费用则是不随销售量变动的固定成本。变动性销售费用可根据量本利分析，确定单位产品变动性销售费用分配额，结合销售量预算即可得到产品预计变动销售费用，即

$$产品预计变动销售费用 = \sum 产品各单位变动性销售费用分配额 \times 产品预计销售量$$

固定性销售费用可根据实际需要，以一定会计期间为单位逐项预计。

管理费用预算是指为规划搞好一般管理业务预计发生的必要费用支出的一种日常业务预算。管理费用属于固定成本，所以，一般以历史实际开支为基础，按预算期的可预见变化进行适当调整。

【例 9-12】假定北海公司销售佣金和销售运杂费是变动销售费用，单位标准费用额分别是 1.5 元/件和 1 元/件，如表 9-17 所示。

表 9-17　**北海公司 2012 年销售和管理费用及现金支出预算**　单位：元

季度		一	二	三	四	全年	资料来源
单位产品标准费用额	佣金	1.5	1.5	1.5	1.5	1.5	成本定额资料
	运杂费	1	1	1	1	1	
预计销售量		180	220	300	200	900	见表 9-8
变动性销售费用		450	550	750	500	2250	
固定性销售费用：							
广告费		1000	1000	1000	1000	4000	
差旅费		800	800	800	800	3200	
小计		1800	1800	1800	1800	7200	
销售费用合计		2250	2350	2550	2300	9450	
管理费用：							
管理人员工资		1500	1500	1500	1500	6000	
办公费		600	600	600	600	2400	
折旧费		300	300	300	300	1200	
管理费用合计		2400	2400	2400	2400	9600	
销售和管理费用合计		4650	4750	4950	4700	19050	
减：折旧费		300	300	300	300	1200	
现金支出合计		4350	4450	4650	4400	17850	

备注：变动性销售费用=(佣金单位产品标准费用额+运杂费单位产品标准费用额)×预计销售量

由于销售和管理费用预算金额中，除折旧费外均属于付现成本，所以可以直接编制相应的现金支出预算。

(8)资本支出预算的编制。资本支出预算是指与项目投资决策密切相关的专门预算。这类预算涉及长期建设项目的投资与资金筹措，并经常跨年度，因此，除个别项目外一般不纳入日常业务预算，但应计入与此有关的现金预算与预计资产负债表。

【例 9-13】北海公司为开发新产品，决定于 2012 年 7 月初购置新机器一台，价值 50000 元，机器的安装期限为 9 个月。

为筹集该项投资所需的资金，北海公司将于 7 月 1 日发行票面利率为 10%、期限为 3 年的，每半年付息一次的公司债券、预计发行收入为 50000 元。

北海公司 2012 年设备 6 个月安装期限中，共花费人工费、水电费等各项支出共计 15000 元，同时，债券利息 2500 元(50000×10%×6÷12)，必须资本化，计入固定资产原值，因此：

预算期在建的固定资产价值＝50000+15000+2500＝67500(元)

表 9-18　**北海公司 2012 年项目投资预算及资金筹措方案**　单位：元

季　度	一	二	三	四	全年
固定资产投资：					
设备购置			50000		50000
工程安装			5000	10000	15000
资本支出合计			55000	10000	65000
资金筹措：					
发行公司债券(票面利率 10%)			50000		50000
资金筹措合计			50000		50000

(9)现金预算的编制。现金预算由四部分构成：现金收入、现金支出、现金余缺、现金筹措与运用。“现金收入”包括期初现金余额和预算期现金收入，销货取得的现金收入是其主要来源。“期初现金余额”资料由上年资产负债表提供，“销货现金收入”来自销售预算，“可供使用现金”是期初余额与本期现金收入之和。“现金支出”包括经营现金支出和资本性现金支出两个部分，“经营现金支出”和资本性现金支出来自前述有关预算。“现金余缺”部分列示现金收入合计与现金支出的差额。差额为正，说明收大于支，现金有多余，可用于补偿过去向银行取得的借款，或者用于短期投资。差额为负，说明支大于收，现金不足，要向银行取得新的借款。

【例 9-14】北海公司现金预算如表 9-19 所示，本例中，北海企业需要保留的现金余额不低于 5000 元，不足此数时需要向银行借款，假设银行借款的金额要求是 1000 元的倍数，则第二季度的借款额为

借款额＝最低现金余额+现金不足额

=5000+(-3774.5)

=1225.5

≈2000(元)

第三季度现金多余，可用于偿还借款。一般按“每期期初借入，每期期末归还”来预计利息，故本例借款期为6个月。假设利率为12%，则应计利息为120元：

利息=2000×12%×6÷12=120(元)

表9-19　　**北海公司2012年现金预算**　　单位：元

季　度	一	二	三	四	全年	资料来源
期初现金余额	5000	5910	5774.5	5008	5000	年初数等于上季度期末数
加：销售现金收入	91500	104000	138000	115000	448500	见表9-9
可供使用现金	96500	109910	143774.5	120008	453500	
现金支出						
经营现金支出：						
直接材料	74776	88172.5	99976.5	88335	351260	见表9-12
直接人工	8184	10208	12540	8800	39732	见表9-13
制造费用	2130	2155	2330	2255	8870	见表9-15
销售费用与管理费用	4350	4450	4650	4400	17850	见表9-17
预交所得税	1150	1150	1150	1150	4600	全年估计预交4600元，各季度平均支付
经营现金支出小计	90590	106135.5	120646.5	104940	422312	
资本性现金支出：						
固定资产投资			55000	10000	65000	见表9-18
资本性现金支出合计			55000	10000	65000	
现金支出合计	90590	106135.5	175646.5	114940	487312	
现金余缺	5910	3774.5	(31872)	5068	(33812)	
资金筹措及运用						
加：银行短期借款		2000			2000	
发行公司债券			50000		50000	见表9-18
减：短期借款利息(利率12%)			120		120	见表9-20
还短期借款			2000		2000	
支付公司债券利息(利率10%)				2500	2500	例9-13

续表

季　度	一	二	三	四	全年	资料来源
购买短期有价证券			11000	（3000）	8000	临时调剂
期末现金余额	5910	5774.5	5008	5568	5568	

（三）财务费用预算的编制

财务费用预算是指反映预算期内因筹措使用资金而发生的财务费用水平的一种预算。就其本质而言该预算属于日常业务预算，但由于该预算需要根据现金预算中的资金筹措及运用的相关数据来编制，因此本书将其纳入财务预算的范畴。

【例 9-15】北海公司财务费用预算的编制如表 9-20 所示。

表 9-20　**北海公司 2012 年财务费用预算**　单位：元

季　度	一	二	三	四	全年	资料来源
应计并支付短期借款利息			120		120	见表 9-19
应计并支付公司债券利息				2500	2500	见表 9-19
支付利息合计			120	2500	2620	
减：资本化利息				2500	2500	
预计财务费用			120		120	

二、预计财务报表的编制

预计财务报表是企业财务管理的重要工具，是控制企业预算期内资金、成本和利润总量的重要手段，主要包括预计损益表和预计资产负债表等。因其可以从总体上反映一定期间内企业经营的全局情况，通常称为企业的“总预算”。

（一）预计利润表的编制

预计利润表是指以货币形式综合反映预算期内企业经营活动成果和规定利润计划数的一种财务预算。这种预算是在汇总销售预算、产品成本预算、销售及管理费用预算、现金预算等预算的基础上加以编制的。编制这种预算的目的在于了解企业预期的盈利水平。如果预算利润与最初编制方针中的目标利润有较大的不一致，就需要调整部门预算，设法达到目标，或者经企业领导同意后修改目标利润。

【例 9-16】北海公司 2012 年预计利润表，其中，“毛利”项目的数据是“销售收入”和“销售成本”的差额。“所得税”项目是在利润规划时估计的，并已列入现金预算。它通常不是根据“利润”和所得税税率计算出来的，因为有诸多纳税调整的事项存在。此外，从预算编制程序上看，如果根据“本年利润”和税率重新计算所得税，就需要修改“现金预算”，引起资金筹措计划的修订，进而改变“财务费用”，最终又要修改“本年利润”，从而陷入数据的循环修改。如表 9-21 所示。

表 9-21　　　　**北海公司 2012 年度预计利润表**　　　　单位：元

项　目	金　额	资料来源
销售收入	450000	见表 9-8
减：销售成本	400608	见表 9-16
毛利	49392	
减：销售及管理费用	19050	见表 9-17
减：财务费用	120	见表 9-20
利润总额	30222	
减：应交所得税(估计)	4600	估计预交 4600 元
税后净利润	25622	

为了进一步编制资产负债表，还需要在预计利润表的基础上编制预计利润分配表。

【例 9-17】北海公司预计利润表的编制如表 9-22 所示，其中，“年初未分配利润”数据来自上年期末资产负债表(计算数据保留整数)。

表 9-22　　　　**北海公司 2012 年利润分配表**　　　　单位：元

项　目	金　额	资料来源及计算数据
年初未分配利润	11178	11 年资产负债表
加：本年实现净利润	25622	见表 9-21
减：提取法定盈余公积	2562	提取比例 10%
提取任意盈余公积	0	提取比例 0%
提取盈余公积合计	2562	
可供投资者分配的利润	34238	
减：向投资者分配股利	5136	股利分配率 15%
年末未分配利润	29102	

(二)预计资产负债表的编制

预计资产负债表是以货币形式反映企业预算期末财务状况的总括性预算。预计资产负债表中除上年期末数已知外，其余项目均应在前述各项日常业务预算和专门预算的基础上分析填列。编制预计资产负债表的作用在于反映预算期企业财务状况的稳定性和流动性。如果通过对该预算的分析，发现某些反映企业预算期偿债能力、资产营运能力、盈利能力的财务比率不佳，必要时可修改有关预算，以改善财务状况。

【例 9-18】北海公司预计资产负债表如表 9-23 所示，其中，固定资产、普通股和资本公积三个项目没有发生变化。

表 9-23 **北海公司 2012 年 12 月 31 日预计资产负债表** 单位：元

资　产	年初数	年末数	年末数资料来源及计算过程
流动资产			
货币资金	5000	5568	见表 9-19
短期投资	0	8000	见表 9-19
应收账款	28500	30000	见表 9-9
材料存货	18200	20150	存货量×单价，见表 9-11
产成品	8390	13354	见表 9-16
流动资产合计	60090	77072	
固定资产	100000	100000	
减：累计折旧	15000	21000	15000+4800+1200，见表 9-15、表 9-17
固定资产净值	85000	79000	
在建工程	0	67500	见例 9-13
固定资产合计	85000	146500	
资产合计	145090	223572	
流动负债			
短期借款	0	0	见表 9-19
应付账款	28600	31460	见表 9-12
应付股利	0	5136	见表 9-22
流动负债合计	28600	36596	
长期负债			
应付债券	0	50000	
长期负债合计	0	50000	
负债合计	28600	86596	
所有者权益			
实收资本	100000	100000	
资本公积	3000	3000	
盈余公积	2312	4874	2312+2562，见表 9-22
未分配利润	11178	29102	见表 9-22
所有者权益合计	116490	136976	
负债及所有者权益合计	145090	223572	

表9-18中，预算期期末大部分项目的数据来源已注明，少数项目的数据是这样计算的：

(1)“短期投资”是根据表9-19中对多余现金临时调剂购买短期有价证券数据填列的。

(2)“应收账款”是根据表9-9的预算期的销售收入和本期收现率计算的。

(3“材料存货”是根据表9-11中的“预计期初存货量”和“预计期末存货量”与单价的乘积计算得出：

材料存货年初余额=第一季度期初存货量×单价=280×65=18200(元)

材料存货年末余额=第四季度期末存货量×单价=310×65=20150(元)

(4)产成品=期末存货成本(假设没有在产品)；期初产成品金额来自2006年资产负债表。

(5)“累计折旧”是根据年初数和表9-15、表9-17中的有关资料汇总计算的。

(6)“应付账款”是根据表9-12中的预算期材料采购成本总额和本期付现率计算的。

(7)“盈余公积”是根据年初数和表9-22中的有关资料汇总计算的。

企业除了编制预计损益表和预计资产负债表外，还可以根据这两个报表及其他有关资料，编制预计现金流量表等其他预计财务报表，但在实际应用中，因为已经编制了现金预算，通常没有必要再编制预计现金流量表。

单元小结

(1)财务预算是指反映企业未来一定预算期内的预计现金收支、经营成果和财务状况的各种预算。财务预算是计划工作的成果，在企业经营管理和实现目标利润中发挥着重大作用，概括起来有以下几点：①财务预算是企业各级各部门工作的奋斗目标；②财务预算是企业各级各部门工作的协调工具；③财务预算是企业各级各部门工作的控制标准；④财务预算是企业各级各部门工作业绩的考核依据。

(2)全面预算是关于企业未来一定预算期内，企业全部经济活动各项目标的行动计划相应措施的预期数值说明，其实质是一套以货币及其他数量形式反映的预计财务报表和其他附表，主要用来规划预算期内企业的全部经济活动及其成果。

全面预算按其涉及的内容分为总预算和专门预算。总预算是指预计损益表、资产负债表和现金流量表，它们反映企业的总体状况，是各种专门预算的综合。专门预算是指其他反映企业某一经济活动的预算，包括日常业务预算和专门决策预算。日常业务预算是指与企业日常经营活动直接相关的经营业务的各种预算。专门决策预算是指企业为不经常发生的长期投资决策项目或一次性专门业务所编制的预算。各种日常业务预算和专门决策预算最终大多可以综合反映在财务预算中，财务预算作为全面预算体系中的最后环节，可以从价值方面总括地反映经营期决策预算与业务预算的结果，因此，它在全面预算体系中占有举足轻重的地位。

(3)固定预算方法与弹性预算方法。固定预算是根据预算其正常的、可实现的固定业务量作为编制预算基础的预算编制方法。它适合于业务量水平较为稳定的企业或非盈利组织，固定预算编制方法简单、易行；但是它的可比性差，同时机械、呆板。

弹性预算是在成本习性分析的基础上，以业务量、成本和利润之间关系为依据，根据各种业务量水平编制的预算，弹性预算的适用范围宽、可比性强；但是编制比较复杂。弹性预算适用于与业务量有关的各种预算。

(4)增量预算方法与零基预算方法。增量预算是以基期成本费用水平为基数，结合预算期业务水平及降低成本的措施，通过调整有关费用项目而编制的预算。增量预算优点是简单、工作量小；缺点是受原有项目制约、不利于根据情况的变化调整预算。

零基预算是在编制预算时，不考虑以前的情况，从零出发，根据企业的实际需要重新考察每一项的收入及支出是否合理，在综合平衡的基础上编制预算。零基预算的优点是一切从现实出发分析企业的各项收支，能调动各方面的积极性，有助于企业的长远发展；缺点是工作量大。

(5)定额预算方法与滚动预算方法。定期预算与滚动预算的时间不变，一般以一个会计年度为一个完整的预算期。优点是预算期与会计期间相等，合理利用预算管理和考核企业；缺点是具有滞后性和间断性。

滚动预算是预算的编制随着预算的执行不断补充，逐期向后滚动，使预算期保持不变的预算编制方法。滚动预算滚动的时间单位分为逐月滚动、逐季滚动和逐年滚动。滚动预算的优点是透明度高，及时反映企业的变化，使预算编制完整；缺点是工作量大。

(6)现金预算亦称为现金收支预算，它是以日常业务预算和专门决策预算为基础编制的反映企业预算期间现金收支情况的预算。现金预算的内容包括现金收入、现金支出、现金剩余或短缺的计算，以及剩余部分的融通方案和短缺部分的筹措方案等。现金预算实际上是其他预算有关现金收支部分的汇总，以及收支差额平衡措施的具体计划。

现金预算编制的依据是日常业务预算和专门决策预算。日常业务预算包括：①销售预算；②生产预算；③直接材料消耗及采购预算；④直接人工预算；⑤制造费用预算；⑥产品生产成本预算；⑦销售及管理费用预算；⑧财务费用预算。

(7)销售预算是整个年度预算的编制起点，其他预算都是以销售预算为基础编制的。

生产预算是以销售预算为基础编制的，其内容主要有销售量、期初、期末存货量、生产量。特点是预算中只有数量指标，没有金额指标。

直接材料、直接人工和制造费用预算是以生产预算为基础编制的。

产品成本预算是根据生产预算、直接材料预算、直接人工预算、制造费用预算汇总编制的。

现金预算是有关预算的汇总。

(8)预计财务报表是企业财务管理的重要工具，是控制企业预算期内资金、成本和利润总量的重要手段，主要包括预计损益表和预计资产负债表等。因其可以从总体上反映一定期间内企业经营的全局情况，通常称为企业的“总预算”。

预计利润表是指以货币形式综合反映预算期内企业经营活动成果和规定利润计划数的一种财务预算，是控制企业生产经营活动和财务收支的主要依据。这种预算是在汇总销售预算、产品生产成本预算、销售及管理费用预算、现金预算等的基础上加以编制的。

预计资产负债表是以货币形式反映企业预算期末财务状况的总括性预算。这种预算是利用基期期末资产负债表，根据预算期销售、生产、成本等预算的有关数据加以调整编制的。

学习情境十　财务分析

学习目标： 1. 了解财务分析的作用和内容；
2. 掌握财务分析的方法；
3. 掌握财务比率分析的内容和方法；
4. 掌握财务综合分析的内容和方法。

知识能力： 能理解并运用财务分析的相关知识对企业的财务状况和经营成果进行分析和评价。

工作任务： 1. 计算财务指标比率，利用财务比率分析评价企业的经济效益；
2. 采用杜邦财务分析体系全面评价企业的财务状况和经营成果；
3. 采用沃尔比重评分法全面评价企业的财务状况和经营成果。

关 键 词： 财务分析　财务指标　财务比率　财务综合分析

任务一　财务分析的作用和内容

财务分析是以企业基本活动为对象，以企业的财务报告等会计资料为基础，对企业的财务状况和经营成果进行分析和评价，系统认识企业的过程。财务分析是财务管理的重要方法之一。

一、财务分析的作用

(1)评价企业一定时期的财务状况和经营成果。揭示企业生产经营管理活动中存在的问题，总结财务管理工作的经验教训，为企业生产经营决策和财务决策提供重要的依据。

(2)评价和考核单位工作业绩。检查企业内部各职能部门和单位完成财务计划和指标的情况，考核各部门和单位的工作业绩，总结经验，提高管理水平。

(3)为企业外部相关利益者提供财务分析资料。可以为企业外部的债权人、投资者和其他有关部门和人员提供系统的、完整的财务分析资料，便于他们更加深入地了解企业的财务状况、经营成果和现金流量的情况，为他们作出经济决策提供依据。

二、财务分析的内容

财务分析的内容概括讲就是企业的财务活动及其结果，也就是企业一定时期的资金运动及其结果。由于企业的资金运动通常表现为企业的某一时点的财务状况和某一时期的财务成果及现金流量，因而财务分析的基本内容是企业的财务状况、财务成果和现金流量。从财务会计报表分析的角度来看，由于企业财务状况的资料主要存在于企业的资产负债表中，故又称资产负债表分析；同样，财务成果或经营状况分析又可称为利润表分析，现金流量分析又可称为现金流量表分析。

财务分析是一项十分复杂而细致的工作。在进行财务分析过程中，除了依据上述财务报告外，有时还会用到日常会计核算资料(如会计凭证、会计账簿、财产清查、成本计算等)、计划或预算资料、生产技术方面的资料、产品(或商品)销售的情况、同行业其他企业发布的财务报告、调查研究所收集到的资料等。

由于企业财务分析以企业财务会计报告资料为主要内容，因此，影响企业财务会计报告的诸多因素也是企业财务分析不可缺少的内容，具体包括会计准则、会计制度、会计技术方法、管理当局的会计政策选择、会计信息质量监管、审计报告、企业在分析期内发生的交易或事项的实质、企业购并、重组、关联方交易、合并会计报表等。

对企业进行财务分析所依据的资料是客观的，但是不同的相关利益者所关心的问题侧重点不同，从而财务分析的内容不同，所达到的财务分析目的不同。一般来说，企业的债权人主要关心企业的还本付息能力，即企业的偿债能力；企业的投资者则关心的是企业的资本盈利能力、企业生产经营的前景和投资风险；企业的经营管理者则要求全面了解企业的生产经营状况和财务状况。因此，根据财务分析目的的不同，则财务分析综合起来主要有以下几个方面的内容：

(1)评价企业的偿债能力。

通过对企业的财务报告等会计资料进行分析，可以了解企业资产的流动性、负债水平即偿还债务的能力，从而评价企业的财务状况和经营风险，为企业经营管理者、投资者和债权人提供财务信息。

(2)评价企业的资产管理水平。

资产是企业生产经营活动的经济资源。资产的管理水平会直接影响企业的收益，它体现了企业整体素质。通过财务分析，可以了解企业资产的保值和增值的情况，分析企业资产的管理水平、资金周转状况、现金流量等情况，为评价企业的经营管理水平提供依据。

(3)评价企业的获利能力。

企业主要的经营目标是盈利。利润是企业综合素质的体现。企业要生存和发展，必须具有较高的盈利能力，才能在激烈的竞争中立于不败之地。投资者和债权人都十分关心企业的盈利能力。盈利能力强可以提高企业偿还债务能力，提高企业的信誉。对企业获利能力的分析不仅看其盈利的绝对数，而且还应分析其相对指标，全面、综合来进行财务分析。

(4)评价企业的发展趋势。

企业的债权人、投资者和经营者都十分关心企业的发展趋势，因为这关系到他们的切身利益。通过对企业的财务分析，可以判断企业的发展趋势，预测企业的经营前景，从而为企业管理者和投资者进行经营决策和投资决策提供重要依据，避免决策失误带来的重大经济损失。

任务二　财务分析的方法

一、财务分析的基础

财务分析是以企业的会计核算资料为基础，通过对会计所提供的核算资料进行加工整理，得出一系列科学的、系统的财务指标，以便进行比较、分析和评价。

(一)财务报表

企业财务报表是综合反映企业财务状况和经营成果的书面文件，包括主表、附表、会计报表附注等内容。主要财务报表包括资产负债表、利润表、现金流量表和所有者权益变动表。附表包括营业收支明细表、存货明细表、固定资产明细表、营业外收支明细表等。会计报表附注是为了帮助理解会计报表的内容而对报表项目等所作的解释，其主要内容有：所采用的主要会计处理方法；会计处理方法的变更情况、变更原因以及对财务状况和经营成果的影响；非经常性项目的说明；会计报表中有关重要项目的明细资料；其他有助于解释和分析会计报表而需要说明的事项。会计报表附注为财务分析提供很多具有参考价值的重要的具体资料和情况。

1. 资产负债表的内容

资产负债表是反映企业在某一特定日期的财务状况的会计报表。它是以“资产＝负债+所有者权益”这一会计等式为依据，按照一定的分类标准和次序反映企业在某一时点上的资产、负债和所有者权益的基本状况。资产负债表既揭示企业管理当局的受托责任的数量和规模，又揭示企业所有者及债权人委托财产的状况及其安全程度。资产负债表的基本框架结构由三个部分所组成，包括表首、正表和附注。表首主要注明报表的名称、编制单位名称、编制日期以及表中所使用的币种和货币单位等内容；正表是该表的主要组成部分，其内容包括资产、负债和所有者权益及其金额；附注列示对正表内容中未能说明的事项或明细项目提供补充说明的内容。

资产负债表正表的基本结构是依据“资产＝负债+所有者权益”的平衡关系原理，按照一定的分类标准和一定的先后次序分项目排列编制的。整个报表分为资产与权益两大基本部分：在账户式资产负债表下，左方为资产方，列示资产各项目，反映企业拥有资源的分布状况和存在形式，表明管理当局对其拥有资金的使用情况及其权益的安全状况；右方为权益方，列示负债、所有者权益各项目，反映企业资产所使用资金的取得渠道，表明企业投资者及债权人在企业的权益；两方总金额始终保持平衡关系，反映了资产和权益的本质联系，表明企业投资者及债权人对企业资产的主张权、要求权。除账户式资产负债表外，还有报告式资产负债表和营运资本式资产负债表等。报告式资产负债表将资产、负债、所有者权益上下垂直排列，资产排在表格的上部，其次是负债。资产负债表各项目金额通常分为年初数和期末数两栏便于对比分析。资产负债表的基本格式和内容如表 10-1 所示。

表 10-1　　　　**资产负债表**

资　　产	年初数	年末数	负债和所有者权益	年初数	年末数
流动资产：			流动负债：		
货币资金			短期借款		
短期投资			应付票据		
应收票据			应付账款		
应收账款			应付工资		
其他应收款			应付福利费		
预付账款			应付股利		
存货			应交税金		
待摊费用			其他应交款		
流动资产合计			其他应付款		
长期资产			预提费用		
长期投资			长期负债：		
固定资产			负债合计：		
无形资产			所有者权益：		
其他长期资产			股本		
长期资产合计			盈余公积		
			未分配利润		
			所有者权益合计：		
资产合计			负债和所有者权益合计		

2. 利润表的内容

利润表是反映企业在一定会计期间的经营成果的会计报表。它是以“利润=收入-费用”这一会计等式为依据编制而成。利润表就像一个水池，收入是它的进水管，支出是它的出水管，两个水管都打开，最后能否蓄下水呢？这就是利润的“来龙”。利润的分配就是“去脉”，说明利润这块蛋糕如何瓜分。通过利润表可以考核企业利润计划的完成情况，分析企业的获利能力以及利润的增减变化原因。预测企业利润的发展趋势，为投资者及企业管理者等各方面提供财务信息。利润表的基本作用是确认企业一定时期的经营成果、反映利润实现过程、预测企业未来利润发展。利润表的基本结构分为表首、表身和附注三个部分，其中，表身的基本结构依据“收入-费用=利润”公式设计。利润表表身部分的格式有单步式和多步式两种，单步式将全部收入项目列上半部，费用项目列下半部，一步计算出利润；多步式按损益各项目的配比关系及重要程度分步骤排列，便于分析利润的构成和损益形成情况。通常使用多步式的利润表。有关利润分配情况的会计资料也可以另外编制利润分配表单独呈报。多步式利润表的基本格式如表10-2所示。

表10-2 利润表

项目	本月数	本年累计数
一、主营业务收入 减：主营业务成本 主营业务税金及附加		
二、主营业务利润 加：其他业务利润 减：营业费用 管理费用 财务费用		
三、营业利润 加：投资收益 营业外收入 减：营业外支出		
四、利润总额 减：所得税		
五、净利润		

3. 现金流量表的内容

现金流量表是综合反映企业某一会计期间的现金流入量与现金流出量及现金净流量的表式报告文件。现金流量表的基本作用是补充说明资产负债表和利润表信息，提供企业一定会计期间的现金流量信息；了解和评价企业获取现金及其现金等价物的能力，包括企业支付能力、偿债能力和周转能力；预测企业未来的现金流量情况；分析企业收益质量及影响现金净流量的因素。具体作用有：①揭示企业产生未来现金流量的能力；②揭示重大事件的影响；③说明企业承担未来的某些义务的能力，如贷款与利息的偿还，纳税及法律义务等；④说明企业未来的融资需要。

所谓现金流量是指现金流入量、现金流出量、净现金流量等三个概念。这里的现金包括现金和现金等价物，其中，现金包括日常核算中的现金、银行存款及其他货币资金等；现金等价物是指企业持有期限短、流动性强、易于转换为已知金额的现金、价值变动风险很小的投资，如3个月到期的短期投资债券等。

现金流量表的基本结构是依据“现金流入量-现金流出量=现金净流量”公式设计

的。在现金流量表中将现金流量分为三类编排列示。即经营活动产生的现金流量、投资活动产生的现金流量和筹资活动产生的现金流量。每一项都分为流入量、流出量和净流量三个部分分项列示。其中，营业活动产生的现金流量是指与销售商品、提供劳务有关的活动，如销售商品收到现金、购买商品支付现金等；投资活动产生的现金流量是指与非流动资产的取得或处置有关的活动，如购买股票或债券支付现金，销售长期投资收回现金等；筹资活动产生的现金流量是指涉及企业财务规模的变动或财务结构组成变化的活动，如向银行借入款项收到现金、归还银行借款支付现金等。

我国现金流量表分为基本部分和补充资料部分。其编制方法有直接法和间接法两种，其中，现金流量表的基本部分按直接法编制，补充资料部分用间接法编制。所谓直接法是指按现金收入和现金支出的主要类别直接反映企业各种活动产生的现金流量。所谓间接法是以净利润为起算点，调整不涉及现金的收入、费用、营业外收支等有关项目，据此计算经营活动产生的现金流量。现金流量表如表 10-3 所示。

表 10-3　　**现金流量表**

项　　目	金　额
一、经营活动产生的现金流量	
销售商品、提供劳务收到的现金	
收到的增值税返还	
收到除增值税外的其他税费返还	
收到其他与经营活动有关的现金	
现金流入小计	
购买商品、接受劳务支付的现金	
支付给职工以及为职工支付的现金	
支付的各项税费	
支付的所得税款	
支付的其他税费	
支付的其他与经营活动有关的现金	
现金流出小计	
经营活动产生的现金流量净额	
二、投资活动产生的现金流量	
收回投资所收到的现金	
取得投资收益收到的现金	
处置固定资产等长期资产所收回的现金	
收到其他与投资活动有关的现金	
现金流入小计	
购建固定资产等长期资产所支付的现金	
权益性投资所支付的现金	
债权性投资所支付的现金	

续表

项　目	金　额
支付的其他与投资活动有关的现金	
现金流出小计	
投资活动产生现金流量净额	
三、筹资活动产生的现金流量	
吸收权益性投资所收到的现金	
借款所收到的现金	
收到的其他与筹资活动有关的现金	
现金流入小计	
偿还债务所支付的现金	
发生筹资费用所支付的现金	
偿还利息所支付的现金	
现金流出小计	
筹资活动产生的现金流量净额	
四、汇率变动对现金的影响	
五、现金及现金等价物净增加额	
补充资料	

4. 所有者权益变动表

按照财政部新颁布《企业会计准则2006》，新增加了所有者权益变动表。它是综合反映构成一定时期所有者权益的各组成部分当期的增减变动情况的一张财务报表。当期损益、直接计入所有者权益的利得和损失，以及与所有者的资本交易引起的所有者权益的变动，应当分别列报。所有者权益变动表一般应单独列报以下项目：①净利润；②直接计入所有者权益的利得和损失项目及其总额；③会计政策变更和会计差错更正的累积影响金额；④所有者投入资本和向所有者分配利润等；⑤按照规定提取的盈余公积；⑥实收资本(或股本)、资本公积、盈余公积、未分配利润期初和期末余额及其调节情况。

(二)审计报告的内容

审计报告是财务分析的重要信息资料，是评价企业财务会计信息质量的重要依据。审计报告是指由企业管理当局聘请的注册会计师按照会计准则、会计制度等会计法规和标准，对企业编制的财务报表进行审计以后，出具的有关企业财务报表是否符合要求与标准的审计意见报告文件。审计报告意见应与企业编制的财务报表等资料一同定期向公众披露。注册会计师出具的审计报告意见通常有以下四种：

(1)无保留意见(又称不附条件的意见)，说明被审计企业出具的财务报表客观、公允地反映企业在被审计期间的财务业绩、财务状况及现金流量情况。

(2)有保留意见(又称附条件意见)，说明审计师对被审计企业除个别审计项目或内容出具了保留意见外，整个报告仍然出具了无保留意见。

(3)否定意见(又称反面意见)，说明审计师认为被审计企业的财务报表没有公允地反映企业的财务业绩、财务状况及现金流量情况。

(4)拒绝出具意见(又称放弃发表意见)，说明审计师的审计范围与内容受到限制无法形成会计意见，对审计结果拒绝发表意见。

上述四种意见中后三种属于不利意见。需要指出的是，即使审计师出具了无保留意见，并不是完全地保证被审计的财务报表就无重大错误。

(三)其他应披露信息

其他应披露的信息通常是指除了财务报表、审计报告外的其他应披露的信息。主要包括重要提示、上市公司基本情况介绍、会计数据和财务指标摘要、股本变动及股东情况、董事会报告及重要事项等。

三、财务分析的方法

财务分析常用的主要方法有比较分析法、比率分析法、趋势分析法、因素分析法、平衡分析法等多种。在《财务分析》这门课程中，将详细讲解这些分析方法。本章仅对这些方法作简略介绍。

(一)比较分析法

比较分析法是通过相关经济指标的数量上的比较，来揭示经济指标间的数量关系和数量差异，从而达到分析目的的一种方法。经济指标间存在着某种数量关系，说明生产经营活动的一定状况。经济指标间出现了数量差异，往往说明某些经济现象有值得进一步分析的问题。比较分析法的主要作用在于指出财务活动中的数量关系和存在的差距，从中发现问题，为进一步分析原因、挖掘潜力指明方向。没有比较，就没有鉴别，也就没有分析。

比较的方法是最基本的分析方法，它不仅在财务分析中得到了广泛应用，而且在其他各种分析中也是最基本的方法。比较分析法是财务分析最基本的方法。比较分析法的具体形式多种多样，可以是绝对数的比较，也可以是相对数的比较；可以是单项指标的比较，也可以是整个财务报告的比较；可以是实际指标同计划指标比较，以揭示实际与计划或定额之间的差异，了解该项目指标的计划或定额的完成情况；也可以是本期指标同上期指标或历史最好水平比较，以确定前后不同时期有关指标的变动情况，了解企业生产经营活动的发展趋势和经营管理工作的改进情况；还可以是本单位指标同国内外先进单位指标比较，以找出与先进单位、先进水平之间的差距，推进本单位改善经营管理，赶超国内外先进水平。

(二)比率分析法

比率分析法是通过计算财务指标比率，来确定财务活动变动程度的一种分析方法。比率是相对数，采用这种方法，要把分析对比的数值变成相对数，计算出各种比率指标，然后进行比较，从确定的比率差异中发现问题。这种方法还常能将在某些条件下的不可比指标变为可以比较的指标，以便进行分析。比率分析法是财务分析中应用最为广泛的一种方法。常见的比率指标主要有以下三种类型：

(1)构成比率。它又称结构比率，用来计算某项财务指标的各个组成部分占总体的比重，反映部分与总体的关系。它通常反映会计报表各项目的纵向关系。在财务报表结构分析中，构成比率可以用于计算：①各资产项目占总资产的比率；②各负债项目占总负债的比率；③各负债及所有者权益项目占总负债及所有者权益的比率；④各项业务或产品利润、收入、费用占总利润、总收入和总费用的比率；⑤单位成本各构成项目占单位产品成本的比率；⑥各存货项目占总存货的比率；⑦利润分配各项目占总的利润分配数额的比率等。利用构成比率指标，可以考察总体中某个部分的形成、安排是否合理，某个部分在总体中的地位、作用，以便协调各项财务活动，突出重点。

(2)效率比率。效率比率用来计算某项财务活动中所费与所得的比例，反映投入与产出、耗费与收入的比例关系。如成本费用与产品销售收入的比率、成本费用与利润的比率、资金占用额与销售收入的比率、资金占用额与利润的比率、资本数额与利润的比率等。利用效率比率指标，可以对企业进行得失比较，分析考察企业财务成果，评价企业经营状况和经济效益水平。

(3)相关比率。相关比率用来计算除部分与总体关系、投入与产出关系之外的具有相关关系的指标的比率，以反映有关财务指标间的相互联系，评价企业财务状况及经营状况。如负债总额与资产总额的比率，即资产负债率；流动资产与流动负债的比率，即流动比率；速动资产与流动负债的比率，即速动比率；所有者权益与负债总额的比率等。利用相关比率指标，可以考察企业有联系的相关指标之间安排是否合理，能否保障生产经营活动的正常运行。

在采用比率分析法进行财务分析时，因分析资料的使用者的目标、用途不同而异，有时利用相同计算结果所作出的解释和评价也不一样。企业需要测算哪些比率或者说哪些比率是重要的，均取决于有关方面的不同利益和兴趣。如债权人主要关心企业资产的流动性，特别注意衡量企业流动性的比率。投资者进行财务分析的目的，在于考察企业的获利能力和经营趋势，以便取得理想的投资报酬，他们特别注意的则是有关利润指标等。另外，需要指出的是，不能把比率本身当做目的，计算各项比率是借助它们来说明有关企业的财务活动，以及企业目前的和历史的状况。

(三)趋势分析法

趋势分析法又称水平分析法，是将两期或连续数期财务报告中的相同指标或比率进行对比，求出它们增减变动的方向、数额和幅度的一种方法。采用这种分析方法可以揭示企业财务状况和生产经营状况的变化，分析引起变化的主要原因、变动的性质，并能够判断企业当期财务状况和经营状况增减变化的性质，预测企业未来的发展前景。趋势分析法的具体运用主要有以下三种：

(1)重要财务指标的比较。它是将不同时期财务报告中的主要相同指标或比率进行比较，直接观察其绝对额或比率的增减变动情况及变动幅度，考察有关财务指标的发展趋势，预测其发展前景。

对不同时期财务指标的比较，可以通过计算动态比率指标进行，如销售收入增长的百分比、利润增长的百分比等。动态比率按所采用的基期数的不同有两种：一是定基动态比率；二是环比动态比率。定基动态比率是以某一时期的数额为固定的基期数额而计算出来的动态比率；环比动态比率是以每一分析期的前期数额为基期数额而计算出来的动态比率。其基本计算公式如下：

定基动态比率＝分析期数额÷固定基期数额

环比动态比率＝分析期数额÷前期数额

(2)按绝对金额编制的比较财务报表。这也就是财务报表金额的比较。它是将连续若干期的财务报表的金额数字并列起来，比较其相同指标的增减变动金额和增减变动幅度，来说明企业财务状况和经营状况发展变化趋势的一种方法。按绝对金额编制的比较财务报表一般有两种：一种仅罗列连续若干期的报表金额；另一种则在比较财务报表上增设“增减金额”一栏，反映比较的结果，还可以再设“增减百分比”一栏，以便使增减变动的情况更加清楚。

(3)按相对比率编制的比较财务报表。这也就是财务报告构成的比较。它是以财务报表中的某个总体指标作为100%，再计算出其各组成指标占该总体指标的百分比，比较各构成项目百分比的增减变动，以判断企业有关财务活动的变化趋势。这种方法是在按绝对金额编制比较财务报表基础上发展而来的，其优点在于能够揭示比较财务报表中各项目的构成比例关系，另外，用百分比分析不仅使本企业各期得以比较，而且还可使两家企业直接比较，或本企业与同行业平均数直接比较。用这个方法可以不考虑两家企业规模上的差别，只要把各项目数字都化成百分比后，各财务指标的相对百分比及其优劣就显得十分清楚。

(四)平衡分析法

平衡分析法是运用财务报表间钩稽关系及有关报表内部各指标间相互平衡关系原理，分析有关财务指标及其变动规律与现象，进而达到分析目的的一种分析方法。

(1)资产负债表平衡分析。

资产负债表的基本结构原理是：

资产＝负债+所有者权益

如果将资产分为流动资产和非流动资产的话，则

流动资产－流动负债＝营运资本＝非流动资产－长期负债－所有者权益

这一等式说明，企业通过举借短期负债获得的资金，应满足用于流动资产的资金需要，而长期负债取得的资金以及通过发行股票取得的资金应满足长期资产的资金需要，由此可以分析资金的来龙去脉，进而可以分析资金使用或取得资金的渠道是否合理与恰当。

(2)财务报表间有关项目平衡分析。

财务报表间有关项目平衡主要有：利润表中“未分配利润”数额应等于资产负债表中“未分配利润”数额；利润表及资产负债表中有关项目金额计算调整后的金额应等于同期现金流量表中的相关项目金额。

(五)因素分析法

因素分析法是指对经济活动的总体或部分总体进行因素分解，确定影响经济活动总体或部分总体的各种因素及影响方式，按照一定的方法计算各因素变动对经济活动总体或部分总体的影响程度及影响方向的一种分析方法。常见的因素分析法主要有：

(1)主次因素分析法。主次因素分析法，也称ABC分析法或重要程度分析法，它是按照影响分析对象的各因素的影响程度进行分析的一种方法。比如，按各种因素在分析总体中的比重大小，依次区分为主要因素A、次要因素B、一般因素C，然后依次分析各因素的具体影响，重点突出，容易抓住主要矛盾。

(2)因果分析法。因果分析法是利用影响分析对象的各因素与分析对象及各因素之间的因果关系进行分析的一种方法。比如，产品销售数量与产品销售收入、产品销售成本之间就存在因果关系，这种因果关系称为正相关因果关系；而产品销售成本与销售利润则存在负相关因果关系；在销售毛利为正数时，销售收入与销售利润呈正相关因果关系等。

(3)平行影响分析法。平行影响分析法又称因素分摊法，它是利用各因素与分析对象同时变动、平行影响的关系来进行分析的一种方法。比如，对企业营业费用的分析，就可以先将营业费用按比例分摊到各受益部门，然后对各受益部门的经营业绩及其对企业总业绩的影响进行分析，容易客观准确地分析各业务部门的经营业绩。平行影响分析法可以进一步分为平均分摊分析法、差额比例分摊法、变动幅度分摊法等多种。

(4)连环替代法。连环替代法又称连锁替代法，它是在分析对象确定差异的基础上，利用顺序替代各影响因素，并计算各影响因素的影响程度的方法，达到分析各影响因素对分析对象具体影响程度及影响方向、目的的一种方法。连环替换分析法是顺序用各项因素的实际数替换基数，借以计算各项因素影响程度的一种分析方法。采用趋势分析法和比率分析法，可以揭示实际数与基数之间的差异，但不能揭示产生差异的因素和各因素的影响程度。采用连环替换分析法就可以解决这一问题，从而找出主要矛盾，明确进一步调查研究的主要方向。

任务三　财务比率分析

财务比率分析所涉及的财务指标主要包括有偿债能力指标、营运能力指标、盈利能力指标和发展能力指标。具体分析如下：

一、偿债能力分析

(一)短期偿债能力分析

短期偿债能力是指企业流动资产对流动负债足额及时偿还的能力，是衡量企业流动资产变现能力大小的重要标志。

1. 流动比率

计算公式为：

$$流动比率=流动资产÷流动负债$$

它表明企业每一元的流动负债有多少流动资产予以保证。在一般情况下，流动比率越高，反映企业短期偿债能力越强，债权人的权益保障程度越高。表明企业财务状况稳定，除了能满足日常生产经营的流动资金需要以外，还有足够的财力偿付到期短期债务。如果这个比率比较低，则表明企业难以及时偿还到期债务。但是，如果流动比率过高，则说明流动资金占用较多，资金的使用效率较低，企业的筹资成本较高，最终影响企业的获利能力。究竟这个比率应该保持多高的水平，不同的企业以及同一企业在不同时期的评价标准是有所不同的。

【例 10-1】甲公司 2010 年 12 月 31 日的流动资产净额为 805 万元，流动负债为 400 万元，则该企业的流动比率为 2. 0125。即该企业的每 1 元的流动负债有流动资产 2. 0125 元偿付。

根据多数企业的长期经验，一般认为 2 元左右比较适宜。当然，这个经验值不是绝对的。在实际工作中进行分析时，首先，看其行业的流动比率，因为不同行业的流动比率是有差异的。只有与同行业的水平的流动比率相比较后才能知道本企业所处的行业位置。其次，与该企业历史流动比率进行比较，分析该企业这个指标变动趋势，从而得知在当前情况下的流动比率的高低水平，并找出比率变动和高低的原因。一般主要分析存货和应收账款。特别注意存货和应收账款的实际变现能力。尤其是在两个规模不同的企业间进行对比时，更要着重分析流动资产的实际变现能力；否则，该指标会与实际值有较大的差异，影响企业的判断。

2. 速动比率

计算公式为：

$$速动比率=速动资产÷流动负债$$

所谓速动资产是指流动资产减去变现能力较差的不稳定的存货、预付账款、1 年内到期的非流动资产和其他流动资产等之后的余额和待摊费用后的余额。由于剔除了存货等变现能力较弱且不稳定的资产，因此，速动比率较之流动比率能够更加准确、可靠地评价企业资产的流动性和短期偿债能力。

【例 10-2】甲公司 2009 年 12 月 31 日流动资产合计为 710 万元，其中存货 400 万元，预付账款为 4 万元，其他流动资产为 6 万元，流动负债合计为 340 万元。

则　速动资产 $=710-400-4-6=300$(万元)

　　速动比率 $=300÷340=0.8824$

计算结果表明，该企业的每 1 元的流动负债拥有速动资产 0. 8824 元来偿付。

这个比率主要用于企业不同会计年度之间，不同企业之间及企业同行业平均水平之间的对比。通常认为正常的速动比率是 1。因为，如果速动比率小于 1，则使企业面临较大的偿债风险；如果大于 1，则尽管企业偿还债务的安全性高，却因企业的现金和应收账款占用过多而大大增加企业的机会成本。

当然，如果企业的存货流转顺畅，变现能力较强，那么即使速动比率较低，只要流动比率高，企业仍具有较好的偿债能力。因此，某些行业的速动比率允许小于 1，而有些行业必须保持高于 1。例如，只进行现金销售的商店，没有应收账款，其速动比率大大低于 1，这对其正常的营业不会有不良影响。

如果流动比率和速动比率与历史相比较在不断下降，则说明企业破产机会在增加，投资者和债权人的风险在加大，应引起企业的高度警惕。

3. 现金比率

计算公式为：

现金比率=(货币资金+短期投资)÷流动负债

现金比率是在企业的应收账款和存货的变现能力都存在问题的情况下而采取的极端保守的态度。如应收账款收回的可能性很小，存货不能变卖或已经抵押出去了。因此该指标可以说是最能直接反映企业直接偿付流动负债的能力。但仍需注意的是，这一比率如果过高，则反映该企业可能没有充分利用现金资产。因此，在对这个指标下结论之前要充分了解企业的情况。

在评价企业的变现能力中，这个指标不作为重要指标来进行分析。在一般情况下，在存货和应收账款的期限相当长的企业里，经营活动又具有高度的投资性，分析该指标才具有重要性。

4. 影响短期偿债能力的其他因素

上述的变现能力指标都是从会计报表资料中取得的，但是还有一些信息在会计报表的资料中没有反映出来，但对企业的偿债能力的影响比较大。会计报表的使用者应该多了解企业的情况，有利于作出正确的判断。

(1)准备变现的长期资产。如果企业处于某种考虑，则在权衡了长期和近期利益的情况下，准备将长期资产出售变为现金，从而增强短期偿债能力。

(2)可动用银行存款贷款指标。银行已同意，企业未办理贷款手续的银行贷款限额，可以随时增加企业现金，提高支付能力。

(3)偿债能力声誉。如果企业的长期偿债能力一贯很好，则会有一定的声誉。在短期偿债方面出现困难时，可以很快地通过发行债券和股票的方式解决资金的短缺问题，提高企业的短期偿债能力。

(二)长期偿债能力分析

长期偿债能力是指企业偿还长期债务的能力，反映企业未来对债务的保证程度。对于企业的所有者和债权人来说，不仅要关心企业的短期偿债能力，而且更要关心企业长期偿债能力，以便于全面了解企业的偿债能力和财务风险。

1. 资产负债率

计算公式为：

资产负债率=负债÷资产总额×100%

该比率又称为负债比率，举债经营比率。它表明企业资产总额中，债权人提供的资金所占的比重，以及企业资产对债权权益的保障程度。若这一比率越小，则说明企业长期偿债能力越强；若这一比率越大，则说明企业能利用较少的自有资金投资，形成较多生产经营用资产，不仅扩大了生产经营规模，而且在经营状况良好的情况下还可以利用财务杠杆作用得到较多的投资利润。但如果比率过大，则企业的债务负担过重，加大企业濒临破产倒闭的危险。

【例10-3】甲公司在2010年12月31日的负债总额为650万元，资产总额为2300万元，则

资产负债率=650÷2300×100%=28.26%

表明该公司的资产有28.26%是来自于举债，或者说每28.26元的债务就有100元的资产作为偿还的后盾。

对于资产负债率，企业的债权人、投资者和经营者会从不同的角度来评价。从债权人角度来看，他们关心的是贷给企业资金的安全性。如果这个比率过高，则说明在企业的全部资产中，股东提供的资本占的比重太低，从而使得企业的财务风险主要由债权人承担了其贷款的安全也缺乏可靠的保障。所以，债权人总是希望企业的负债比率较低。

从股东的角度来看，他们主要关心投资收益水平的高低。当企业负债的利息率低于资产报酬率，股东可以利用举债经营取得更多的投资收益，更大程度地利用财务杠杆。因此，当企业的资产报酬率高于负债利息率时，就会希望资产负债率大一些；反之，则希望该指标小一些。

站在经营者的立场，既要考虑企业的盈利，又要顾及企业的财务风险。资产负债率可以反映企业的管理当局的进取精神。如果企业不利用举债经营或者负债比率很低，则说明企业比较保守，对前途信心不足。但是，负债也要有一定的限度。负债比率过大，企业的财务风险将加大，一旦资产负债率超过1，则说明企业资不抵债，有面临倒闭的危险。

该指标在不同行业和不同的企业都有较大的差异。一般处于高速成长时期的企业的负债比率可能会高些，以期获得更多财务杠杆利益。企业的财务人员在确定该比率时，一定要审时度势，权衡收益和风险，充分考虑各种因素和环境变化，作出正确的财务决策。

2. 股东权益比率

计算公式为：

$$股东权益比率=股东权益\div资产\times100\%$$

该比率反映企业资产中有多少是所有者投入的。该比率的倒数称作权益乘数，即资产总额是股东权益的多少倍。该乘数越大，说明股东投入的资本在资产中所占的比重越小。

【例10-4】甲公司2010年12月31日的股东权益总额为1650万元，资产总额为2300万元，则

$$股东权益比率=1650\div2300\times100\%=71.74\%$$

3. 产权比率

产权比率又可称作负债股权比率，计算公式为：

$$产权比率=负债\div股东权益$$

该比率实质是负债比率另一种形式，反映债权人资金和股东提供资金的对比关系。它可以揭示企业财务风险以及股东权益对债务保障程度。若该比率越低，则说明企业长期偿债能力强，债权人权益的保障程度越高，承担的风险就会越小，但此时的企业不能充分地发挥负债的财务杠杆效应。因此，企业在评价该指标是否适度时，应从提高盈利能力和增强偿债能力两个方面综合进行。在保证债务偿还安全的前提下，尽可能提高产权比率。

4. 利息保障倍数

它又称已获利息倍数，计算公式为：

利息保障倍数＝息税前利润÷利息费用

息税前利润是指债务利息与所得税前的正常的业务经营利润。利息费用不仅包括财务费用中的利息，而且还应包括资本化利息。利息保障倍数反映了企业获利能力对偿还到期债务的保证程度。它既是企业举债经营的前提，也是衡量企业长期偿债能力大小的重要标志。因此，该指标至少应该大于1，且比值越高，企业长期偿债能力就越强。若该指标比值过小，则企业将会面临亏损、偿债安全性与稳定性下降的风险。一般根据行业特点和以往的经验来判断该指标的比值大小。

在利用利息保障倍数指标时，需要注意的是，会计采用权责发生制来核算费用。这意味着本期的利息费用不一定是本期的实际利息支出；本期的实际利息支出也并非一定是本期全部的利息费用。另外，本期的息税前利润也并非本期的经营活动所获得的现金。

5. 影响长期偿债能力的其他因素

除了以上常用的指标来分析企业的长期偿债能力外，还有一些隐藏的会计信息也会影响企业的长期偿债能力。

(1)长期租赁。企业的财产租赁有两种方式：一是经营性租赁；二是融资性租赁。在融资租赁情况下，相应的租赁费用已作为长期负债处理，在分析长期偿债能力时，已经包括在债务比率指标的计算中了。当企业的经营性租赁量比较大、期限长或经常发生时，则构成了长期性筹资。这种长期性筹资虽不包括在长期负债之内，但到期必须支付租金，对企业的偿债能力会产生影响。因此，如果企业经常发生经营租赁业务，则应考虑租赁费对偿债能力的影响。

(2)担保责任。在分析企业的长期偿债能力时，应根据有关资料判断担保责任带来的潜在长期负债问题。

(3)或有项目。它是指未来某个事件发生或不发生给企业带来的收益或损失，但现在还无法肯定是否发生的项目。或有项目一旦发生将会影响企业的财务状况。例如，预计负债是发生可能性较大的或有事项，它的发生对企业的长期偿债能力有较大的影响。因此，企业应该对它给予足够的重视，考虑它们的潜在影响。

二、营运能力分析

营运能力是指企业基于外部市场环境的约束，通过内部人力资源和生产资料的配置组合对财务目标所产生作用的大小。营运能力分析包括人力资源营运能力分析和生产资料营运能力分析。

(一)人力资源营运能力分析

人力资源营运能力通常采用劳动效率指标加以衡量。劳动效率是指企业产品销售收入净额或净产值与平均职工的人数的比率。计算公式为：

劳动效率＝商品产品销售收入净额或净产值÷平均职工人数

其中：　商品产品销售收入净额＝销售收入－销售折扣与折让

在评价该指标时，将实际劳动效率与本企业的计划水平、历史先进水平或同行业平均先进水平等指标进行对比，确定其差异程度，分析差异原因，挖掘和提高人力资源劳动效率的潜能。

（二）生产资料营运能力分析

生产资料营运能力分析主要是对企业资金周转状况进行分析，评价企业经营管理效率。

1. 应收账款周转率

反映应收账款周转速度的指标，其计算公式为：

应收账款周转率＝赊销收入净额÷应收账款平均余额

其中：　赊销收入净额＝销售收入－现销收入－销售折扣与折让

应收账款平均余额＝（期初应收账款＋期末应收账款）÷2

一般而言，企业的应收账款周转率越高，平均收账期越短，说明企业的应收账款回收得越快；反之，则企业的营运资金过多的呆滞在应收账款上，会严重影响企业资金的正常周转。但是，并不是说该比率越高越好。如果应收账款周转次数过高，则可能是由于企业的信用政策。付款条件过于苛刻所致，这样会限制企业销售量的扩大，从而会在一定程度上影响企业的盈利水平。

【例 10-5】甲公司 2010 年初应收账款余额为 120 万元，年末余额为 130 万元，该年的赊销收入净额为 2020 万元，则

应收账款平均余额＝（120＋130）÷2＝125（万元）

应收账款周转率＝2020÷125＝16.16（次/年）

评价应收账款周转率指标应当结合企业产品特点、商业往来惯例、企业信用政策水平和行业平均水平进行综合考虑，确定合理的评价标准，作出正确的判断。

2. 存货周转率

反映企业销售能力和流动资产流动性的一个指标，也是衡量企业生产经营各个环节中存货运营效率的一个综合指标。计算公式为：

存货周转率＝销货成本÷存货平均余额

其中：　存货平均余额＝（期初存货＋期末存货）÷2

一般来说，存货周转率越高，存货周转速度越快，存货资金占用水平就越低，流动性强，存货变现速度快。所以提高存货周转率可以提高企业的变现能力。但是如果该指标过高，则也可能说明企业管理方面存在其他方面的问题，如存货水平太低，经常缺货，或采购次数过于频繁、批量太小等。因此，合理的存货周转率要视产业特征、市场行情及企业自身特点而定。

【例 10-6】甲公司 2010 年存货的年初余额为 400 万元，存货的年末余额为 520 万元，年销售成本为 1242 万元，则存货平均余额＝（400＋520）÷2＝460（万元）

存货周转率＝1242÷460＝2.70（次/年）

3. 流动资产周转率

反映流动资产周转速度的指标。其计算公式为：

流动资产周转率＝销售收入净额÷流动资产平均余额

其中，流动资产平均余额按分析期的不同分别加以确定，并应保持分子的销售收入净额与分母的流动资产平均占用额在时间上的一致性。

流动资产周转率越高，表示流动资产周转次数越多，流动资产利用效率越好，流动资产在经历生产和销售各个环节所占用的时间越短。生产经营过程中的工作效率的提高、工作的改善都会不同程度地反映到周转天数上。若流动资产周转速度加快，相对是在节约流动资产，则等于变相地扩大资产投入，增强企业的盈利能力；若流动资产周转速度减慢，为了维持正常经营，则企业必须不断投入更多资源来满足流动资金需要，导致资金利用效率低，降低企业盈利能力。

4. 固定资产周转率

反映企业固定资产周转情况，衡量固定资产利用效率的指标。计算公式为：

$$固定资产周转率=销售收入净额\div固定资产平均净值$$

固定资产周转率高，表示企业固定资产利用充分，同时，也能表明企业固定资产投资得当，固定资产结构合理，能够充分发挥效率；反之，如果固定资产周转率不高，则表明固定资产使用效率不高，提供的生产成果不多，企业营运能力不强。在分析固定资产周转率时，要充分考虑计提折旧的影响，净值在不断减少及更新后其净值又增加的影响。由于折旧方法的不同，可能影响可比性。

5. 总资产周转率

反映企业全部资产的利用效率。计算公式为：

$$总资产周转率=销售收入净额\div资产平均占用额$$

如果这个比率比较低，则说明企业利用全部资产进行经营的效率差，这将会影响企业的盈利能力。

三、盈利能力分析

盈利能力是指企业获取利润的能力。当企业盈利能力增强，给予股东回报就越高，企业价值越大，带来现金流量越多，从而企业偿债能力增强。企业常利用销售毛利率、销售净利率、总资产报酬率、净资产收益率等指标进行盈利能力的分析。

(一) 销售毛利率

反映产品初始获利能力。计算公式为：

$$销售毛利率=毛利\div销售收入\times100\%$$

其中：
$$毛利=销售收入-销售成本$$

该指标表示每一元的销售收入扣除销售成本后还有多少可以抵补期间费用形成利润。销售毛利率随着行业的不同而高低各异，但同一行业毛利率相差不大。与同期行业的平均毛利率比较，可以揭示企业在定价政策、产品或商品推销或生产成本控制方面的问题。要注意在进行企业间的横向比较时，不同企业采取不同的会计方法也会影响销售成本，进而影响毛利率的计算。

【例 10-7】甲公司 2010 年实现销售收入为 2120 万元，销售成本为 1240 万元，则

$$毛利=2120-1240=880(万元)$$

$$销售毛利率=880\div2120\times100\%=41.51\%$$

(二)销售净利率

反映每一元销售收入获取利润的能力。计算公式为：

$$销售净利率=净利润\div销售收入\times100\%$$

该指标是指企业销售的最终盈利能力。若比率越高，则企业盈利能力越强。不同企业该指标有一定的差异。传统制造业该指标低些，而高新企业其销售净利率就高。在分析时，要结合不同行业具体情况分析。

【例 10-8】甲公司 2010 年净利润为 252 万元，销售收入 2120 万元，则

$$销售净利率=252\div2120\times100\%=11.89\%$$

从指标计算看，只有当净利润的增长速度高于销售收入的增长速度，销售净利率才会上升。净利润的形成并非都由销售收入所产生，它还会受到诸如其他业务利润、投资收益、营业外收支等因素的影响。

(三)总资产报酬率

反映企业利用全部经济资源的盈利能力。计算公式为：

$$总资产报酬率=净利润\div总资产平均余额\times100\%$$

该指标反映企业资产利用综合效果。若该指标越高，则表明资产利用效率越高，说明企业在增收节支和节约资金方面取得了好的效果。总资产报酬率主要取决于总资产周转速度和净利润的大小。若企业的销售利润率越大，资金周转越快，则总资产收益率越高。因此，为了提高资产报酬率，一方面，加强资产管理，提高资产利用率；另一方面，加强销售管理，增加销售收入，提高利润水平。

(四)净资产收益率

反映所有者投资的获利能力。计算公式为：

$$净资产收益率=净利润\div所有者权益平均余额\times100\%$$

若该指标越高，则表明所有者投资带来的收益越高。净资产收益率是衡量企业盈利能力的主要核心指标。它是从股东的角度考察企业盈利能力的高低。总资产收益率是从所有者和债权人两个方面共同考察整个企业的盈利水平。在相同的总资产收益率水平下，由于企业采用不同的资本结构形式，即不同的负债与所有者权益的比例，会造成不同的所有者权益收益率。

(五)资本保值增值率

反映所有者权益保值增值的情况。计算公式为：

$$资本保值增值率=期末所有者权益\div期初所有者权益\times100\%$$

在具体分析时，首先，要考虑资金的时间价值。因为期末所有者权益和期初所有者权益所处的时点不同，缺乏时间上的相关性。因此，如果能把两者划在同一时点进行比较，则其结果更有说服力。其次，需剔除再投资所增加的部分。因为当期投资者又投入资金将增加所有者权益，会导致资本保值增值率上升，但实际并没有获得增值利润。最后，持谨慎态度，考虑通货膨胀的因素。即使该指标大于 1，但仍有可能潜亏，不可盲目乐观。

四、企业自身发展能力分析

企业自身发展能力，是指企业通过自己的生产经营活动，用内部形成的资金而投资发展的能力。企业内部发展资金，主要来源于企业销售收入和企业降低开支节约的资金。企业自身发展能力主要进行技术改造，扩大生产，产品换代等。企业发展在于可持续性，可持续性发展的财务指标分析可以通过趋势分析或编制趋势表来进行。常用的分析企业发展能力的财务指标有：

(1)销售增长率=本年销售增长÷上年销售额×100%

(2)净利润增长率=本年净利润增长÷上年净利润×100%

(3)总资产增长率=本年总资产增长÷年初资产总额×100%

(4)资本积累率=本年所有者权益增长÷年初所有者权益×100%

任务四　财务综合分析

财务比率分析的目的在于了解企业的经营状况和理财水平，借以对企业的经济效益作出系统、合理的评价。单一的财务指标是不可能用来全面评价企业的财务状况和经营成果，必须把这些单一的财务指标纳入到一个有机的整体中，进行相关联的分析，从而对企业经济效益的优劣作出准确的评价和判断。对财务指标进行综合评价的方法有很多，其中，应用比较广泛的是杜邦财务分析体系和沃尔比重评分法。

一、杜邦财务分析体系

杜邦财务分析体系，简称杜邦体系，又称杜邦分析法，是利用各主要财务比率指标间的内在联系，对企业财务状况及经济效益进行综合系统分析评价的方法。这种方法由美国杜邦公司创立并最先采用，故称为杜邦财务分析体系。杜邦分析法的基本原理是企业偿债能力分析、营运能力分析、盈利能力分析，只可以就企业某一方面的财务活动及其状况作出评价。但是，企业的各种财务活动、各项财务指标是相互联系、相互影响的，必须结合起来加以研究。因此，进行财务分析应该将企业财务活动及财务指标看做是一个大系统，对系统内的相互依存、相互作用的各种因素进行综合分析。利用这种方法进行综合分析时，可把各项财务指标体系间的关系绘制成杜邦分析图，如图 10-1 所示。

(一)杜邦体系分析图

(二)杜邦体系分析图采用的主要指标

在杜邦分析图中主要涉及以下主要的指标：

(1)股东权益报酬率。股东权益报酬率是一个综合性最强的财务比率，是杜邦体系的核心。财务管理的目标是使所有者财富最大化。该指标反映所有者投入资金的盈利能

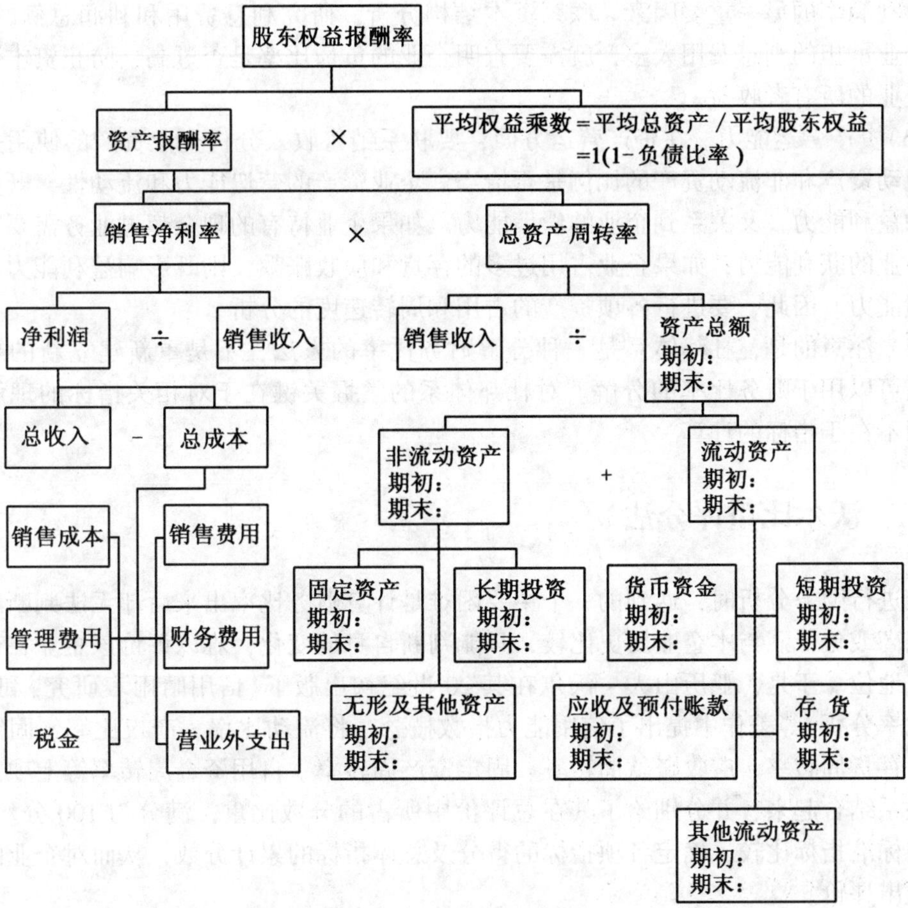

图 10-1　杜邦体系分析图

力，反映企业筹资、投资、资产运营等活动的效率，提高净资产收益率是所有者财富最大化的基本保证。所以，投资者、经营者都十分关心这个财务指标。

(2)权益乘数。计算公式为：

权益乘数＝1÷(1−资产负债率)

反映股东权益和总资产的关系。在总资产需要量既定的前提下，企业适当开展负债经营，相对减少所有者权益所占的比例，就可以使权益乘数提高，企业获得较大的财务杠杆利益，同时带来较大的财务风险。因此，企业既要合理利用全部资产，又要妥善安排资金结构。

(3)资产报酬率。资产报酬率是一个重要的财务比率，综合性强。计算公式为：

资产报酬率＝销售净利率×总资产周转率

因此，要进一步从销售成果和资产营运两个方面来分析。

(4)销售净利率。反映企业净利润和销售收入之间的关系。要想提高企业的获利能力关键在于提高销售利润率。要想提高销售利润率，一是要扩大销售收入；二是要降低成本费用。扩大销售收入意义在于提高销售利润率和资产的周转率。降低成本费用是提高销售利润率的另一重要因素。联系资本结构分析，研究利息费用和利润总额的关系。如果企业承担的利息费用太多，就需要查明企业的负债比率是否过高，防止资本不合理影响企业的所有者收益。

(5)资产营运能力。在资产营运方面，要联系销售收入分析企业资产的使用是否合理，流动资产和非流动资产的比例是否恰当。企业资产的营运能力和流动性，既关系到企业的盈利能力，又关系到企业的偿债能力。如果企业持有的现金超过业务需要，就会影响企业的获利能力；如果企业占用过多的存货和应收账款，则既影响盈利能力，又影响偿债能力。因此，要进行各项资产的占用和周转速度的分析。

应当注意的是，杜邦体系是一种分解财务比率的方法，不是重新建立新的财务指标，它可以用于财务比率的分解。对杜邦体系的掌握关键在于对相关指标的理解和运用，而不在于指标的计算。

二、沃尔比重评分法

在进行财务分析时，遇到的一个主要困难是计算财务比率出来后却无法判断这个指标是偏高或偏低。与本企业历史比较，只能判断自身的变化，难以评价该企业在市场上的竞争地位。于是，亚历山大·沃尔在其20世纪初出版了《信用晴雨表研究》和《财务报表比率分析》等著作中提出了信用能力指数概念，将流动比率、产权比率、固定资产比率、存货周转率、应收账款周转率、固定资产周转率、自用资金周转率等七项指标用线性关系结合起来，并分别给了其在总评价中所占的分数比重，满分为100分。然后，通过与标准指标比较，确定各项指标的得分及总体指标的累计分数，从而对企业的信用水平做出评价。

采用财务比率综合评分法，进行企业财务状况的综合分析，一般要遵循如下程序：

(1)选定评价企业财务状况的财务比率。在选择财务比率时，一要具有全面性，要求反映企业的偿债能力、营运能力和盈利能力的三大财务比率都应当包括在内；二要具有代表性，即要选择能够说明问题的重要财务比率；三要具有变化方向的一致性，即当财务比率增大时，表示财务状况改善；反之，当财务比率减小时，表示财务状况的恶化。

(2)根据各项财务比率的重要程度，确定其标准评分值，即重要性系数。各项财务比率的标准评分值之和应等于100分。各项财务比率评分值的确定是财务比率综合评分法的一个重要问题，它直接影响到对企业财务状况的评分多少。对各项财务比率的重要程度，不同的分析者会有截然不同的态度，但是，一般来说，应根据企业的经营活动的性质、企业的生产经营规模、市场形象和分析者的分析目的等因素来确定。

(3)规定各项财务比率评分值的上限和下限，即最高评分值和最低评分值。这主要是为了避免个别财务比率的异常给总分造成不合理的影响。

(4)确定各项财务比率的标准值。财务比率的标准值是指各项财务比率在本企业现时条件下最理想的数值，亦即最优值。财务比率的标准值，通常可以参照同行业的平均水平，并经过调整后确定。

(5)计算企业在一定时期各项财务比率的实际值。

(6)计算出各项财务比率实际值与标准值的比率，即关系比率。关系比率等于财务比率的实际值除以标准值。

(7)计算出各项财务比率实际得分。各项财务比率的实际得分是关系比率和标准评分值的乘积，每项财务比率的得分都不得超过上限或下限，所有各项财务比率实际得分的合计数就是企业财务状况的综合得分。企业财务状况的综合得分就反映了企业综合财务状况是否良好。如果综合得分等于或接近于 100 分，则说明企业的财务状况是良好的，达到了预先确定的标准；如果综合得分低于 100 分，则说明企业的财务状况较差，应当采取适当的措施加以改善；如果综合得分超过 100 分很多，则说明企业的财务状况很理想。

采用沃尔比重评分法对公司评价。按照建立现代企业制度的要求，为了综合、全面评价和反映企业经济效益状况，财政部从 1995 年起采用新的企业经济效益评价指标体系，这套指标体系包括以下十大指标：

(1)销售利润率=利润总额÷产品销售收入×100%

(2)总资产报酬率=(利润总额+利息支出)÷平均资产总额×100%

(3)资本收益率=净利润÷实收资本×100%

(4)资本保值增值率=期末所有者权益总额÷期初所有者权益总额×100%

(5)资产负债率=负债总额÷资产总额×100%

(6)流动比率=流动资产÷流动负债

(7)应收账款周转率=赊销净额÷平均应收账款余额

(8)存货周转率=产品销售成本÷平均存货成本

(9)社会贡献率=企业社会贡献总额÷平均资产总额×100%

(10)社会积累率=上缴国家财政总额÷企业社会贡献总额×100%

在用沃尔比重评分法进行分析时，根据这十大指标和企业自身的需要，参考有关专业给分标准进行评定。

单元小结

(1)财务分析是以企业基本活动为对象，以企业的财务报告等会计资料为基础，对企业的财务状况和经营成果进行分析和评价，系统认识企业的过程。

(2)财务分析的基础是会计核算资料。它包括财务报告、审计报告和其他应披露的信息。

(3)财务分析常用的主要方法有比较分析法、比率分析法、趋势分析法、因素分析法、平衡分析法等多种。

(4)财务指标分析所涉及的财务指标主要包括有偿债能力指标、营运能力指标、盈利能力指标和发展能力指标。

(5)财务指标分析的目的在于了解企业的经营状况和理财水平，借以对企业的经济效益做出系统、合理的评价。单一的财务指标是不可能用来全面评价企业的财务状况和经营成果，必须把这些单一的财务指标纳入到一个有机的整体中，进行相关联的分析，从而对企业经济效益的优劣作出准确的评价和判断。对财务指标进行综合评价的方法有很多，其中，应用比较广泛的是杜邦财务分析体系和沃尔比重评分法。

主要参考文献

[1]袁建国．财务管理教程．北京：经济科学出版社，2008，8.
[2]袁建国．财务管理习题集．北京：经济科学出版社，2008，8.
[3]龙云飞．财务管理学．北京：中国人民大学出版社，2004，10.
[4]周军．财务管理．武汉：华中科技大学出版社，2005，9.
[5]周军．财务管理学习指导．武汉：华中科技大学出版社，2005，9.
[6]王文华．财务管理学．北京：清华大学出版社，2013，1.
[7]马元兴．财务管理——原理、实务、案例、实训．大连：东北财经大学出版社，2012，2.
[8]王遐昌，印浩．财务管理学——理论与实务．上海：立信会计出版社，2003.
[9]沈烈，陈萍．财务管理．武汉：武汉大学出版社，2003.
[10]谷卫，张俊民．财务管理教程．上海：立信会计出版社，2003.
[11]全国会计专业技术资格考试领导小组办公室．财务管理．北京：中国财政经济出版社，2004.
[12]财政部注册会计师考试委员会办公室．财务成本管理．北京：经济科学出版社，2004.
[13]孔德兰．财务管理实务．北京：中国人民大学出版社，2011.
[14]刘敬芳．财务管理(新编第1版)．上海：立信会计出版社，2000：141-165.
[15]荆新，王化成，刘俊彦．财务管理学(第3版)．北京：中国人民大学出版社，2002：282-312.
[16]周启宏，步淑段．财务管理(第1版)．重庆：重庆大学出版社，2002：131-155.
[17][美]詹姆斯·范霍恩，约翰·瓦霍维奇．现代企业财务管理(第10版)．北京：经济科学出版社，1998.
[18]李道明．财务管理．北京：中国财政经济出版社，2001.
[19]谷祺，刘淑莲．财务管理．大连：东北财经大学出版社，2003.
[20]牛彦秀，刘媛媛．财务管理．北京：经济科学出版社，2006.
[21]中国注册会计师协会．财务成本管理．北京：经济科学出版社，2006.
[22]闫华红．中级财务管理．北京：北京大学出版社，2008，12.
[23]吴宗奎．财务管理．北京：中国人民大学出版社，2009，6.

[24]刘海燕，田瑞，李上田．财务管理实务．武汉：武汉大学出版社，2011，8.
[25]财政部会计资格评价中心．财务管理．北京：中国财政经济出版社，2010，9.
[26]于中一．2012 年全国注册税务师考试应试指导(财务与会计)．北京：新华出版社，2012，1：31-32.

高等学校基于工作过程开发经管类系列教材

- **经济法概论**
- **西方经济学**
- **会计基础**
- **Excel在财务中的应用**
- **财务管理实务**
- **财务管理实务习题与实训**
- **会计电算化**
- 初级会计实务
- 成本会计实务
- 出纳实务
- 管理会计实务
- 审计基础与实务
- 电子商务基础
- 国际贸易实务

欢迎广大教师和读者就系列教材的内容、结构、设计以及使用情况等，提出您宝贵的意见、建议和要求，我们将继续提供优质的售后服务。

联系人：林 莉

电　话：13720314191

E-mail：whdxcbs@126.com

武汉大学出版社（全国优秀出版社）